中华人民共和国
行政复议法
注解与配套

第六版

中国法制出版社
CHINA LEGAL PUBLISHING HOUSE

出版说明

中国法制出版社一直致力于出版适合大众需求的法律图书。为了帮助读者准确理解与适用法律，我社于2008年9月推出"法律注解与配套丛书"，深受广大读者的认同与喜爱，此后推出的第二、三、四、五版也持续热销。为了更好地服务读者，及时反映国家最新立法动态及法律文件的多次清理结果，我社决定推出"法律注解与配套丛书"（第六版）。

本丛书具有以下特点：

1. 由相关领域的具有丰富实践经验和学术素养的法律专业人士撰写适用导引，对相关法律领域作提纲挈领的说明，重点提示立法动态及适用重点、难点。

2. 对主体法中的重点法条及专业术语进行注解，帮助读者把握立法精神，理解条文含义。

3. 根据司法实践提炼疑难问题，由相关专家运用法律规定及原理进行权威解答。

4. 在主体法律文件之后择要收录与其实施相关的配套规定，便于读者查找、应用。

此外，为了凸显丛书简约、实用的特色，分册根据需要附上实用图表、办事流程等，方便读者查阅使用。

真诚希望本丛书的出版能给您在法律的应用上带来帮助和便利，同时也恳请广大读者对书中存在的不足之处提出批评和建议。

中国法制出版社
2023 年 11 月

适 用 导 引

行政复议是政府系统自我纠错的监督制度和解决行政争议的救济制度，是推进法治政府建设的重要抓手，也是维护公民、法人和其他组织合法权益的重要渠道。1999年4月29日，第九届全国人民代表大会常务委员会第九次会议通过行政复议法，自1999年10月1日起施行。此后，根据2009年8月27日第十一届全国人民代表大会常务委员会第十次会议《关于修改部分法律的决定》第一次修正，根据2017年9月1日第十二届全国人民代表大会常务委员会第二十九次会议《关于修改〈中华人民共和国法官法〉等八部法律的决定》第二次修正。2023年9月1日，第十四届全国人民代表大会常务委员会第五次会议通过了新修订的行政复议法，自2024年1月1日起施行。

行政复议法颁布实施以来，对防止和纠正违法的或不当的行政行为，保护公民、法人和其他组织的合法权益，保障和监督行政机关依法行使职权发挥了重要作用。随着经济社会发展，行政复议制度也暴露出一些突出问题：一是吸纳行政争议的入口偏窄，部分行政争议无法进入行政复议渠道有效解决。二是案件管辖体制过于分散，群众难以找准行政复议机关，不利于将行政争议化解在基层、化解在萌芽状态。三是案件审理机制不够健全，审理标准不统一，影响办案质量和效率。为解决上述问题，有必要对行政复议法进行全面修改。修订行政复议法，是深入推进法治政府建设的客观要求，有利于推动行政复议工作与法治政府建设同向发力，在推进全面依法治国、实现国家治理体系和治理能力现代化中发挥积极作用；是全面总结改革实践经验的重要举措，有利于实现改革系统集成、协同高效，巩固和深化行政复议改革成果，推动行政复议制度更加成熟定型；是重点解决突出矛盾问题的现实需要，有利于实现行政复议的制度设计初衷，充分发挥行政复议化解行政争议的主渠道作用，使群众愿意并能够通过行政复议真正解决纠纷、维护自身合法权益。

一、行政复议法的主要内容

修改后的行政复议法共7章，90条，主要内容包括：

（一）行政复议法的立法目的、工作原则、履职保障。一是将防止和纠正违法的或者不当的行政行为等作为立法目的。二是明确本法的适用情形。三是行政复议工作坚持中国共产党的领导，行政复议机关应当遵循合法、公正、公开、高效、便民、为民的原则。四是行政复议机关、行政复议机构及其职责。五是行政复议机关办理行政复议案件，可以进行调解以及应当遵循的原则。六是行政复议人员队伍建设和要求。七是行政复议人员配备、办案场所、设施、经费等保障，信息化建设以及表彰和奖励。八是行政复议与行政诉讼的衔接。

（二）行政复议申请。一是列举可以依法申请行政复议的情形、不属于行政复议范围的事项，以及可以附带审查申请的规范性文件的范围。二是行政复议申请人的范围，代表人、第三人、委托代理人及其权限，被申请人及其确定规则。三是行政复议申请期限，书面申请和口头申请的形式，应当先申请行政复议再提起行政诉讼的情形。四是县级以上地方各级人民政府、国务院部门的管辖。五是对实行垂直领导的行政机关、税务和国家安全机关，履行行政复议机构职责的地方人民政府司法行政部门的行政行为不服，如何申请行政复议。

（三）行政复议受理。一是行政复议受理审查期限及具体条件。二是行政复议申请材料补正期限及程序。三是对当场作出或者依据电子技术监控设备记录的违法事实作出的行政处罚决定的复核程序。四是受理行政复议申请后发现其不符合受理条件的处理。五是行政复议前置等情形与行政诉讼的衔接。六是上级行政机关对行政复议机关履职行为的监督。

（四）行政复议审理。一是行政复议审理程序、审理依据、提级审理、中止和终止情形、不停止执行原则及例外规定等。二是行政复议证据种类、举证责任、调查取证、查阅复制等证据有关的规定。三是听取意见、组织听证、行政复议委员会组成及其职责等普通程序规定。四是简易程序适用情形、审理形式、转化为普通程序的条件和程序等。五是行政复议附带审查的处理权限、转送流程、处理程序和结果运用等。

（五）行政复议决定。一是行政复议决定程序和依据。二是行政复议决定作出的期限要求。三是变更、撤销或者部分撤销、责令重作、确认违法、责令履行、确认无效、决定维持、驳回请求等行政复议决定的适用情形。四是被申请人不按规定提出书面答复和提交证据等行为的后果。五是被申请人不依法订立、违法变更行政协议等行为的后果。六是行政复议一并提出行政赔偿请求的处理。七是行政复议调解书的生效程序。八是当事人达成和解协议的处理。九是行政复议决定书、意见书的效力及执行。十是行政复议决定书的公开及有关文书的抄告。

（六）法律责任。一是行政复议机关及有关人员不依法履责的法律责任。二是行政复议机关工作人员徇私舞弊或者有其他渎职、失职行为的法律责任。三是被申请人及有关人员违反本法规定的法律责任。四是被申请人不履行或者无正当理由拖延履行行政复议决定书、调解书、意见书的法律责任。五是拒绝、阻挠行政复议人员调查取证等行为的法律责任。六是行政复议机关对有关违法线索的移送处理。

（七）附则。一是受理行政复议申请不得向申请人收取任何费用。二是期间计算和文书送达的适用规则。三是外国人、无国籍人、外国组织在中华人民共和国境内申请行政复议，适用本法。四是修订后本法的施行日期重新确定，即2024年1月1日。

二、行政复议法 2023 年修改要点

2023 年行政复议法的修订，重点增加和修改了以下内容：

（一）完善立法目的、工作原则、队伍建设、履职保障

一是立法目的和工作原则。将发挥行政复议化解行政争议的主渠道作用、推进法治政府建设作为立法目的；增加规定行政复议工作坚持中国共产党的领导；在行政复议机关履职原则中完整体现"公正、高效、便民、为民"。

二是强化行政复议指导监督。增加规定行政复议机关应当加强行政复议工作，支持和保障行政复议机构依法履行职责。上级行政复议机构对下级行政复议机构的行政复议工作进行指导、监督。国务院行政复议机构可以发布行政复议指导性案例。

三是行政复议调解。增加规定行政复议机关办理行政复议案件，可以进行调解。调解应当遵循合法、自愿的原则，不得损害国家利益、社会公共利益和他人合法权益，不得违反法律、法规的强制性规定。

四是行政复议人员队伍建设。增加规定国家建立专业化、职业化行政复议人员队伍。国务院行政复议机构应当会同有关部门制定行政复议人员工作规范，加强对行政复议人员的业务考核和管理。

五是人员、设施和经费保障。增加规定行政复议机关应当确保行政复议机构的人员配备与所承担的工作任务相适应，提高行政复议人员专业素质，根据工作需要保障办案场所、装备等设施。县级以上各级人民政府应当将行政复议工作经费列入本级预算。

六是信息化建设。增加规定行政复议机关应当加强信息化建设，运用现代信息技术，方便公民、法人或者其他组织申请、参加行政复议，提高工作质量和效率。

七是表彰和奖励。增加规定对在行政复议工作中做出显著成

绩的单位和个人，按照国家有关规定给予表彰和奖励。

（二）完善行政复议范围，增强行政复议吸纳和化解行政争议的能力

一是扩大行政复议范围。主要包括：对行政机关作出的赔偿决定或者不予赔偿决定不服；对行政机关作出的不予受理工伤认定申请决定或者工伤认定结论不服；认为行政机关不依法订立、不依法履行、未按照约定履行或者违法变更、解除政府特许经营协议、土地房屋征收补偿协议等行政协议；认为行政机关在政府信息公开工作中侵犯其合法权益。

二是完善行政复议前置范围。主要体现在：将对当场作出的行政处罚决定不服、认为行政机关未依法履行法定职责、申请政府信息公开但行政机关不予公开的情形纳入行政复议前置范围；将行政复议前置其他情形的设定权限由"法律、法规"修改为"法律、行政法规"；规定对于行政复议前置情形，行政机关在作出行政行为时应当告知公民、法人或者其他组织先向行政复议机关申请行政复议。

三是完善行政复议附带审查范围及程序。将法律、法规、规章授权的组织的规范性文件纳入附带审查范围，并根据有权处理和无权处理的情况分别规定了相应的处理程序，明确答复时限、处理流程、审查意见运用等。

（三）增加便民为民举措，方便申请人申请和参加行政复议

一是同一行政复议案件申请人人数众多的，可以由申请人推选代表人参加行政复议。

二是申请人、第三人可以委托一至二名律师、基层法律服务工作者或者其他代理人代为参加行政复议。

三是符合法律援助条件的行政复议申请人申请法律援助的，法律援助机构应当依法为其提供法律援助。

四是行政机关通过互联网渠道送达行政行为决定的，应当同

时提供提交行政复议申请书的互联网渠道。

五是行政复议申请材料不齐全或者表述不清楚，行政复议机关无法判断是否符合受理条件的，应当在五日内书面通知申请人补正。

六是对当场作出或者依据电子技术监控设备记录的违法事实作出的行政处罚决定不服申请行政复议的，可以通过作出行政处罚决定的行政机关提交行政复议申请。

七是明确行政机关未告知申请复议权利等情形时申请期限相应延长，对涉及不动产的行政复议申请期限作出特殊规定。

（四）优化行政复议管辖体制，突出行政复议公正高效的制度优势

一是明确县级以上地方各级人民政府统一管辖以本级人民政府派出机关、工作部门及其派出机构、下一级人民政府以及有关法律、法规、规章授权的组织为被申请人的行政复议案件。

二是规定海关、金融、外汇管理等实行垂直领导的行政机关、税务和国家安全机关，保留行政复议职责。

三是规定国务院部门管辖本部门及其派出机构、授权组织作为被申请人的行政复议案件。

四是对直辖市、设区的市人民政府工作部门依法设立的派出机构作为被申请人的行政复议案件，作出相对灵活的管辖制度安排。

五是规定对履行行政复议机构职责的地方人民政府司法行政部门的行政行为不服的，申请人可以向本级人民政府申请行政复议，也可以向上一级司法行政部门申请行政复议。

（五）完善行政复议受理和审理程序，提高行政复议公正性

一是明确行政复议受理条件。对符合法定条件的，行政复议机关应当予以受理；行政复议申请的审查期限届满，行政复议机关未作出不予受理决定的，审查期限届满之日起视为受理。

二是明确行政复议案件审理的一般规定。规定行政复议机关适用普通程序或者简易程序进行审理，明确适用简易程序的情形，促进行政复议案件的"繁简分流"；上级行政复议机关根据需要，可以审理下级行政复议机关管辖的行政复议案件；对行政复议中止、终止程序和行政复议期间停止执行的情形作出规定；完善行政复议证据规定，对申请人、被申请人的举证责任，以及行政复议机关的调查取证予以明确。

三是对普通程序审理案件作出规定。规定除当事人原因不能听取意见外，行政复议机构应当通过多种方式听取当事人意见；规定审理重大、疑难、复杂案件，行政复议机构应当组织听证；规定县级以上各级人民政府应当建立行政复议委员会，为办理行政复议案件提供咨询意见，就行政复议工作中的重大事项和共性问题研究提出意见。明确应当提请行政复议委员会咨询的情形，行政复议委员会的咨询意见是行政复议决定的重要参考依据。

（六）优化行政复议决定体系和监督措施，推动行政争议实质性化解

一是细化行政复议决定类型，突出变更决定的运用，按照变更、撤销或者部分撤销、责令重作、确认违法、责令履行、确认无效、维持、驳回请求等顺序，对行政复议决定作出规定。

二是对行政协议的决定类型作特殊规定，即针对被申请人不依法履行行政协议等情形，行政复议机关决定被申请人承担依法订立、继续履行、采取补救措施或者赔偿损失等责任。

三是对调解书的制作和生效、行政复议和解等作出规定。规定行政复议调解书经各方当事人签字或者签章，并加盖行政复议机关印章，即具有法律效力；当事人达成和解后，由申请人向行政复议机构撤回行政复议申请。

四是规定行政复议机关在办理行政复议案件中，发现被申请人或者其他下级行政机关的有关行政行为违法或者不当的，可以

制发行政复议意见书。

五是强化执行行政复议决定的执行监督力度。规定被申请人不履行行政复议决定书的，行政复议机关或者有关上级行政机关应当责令其限期履行，并可以约谈被申请人的有关负责人或者予以通报批评。根据不同的决定类型，可以分别由有关机关强制执行。同时，对行政复议决定书的公开和有关文书抄告作出规定。

（七）强化法律责任，维护行政复议的公正权威

一是强化行政复议机关及有关人员不依法履行职责、徇私舞弊等行为的法律责任。

二是明确被申请人不提交书面答复、不履行或者无正当理由拖延履行行政复议决定书等行为的法律责任。

三是对拒绝、阻挠行政复议人员调查取证，故意扰乱行政复议工作秩序的行为规定了法律责任。

四是对行政复议机关移送有关人员违法的事实材料以及贪污贿赂、失职渎职等职务违法或者职务犯罪问题线索作出规定。

目　　录

适用导引 ··· *1*

中华人民共和国行政复议法

第一章　总　　则

第一条　【立法目的】································· 2
第二条　【适用范围】································· 2
　1. 什么是行政复议？······························· 3
　2. 什么是行政行为？······························· 3
第三条　【工作原则】································· 3
第四条　【行政复议机关、机构及其职责】············ 5
　3. 什么是行政复议机关？·························· 5
　4. 什么是行政复议机构？·························· 5
第五条　【行政复议调解】······························ 5
第六条　【行政复议人员】······························ 6
第七条　【行政复议保障】······························ 6
第八条　【行政复议信息化建设】······················ 7
第九条　【表彰和奖励】································ 7
第十条　【行政复议与诉讼衔接】······················ 7
　5. 最终裁决的含义是什么？······················· 8

1

第二章 行政复议申请

第一节 行政复议范围

第十一条 【行政复议范围】 ················· 8
  6. 对学校作出的处分决定不服提出申诉，教育部门不予答复的，可否申请行政复议? ············· 10
  7. 被公安机关留置盘问人员可否申请行政复议? ······ 11
  8. 违反《商标法》而受到行政机关行政处罚的相对人能否申请行政复议? ···················· 11
  9. 对劳动保障行政部门作出的工伤认定结论不服，能否申请行政复议? ···················· 11
  10. 上级机关对下级机关的请示所作的批复是否属于行政复议范围? ····················· 11

第十二条 【不属于行政复议范围的事项】 ········ 11
  11. 对公安机关的哪些行为不能提起行政复议? ······ 13
  12. 对发展改革委员会作出的哪些行为不能提起行政复议? ························· 13

第十三条 【行政复议附带审查申请范围】 ········ 13

第二节 行政复议参加人

第十四条 【申请人】 ················· 14
  13. 合伙企业申请行政复议的，应以谁为申请人? ····· 15
  14. 股份制企业的股东大会、股东代表大会、董事会能否申请行政复议? ···················· 16
  15. 中外合作经营企业的合作一方，能否以自己的名义申请行政复议? ···················· 16

16. 行政复议期间，法人的法定代表人发生职务变动的，能否继续以法人的名义进行行政复议？ ………… 16

第 十 五 条　【代表人】 ………………………………… 16
第 十 六 条　【第三人】 ………………………………… 16
第 十 七 条　【委托代理人】 …………………………… 17
第 十 八 条　【法律援助】 ……………………………… 17
第 十 九 条　【被申请人】 ……………………………… 18
17. 如何确定行政复议被申请人？ ………………………… 18

第三节　申请的提出

第 二 十 条　【申请期限】 ……………………………… 19
18. 如何计算行政复议申请期限？ ………………………… 20
第二十一条　【不动产行政复议申请期限】 …………… 21
第二十二条　【申请形式】 ……………………………… 21
19. 行政复议申请书的填写有哪些具体要求？ …………… 22
20. 能否打电话申请行政复议？ …………………………… 23
第二十三条　【行政复议前置】 ………………………… 23

第四节　行政复议管辖

第二十四条　【县级以上地方人民政府管辖】 ………… 24
21. 如何确定县级以上地方各级人民政府管辖的行政复议案件的复议机关？ …………………………… 25
22. 如何确定省、自治区、直辖市人民政府同时管辖对本机关作出的行政行为不服的行政复议案件的复议机关？ ……………………………………… 26
23. 如何确定省、自治区政府设立的派出机关的行政复议管辖？ ……………………………………… 26

3

24. 如何确定以计划单列市为被申请人的行政复议案件的复议机关？ …… 26

25. 对公共就业服务机构、职业技能考核鉴定机构、乡镇人力资源社会保障工作机构等作出的行政行为不服的，应当向谁申请行政复议？ …… 27

第二十五条　【国务院部门管辖】 …… 27

26. 对国务院部委管理的国家局的行政行为不服，应向谁提出行政复议申请？ …… 27

27. 当事人对国务院关税税则委员会作出的有关征收反倾销税的决定不服，应向谁提出行政复议申请？ …… 28

28. 对两个以上国务院部门共同作出的行政行为不服的，应向谁提出行政复议申请？ …… 28

第二十六条　【原级行政复议决定的救济途径】 …… 28

第二十七条　【垂直领导行政机关等的管辖】 …… 29

第二十八条　【司法行政部门的管辖】 …… 29

第二十九条　【行政复议和行政诉讼的选择】 …… 29

29. 哪些情况下，申请人应当先申请行政复议，对行政复议决定不服的，才能向人民法院提起诉讼？ …… 29

第三章　行政复议受理

第 三 十 条　【受理条件】 …… 30

30. 当事人同时向几个行政机关提出行政复议申请的，如何处理？ …… 32

第三十一条　【申请材料补正】 …… 32

第三十二条　【部分案件的复核处理】 …… 33

第三十三条　【程序性驳回】 …… 33

第三十四条　【复议前置等情形的诉讼衔接】 …… 34

第三十五条　【对行政复议受理的监督】………………… 34

第四章　行政复议审理

第一节　一般规定

第三十六条　【审理程序及要求】………………… 35
第三十七条　【审理依据】………………… 36
第三十八条　【提级审理】………………… 36
第三十九条　【中止情形】………………… 37
第 四 十 条　【对无正当理由中止的监督】………… 38
第四十一条　【终止情形】………………… 39
31. 申请人撤回行政复议申请应当在什么时间提出？撤回后，能否再次申请行政复议？………… 40
32. 行政复议当事人能否和解？………… 40
第四十二条　【行政行为停止执行情形】………… 40
33. 被申请人认为行政行为需要停止执行的情形一般有哪些？………… 41

第二节　行政复议证据

第四十三条　【行政复议证据种类】………………… 42
第四十四条　【举证责任分配】………………… 44
第四十五条　【行政复议机关调查取证】…………… 45
第四十六条　【被申请人收集和补充证据限制】…… 46
34. 被申请人能否在行政复议程序中自行收集证据？……… 46
第四十七条　【申请人等查阅、复制权利】………… 47

第三节　普通程序

第四十八条　【被申请人书面答复】………………… 47

第四十九条　【听取意见程序】 …………………… 48

第 五 十 条　【听证情形和人员组成】 ……………… 49

第五十一条　【听证程序和要求】 …………………… 50

35. 如何判断不参加听证的理由是否为正当理由？…… 50

第五十二条　【行政复议委员会组成和职责】 ……… 51

第四节　简易程序

第五十三条　【简易程序适用情形】 ………………… 52

36. 适用简易程序的案件类型有哪些？………………… 52

第五十四条　【简易程序书面答复】 ………………… 53

第五十五条　【简易程序向普通程序转换】 ………… 54

37. 不宜适用简易程序的情形有哪些？………………… 54

第五节　行政复议附带审查

第五十六条　【规范性文件审查处理】 ……………… 55

38. 附带审查规范性文件应如何处理？………………… 55

第五十七条　【行政行为依据审查处理】 …………… 56

39. 对"依据不合法"应如何处理？…………………… 56

第五十八条　【附带审查处理程序】 ………………… 57

第五十九条　【附带审查处理结果】 ………………… 58

第 六 十 条　【接受转送的机关的职责】 …………… 58

第五章　行政复议决定

第六十一条　【行政复议决定程序】 ………………… 59

第六十二条　【行政复议审理期限】 ………………… 59

40. 申请人提交申请材料不完备的，行政复议机关能否责令其补正？补正材料的时间应否计入行政复议审理期限？………………………………… 60

第六十三条　【变更决定】 …………………… 61
第六十四条　【撤销或者部分撤销、责令重作】 …………… 62
　41. 如何认定适用法律依据错误？ …………… 63
第六十五条　【确认违法】 …………………… 63
第六十六条　【责令履行】 …………………… 65
第六十七条　【确认无效】 …………………… 65
　42. 什么是实施主体不具有行政主体资格？ …………… 66
　43. 行政行为没有依据主要有哪些情形？ …………… 66
　44. 重大且明显违法的情形有哪些？ …………… 66
第六十八条　【维持决定】 …………………… 66
第六十九条　【驳回行政复议请求】 …………… 67
第 七 十 条　【被申请人不提交书面答复等情形的处理】 … 67
第七十一条　【行政协议案件处理】 …………… 68
第七十二条　【行政复议期间赔偿请求的处理】 …………… 69
　45. 什么是非诉行政案件执行申请？ …………… 70
　46. 非诉行政案件执行应当具备什么条件？ …………… 70
　47. 非诉行政案件的执行管辖如何确定？ …………… 71
第七十三条　【行政复议调解处理】 …………… 71
　48. 调解书制作完成后何时具有法律效力？ …………… 71
第七十四条　【行政复议和解处理】 …………… 72
第七十五条　【行政复议决定书】 …………… 73
　49. 行政复议决定书包括哪些内容？ …………… 73
第七十六条　【行政复议意见书】 …………… 73
第七十七条　【被申请人履行义务】 …………… 74
第七十八条　【行政复议决定书、调解书的强制执行】 …… 75
第七十九条　【行政复议决定书的公开和文书抄告】 ……… 75

7

第六章 法律责任

第 八 十 条　【行政复议机关不依法履职的法律责任】 …… 76
　　50. 哪些情形属于不依照本法规定履行行政复议职责？ …… 76
第八十一条　【行政复议机关工作人员法律责任】 ……… 77
　　51. 本条规定的"渎职、失职"的构成条件有哪些？ …… 77
第八十二条　【被申请人不书面答复等行为的法律责任】 … 78
　　52. 哪些行为构成阻挠行政复议的违法行为？ ………… 78
第八十三条　【被申请人不履行有关文书的法律责任】 …… 79
第八十四条　【拒绝、阻挠调查取证等行为的法律责任】 … 79
第八十五条　【违法事实材料移送】 …………………… 80
第八十六条　【职务违法犯罪线索移送】 ………………… 80

第七章　附　　则

第八十七条　【受理申请不收费】 ………………………… 81
第八十八条　【期间计算和文书送达】 …………………… 81
第八十九条　【外国人等法律适用】 ……………………… 81
第 九 十 条　【施行日期】 ………………………………… 82

配套法规

中华人民共和国行政复议法实施条例 ……………………… 83
　（2007 年 5 月 29 日）
中华人民共和国行政诉讼法 ………………………………… 96
　（2017 年 6 月 27 日）
最高人民法院关于适用《中华人民共和国行政诉讼法》
　的解释（节录） …………………………………………… 117
　（2018 年 2 月 6 日）

中华人民共和国行政处罚法 ················· 129
　　（2021年1月22日）
中华人民共和国行政许可法 ················· 146
　　（2019年4月23日）
中华人民共和国行政强制法 ················· 164
　　（2011年6月30日）
全国人大常委会法制工作委员会关于行政复议机关能否
加重对申请人处罚问题的答复意见 ············ 180
　　（2001年9月6日）
中华人民共和国国家赔偿法 ················· 181
　　（2012年10月26日）
公安机关办理行政复议案件程序规定 ··········· 192
　　（2002年11月2日）
人力资源社会保障行政复议办法 ·············· 209
　　（2010年3月16日）
中华人民共和国海关行政复议办法 ············ 226
　　（2014年3月13日）
税务行政复议规则 ······················· 257
　　（2018年6月15日）
自然资源行政复议规定 ··················· 279
　　（2019年7月19日）

附　　录

行政复议法条文新旧对照表 ················· 289

中华人民共和国行政复议法

（1999年4月29日第九届全国人民代表大会常务委员会第九次会议通过 根据2009年8月27日第十一届全国人民代表大会常务委员会第十次会议《关于修改部分法律的决定》第一次修正 根据2017年9月1日第十二届全国人民代表大会常务委员会第二十九次会议《关于修改〈中华人民共和国法官法〉等八部法律的决定》第二次修正 2023年9月1日第十四届全国人民代表大会常务委员会第五次会议修订 2023年9月1日中华人民共和国主席令第9号公布 自2024年1月1日起施行）

目 录

第一章 总 则
第二章 行政复议申请
　第一节 行政复议范围
　第二节 行政复议参加人
　第三节 申请的提出
　第四节 行政复议管辖
第三章 行政复议受理
第四章 行政复议审理
　第一节 一般规定
　第二节 行政复议证据

第三节　普通程序

第四节　简易程序

第五节　行政复议附带审查

第五章　行政复议决定

第六章　法律责任

第七章　附　　则

第一章　总　　则

第一条　【立法目的】* 为了防止和纠正违法的或者不当的行政行为，保护公民、法人和其他组织的合法权益，监督和保障行政机关依法行使职权，发挥行政复议化解行政争议的主渠道作用，推进法治政府建设，根据宪法，制定本法。

注解

《行政复议法》[①] 的立法目的：一是防止和纠正违法的或者不当的行政行为，监督行政机关依法行使职权；二是保护公民、法人和其他组织的合法权益；三是保障行政机关依法行使职权；四是发挥行政复议化解行政争议的主渠道作用；五是推进法治政府建设。

2023年修订后的《行政复议法》调整了监督功能和保障功能的次序，新增了化解行政争议主渠道的解纷功能和推进法治政府建设的法治功能。将"防止和纠正违法的或者不当的具体行政行为"修改为"防止和纠正违法的或者不当的行政行为"，删除了"具体"二字。

第二条　【适用范围】公民、法人或者其他组织认为行政机关的行政行为侵犯其合法权益，向行政复议机关提出行政复议申请，行政复议机关办理行政复议案件，适用本法。

---

* 条文主旨为编者所加，下同。

① 编者注：为了方便读者阅读，本书省略法律标题中的"中华人民共和国"。

前款所称行政行为，包括法律、法规、规章授权的组织的行政行为。

注 解

《行政复议法》的适用范围：一是适用于行政机关的行政行为，二是适用于认为自身合法权益受到行政行为侵犯的公民、法人和其他组织，三是适用于行政复议机关审查行政机关的行政行为。2023年修订后的《行政复议法》对于本条主要在两个方面作出了修改：一是在第1款中的"行政行为"前增加了限定"行政机关的"，二是增加了第2款，将法律、法规、规章授权的组织的行政行为明确纳入行政行为的范畴，与第1款增加的限定内容相呼应。

应 用

1. 什么是行政复议？

行政复议，是指行政相对人认为行政机关作出的行政行为侵犯其合法权益，向行政复议机关提出申请，请求对该行政行为进行审查并予以纠正，行政复议机关据此对该行政行为是否合法、合理进行审查并作出决定的法律制度。

2. 什么是行政行为？

行政复议审查的对象是行政行为。行政行为，是指行政主体对行政相对人作出的影响其权益的行为，包括具体行政行为、行政协议及部分抽象行政行为、行政事实行为。行政主体包括行政机关和法律、法规、规章授权履行行政管理或公共服务职能的组织。行政行为是行政主体履行行政管理职能的行为，行政主体作出的不属于行使行政职权的其他行为，如行政机关进行的民事活动，则不属于行政行为。

2023年修订后的《行政复议法》采用了"行政行为"而非"具体行政行为"的概念，在具体行政行为概念的基础上，纳入了行政协议和部分抽象行政行为、行政事实行为。

第三条 【工作原则】 行政复议工作坚持中国共产党的领导。

行政复议机关履行行政复议职责，应当遵循合法、公正、公开、高效、便民、为民的原则，坚持有错必纠，保障法律、法规的正确实施。

注解

2023年修订后的《行政复议法》作了如下修改：一是增加了行政复议工作要坚持中国共产党的领导的规定。二是将"及时"修改为"高效"，表述更为规范，并增加了为民原则。

[合法原则]

合法原则，是指行政复议机关应当严格遵守法律规定。行政复议必须依照法律规定进行，没有法律规定，不得作出影响行政相对人合法权益或者增加其义务的决定。

[公正原则]

公正原则，是指行政复议机关应当遵循公平、公正原则，独立、中立地平等对待申请人和被申请人，遵守回避制度，保障申请人的知情权、参与权与表达权，行使行政复议权应当符合法律目的，排除不相关因素的干扰，坚持有错必纠，依法纠正违法的或不当的行政行为，作出的行政复议决定应当符合比例原则。

[公开原则]

公开原则，是指行政复议工作，除涉及国家秘密和依法受到保护的商业秘密、个人隐私外，应当向行政复议申请人和社会公开。

[高效原则与便民原则]

高效原则与便民原则，是指行政复议机关应当遵守法定时限，积极履行法定职责，提高办事效率，及时审查行政复议案件，作出行政复议决定，并提供优质服务，方便行政复议申请人参与行政复议活动。

[为民原则]

为民原则是新增的基本原则，是指行政复议机关应当坚持以人民为中心的发展思想，坚持全心全意为人民服务的根本宗旨，站在人民群众的立场上思考问题、开展工作，依法保障人民群众的合法权益。

配套

《全面推进依法行政实施纲要》

第四条 【行政复议机关、机构及其职责】 县级以上各级人民政府以及其他依照本法履行行政复议职责的行政机关是行政复议机关。

行政复议机关办理行政复议事项的机构是行政复议机构。行政复议机构同时组织办理行政复议机关的行政应诉事项。

行政复议机关应当加强行政复议工作，支持和保障行政复议机构依法履行职责。上级行政复议机构对下级行政复议机构的行政复议工作进行指导、监督。

国务院行政复议机构可以发布行政复议指导性案例。

▎注解

本条规定了行政复议机关、行政复议机构及其职责。2023年修订后的《行政复议法》进一步明确了以下内容：一是行政复议机关以县级以上各级人民政府为原则，以依照本法履行行政复议职责的其他行政机关为例外。二是原"行政复议机关负责法制工作的机构"在县级以上各级人民政府中已被归并到司法行政部门，因此将行政复议机构的表述改为"行政复议机关办理行政复议事项的机构"。三是增加了关于行政复议机关的领导职责以及上级行政复议机构的监督、指导职责的规定。

▎应用

3. 什么是行政复议机关？

行政复议机关，是指依照《行政复议法》的规定，有权受理行政相对人提出的行政复议申请，依法对行政行为进行审查并作出决定的行政机关。

4. 什么是行政复议机构？

行政复议机构，是指行政复议机关内部具体承办行政复议案件的机构，一般为行政复议机关的内设法制机构，在行政复议机关相对集中统一为县级以上各级人民政府后，行政复议机构主要为司法行政部门。行政复议机构不能以自己的名义对外独立承担开展行政复议活动的法律后果。

第五条 【行政复议调解】 行政复议机关办理行政复议案件，可以进行调解。

调解应当遵循合法、自愿的原则，不得损害国家利益、社会公共利益和他人合法权益，不得违反法律、法规的强制性规定。

注解

本条系关于行政复议调解的新增条款。行政复议"可以"进行调解，意味着调解只是行政复议机关可以自由裁量选择适用的程序，而并非法定的必经程序。

配套

《行政复议法实施条例》第50条

第六条 【行政复议人员】 国家建立专业化、职业化行政复议人员队伍。

行政复议机构中初次从事行政复议工作的人员，应当通过国家统一法律职业资格考试取得法律职业资格，并参加统一职前培训。

国务院行政复议机构应当会同有关部门制定行政复议人员工作规范，加强对行政复议人员的业务考核和管理。

注解

本条第1款和第3款为新增条款。本条第2款主要在2017年《行政复议法》第3条第2款的基础上增加了"参加统一职前培训"的表述。

第七条 【行政复议保障】 行政复议机关应当确保行政复议机构的人员配备与所承担的工作任务相适应，提高行政复议人员专业素质，根据工作需要保障办案场所、装备等设施。县级以上各级人民政府应当将行政复议工作经费列入本级预算。

注解

本条规定了行政复议工作的配套保障，包括人员配备、办公设施及经费等，系新增条款。

第八条　【行政复议信息化建设】行政复议机关应当加强信息化建设，运用现代信息技术，方便公民、法人或者其他组织申请、参加行政复议，提高工作质量和效率。

> 配套

《国务院关于加强数字政府建设的指导意见》；《数字中国建设整体布局规划》

第九条　【表彰和奖励】对在行政复议工作中做出显著成绩的单位和个人，按照国家有关规定给予表彰和奖励。

> 注解

本条规定了行政复议的表彰和奖励制度，系新增条款。

［表彰和奖励］

表彰，是指表扬并嘉奖，以授予称号、通报表扬、通令嘉奖、记功以及发给奖状、荣誉证书、奖章等形式，对某种行为或者事迹给予肯定，较为侧重精神层面。奖励，是指从精神上或物质上进行鼓励，包括精神奖励和物质奖励，通常以精神奖励为主，以物质奖励为辅。

做好表彰和奖励工作，需重点做好以下几方面：一是符合国家规定；二是坚持实事求是；三是表彰、奖励与成绩相当；四是精神奖励与物质奖励相结合；五是做到公正平等；六是及时贯彻落实。

第十条　【行政复议与诉讼衔接】公民、法人或者其他组织对行政复议决定不服的，可以依照《中华人民共和国行政诉讼法》的规定向人民法院提起行政诉讼，但是法律规定行政复议决定为最终裁决的除外。

> 注解

本条规定了当事人对行政复议决定不服的救济途径，即向法院提起行政诉讼。

当事人对行政行为不服，可以直接申请行政复议，除了法律规定实行行政复议前置的案件外，也可以直接提起行政诉讼。当事人申请行政复议，行政复议机关已经依法受理的,当事人在法定复议期限内不得再向法院提起行政诉讼。对于法律规定实行行政复议前置的案件,当事人只能先向行政复议机关申请行政复议,而不得直接向法院提起行政诉讼;行政复议机关决定不予受理或者逾期未作答复的,当事人可以在法定期限内,依法向法院提起行政诉讼。对于法律没有规定实行行政复议前置的案件,当事人向法院提起行政诉讼,法院已经依法受理的,不得再向行政复议机关申请行政复议。

当事人对行政复议决定不服的,可以向法院提起行政诉讼,而且只能提起行政诉讼,不能再向行政复议机关的上级行政机关申请行政复议。

应用

5. 最终裁决的含义是什么?

此处的最终裁决是指终局行政裁决,是指行政机关依照法律规定,拥有最终的行政裁决权,其作出的行政决定或者行政复议决定,具有终局性,当事人不得提起行政诉讼。最终裁决具有终局性、不具有可诉性。法律设定的最终裁决主要限定于涉及国家安全等极少数领域。

配套

《反外国制裁法》第4、6、7条;《数据安全法》第24条;《审计法》第53条;《反间谍法》第68条;《外商投资法》第35条;《反恐怖主义法》第15条;《出境入境管理法》第36条

第二章　行政复议申请

第一节　行政复议范围

第十一条　【行政复议范围】有下列情形之一的,公民、法人或者其他组织可以依照本法申请行政复议:

(一)对行政机关作出的行政处罚决定不服;

(二)对行政机关作出的行政强制措施、行政强制执行决定不服;

(三)申请行政许可,行政机关拒绝或者在法定期限内不予

答复,或者对行政机关作出的有关行政许可的其他决定不服;

(四)对行政机关作出的确认自然资源的所有权或者使用权的决定不服;

(五)对行政机关作出的征收征用决定及其补偿决定不服;

(六)对行政机关作出的赔偿决定或者不予赔偿决定不服;

(七)对行政机关作出的不予受理工伤认定申请的决定或者工伤认定结论不服;

(八)认为行政机关侵犯其经营自主权或者农村土地承包经营权、农村土地经营权;

(九)认为行政机关滥用行政权力排除或者限制竞争;

(十)认为行政机关违法集资、摊派费用或者违法要求履行其他义务;

(十一)申请行政机关履行保护人身权利、财产权利、受教育权利等合法权益的法定职责,行政机关拒绝履行、未依法履行或者不予答复;

(十二)申请行政机关依法给付抚恤金、社会保险待遇或者最低生活保障等社会保障,行政机关没有依法给付;

(十三)认为行政机关不依法订立、不依法履行、未按照约定履行或者违法变更、解除政府特许经营协议、土地房屋征收补偿协议等行政协议;

(十四)认为行政机关在政府信息公开工作中侵犯其合法权益;

(十五)认为行政机关的其他行政行为侵犯其合法权益。

> **注 解**

本条是关于行政复议范围的规定,是对 2017 年《行政复议法》第 6 条的修改和完善,行政复议范围从原法列举的 11 项增加到 15 项。行政复议范围,也可称为行政相对人申请行政复议的范围,是指公民、法人或者其他组织认为行政机关或者法律、法规、规章授权的组织作出的行政行为侵犯其合法权益,依照法律规定可以向行政复议机关提出申请,请求行政复议机关进行重新审查的行政行为的范围。

[行政强制措施和行政强制执行]

行政强制措施,是指行政机关在行政管理过程中,出于制止违法行为、防止证据损毁、避免危害发生、控制危险扩大等目的,依法对公民的人身自由实施暂时性限制,或者对公民、法人或者其他组织的财物实施暂时性控制的行为。

行政强制执行,是指行政机关或者行政机关向人民法院提出申请,对不履行行政决定的公民、法人或者其他组织,依法强制其履行义务的行为。《行政强制法》对行政强制措施的种类、行政强制执行的方式以及实施程序作了规定。

[行政许可]

行政许可,是指行政机关根据公民、法人或者其他组织的申请,经依法审查,准予其从事特定活动的行为。公民、法人或者其他组织申请行政许可,行政机关拒绝或者在法定期限内不予答复,或者公民、法人或者其他组织对行政机关作出的有关行政许可的准予、变更、延续、撤销、撤回、注销等决定不服的,可以申请行政复议或者向人民法院提起诉讼。

[征收]

征收,是指行政机关为了公共利益的需要,依法将公民、法人或者其他组织的财物如集体土地或者居民房屋等收归国有的行政行为。根据法律规定,无论是征收还是征用,都应当依法给予权利人相应的补偿。公民、法人或者其他组织对征收、征用决定不服,或者对补偿决定不服的,可以申请行政复议或者向人民法院提起诉讼。

应用

6. 对学校作出的处分决定不服提出申诉,教育部门不予答复的,可否申请行政复议?

依照《教育法》第43条第4项的规定,对学校给予的处分不服向有关部门提出申诉是受教育者的权利。因此,作为高等学校学籍管理的归口部门,教育部门应当受理当事人不服学校处分决定的申诉。教育部门对此不予答复的,属于《行政复议法》规定的有关行政不作为的情形。

7. 被公安机关留置盘问人员可否申请行政复议?

留置对象既包括犯罪嫌疑人员,也包括违法嫌疑人员。留置对象经留置盘问后,公安机关未对其依法进行刑事拘留或者治安拘留,当事人对此不服的,可以依法申请行政复议。

8. 违反《商标法》而受到行政机关行政处罚的相对人能否申请行政复议?

工商行政管理机关依照《商标法》及其实施条例的有关规定对违法行为人作出行政处罚后,当事人对此不服的,既可以依照《商标法》的有关规定向人民法院提起诉讼,也可以依照《行政复议法》的有关规定申请行政复议。

9. 对劳动保障行政部门作出的工伤认定结论不服,能否申请行政复议?

劳动者与用人单位因工伤保险待遇发生争议,向劳动争议仲裁委员会申请仲裁期间,对劳动保障行政部门作出的工伤认定结论不服,又向劳动保障复议机关申请复议的,如果符合法定条件,劳动保障复议机关应当受理。

10. 上级机关对下级机关的请示所作的批复是否属于行政复议范围?

这一问题主要是看该批复是否属于外部行政行为,即其内容是否涉及公民、法人或者其他组织的合法权益。如果是外部行政行为,涉及公民、法人或者其他组织的合法权益,公民、法人或者其他组织认为其合法权益受到侵害,对于其行政复议申请上级机关应当受理,反之则不能受理。

配 套

《行政许可法》第42~44条;《行政强制法》第8、37条;《国家赔偿法》第14条;《最高人民法院关于审理行政赔偿案件若干问题的规定》第3条;《工伤认定办法》第7、8、20、21条;《政府信息公开条例》;《海关行政复议办法》第9条;《人力资源社会保障行政复议办法》第7、8条;《税务行政复议规则》第14条;《自然资源行政复议规定》第13条

第十二条 【不属于行政复议范围的事项】 下列事项不属于行政复议范围:

(一)国防、外交等国家行为;

(二) 行政法规、规章或者行政机关制定、发布的具有普遍约束力的决定、命令等规范性文件；
　　(三) 行政机关对行政机关工作人员的奖惩、任免等决定；
　　(四) 行政机关对民事纠纷作出的调解。

> 注解

[国防、外交等国家行为]

　　国家行为是基于国家主权并且以国家名义实施的行为，不宜通过复议或者诉讼的方式监督。国防行为，是指国家为了防备和抵抗侵略，制止武装颠覆，保卫国家的主权、领土完整和安全所进行的军事活动，如宣战、发布动员令、戒严令，军事演习，设立军事禁区等。外交行为，是指国家之间或者国家与国际组织之间的交往行为，如对外国国家和政府的承认，与其建交、断交，缔结条约、公约和协定等。

[行政法规、规章或者行政机关制定、发布的具有普遍约束力的决定、命令]

　　制定行政法规、规章是立法行为，按照《宪法》《立法法》的规定，由全国人大及其常委会和地方同级人大及其常委会或者国务院监督，不通过复议或者诉讼的方式监督。因此，不能对行政法规、规章申请行政复议或者提起行政诉讼。

　　行政机关制定、发布的具有普遍约束力的决定、命令，即学理上所称的"抽象行政行为"，本法称为"规范性文件"。当事人不能直接对这些规范性文件申请行政复议或者提起行政诉讼，但可以通过行政诉讼和行政复议对规范性文件进行附带性审查。

[行政机关对行政机关工作人员的奖惩、任免等决定]

　　行政机关对行政机关工作人员的奖惩、任免，属于行政机关内部的人事管理行为，学理上称为"内部行政行为"，不同于针对行政相对人的外部行政行为，当事人不能对此申请行政复议或者提起行政诉讼。

[行政机关对民事纠纷作出的调解]

　　行政机关对民事纠纷进行调解或者处理，并不是严格意义上的行政行为，即不属于具体行政行为，当事人不能对此申请行政复议或者提起行政诉讼。

应用

11. 对公安机关的哪些行为不能提起行政复议？

（1）对办理刑事案件中依法采取的刑事强制措施、刑事侦查措施等刑事司法行为不服的；

（2）对公安机关依法调解不服的；

（3）对处理火灾事故、交通事故以及办理其他行政案件中作出的鉴定结论等不服的；

（4）对申诉被驳回不服的；

（5）其他依法不应当受理的行政复议申请。

12. 对发展改革委员会作出的哪些行为不能提起行政复议？

（1）对发展改革机关工作人员的个人违法违纪行为进行举报、控告或者对工作人员的态度作风提出异议，或者其他信访事项；

（2）对发展改革机关的业务政策、工作制度、工作方式和程序提出异议的；

（3）请求解答法律、法规、规章或者发展改革机关制定（参与制定）的规范性文件的；

（4）对发展改革机关作出的行政处分或人事决定不服的。

配套

《行政诉讼法》第 13 条；《最高人民法院关于适用〈中华人民共和国行政诉讼法〉的解释》第 1 条第 2 款；《人力资源社会保障行政复议办法》第 8 条；《公安机关办理行政复议案件程序规定》第 28 条；《国家发展和改革委员会行政复议实施办法》第 10 条

第十三条　【行政复议附带审查申请范围】 公民、法人或者其他组织认为行政机关的行政行为所依据的下列规范性文件不合法，在对行政行为申请行政复议时，可以一并向行政复议机关提出对该规范性文件的附带审查申请：

（一）国务院部门的规范性文件；

（二）县级以上地方各级人民政府及其工作部门的规范性文件；

（三）乡、镇人民政府的规范性文件；

（四）法律、法规、规章授权的组织的规范性文件。

前款所列规范性文件不含规章。规章的审查依照法律、行政法规办理。

注 解

[抽象行政行为]

本条规定中的"行政行为所依据的下列规范性文件"中的"规范性文件"，也称抽象行政行为，是指行政机关制定在其管辖范围内具有普遍约束力、可以反复适用的规范性文件的行为。

[抽象行政行为的附带审查]

根据本条第1款的规定，公民、法人或者其他组织不能单独对抽象行政行为提出行政复议申请，但可以在申请行政复议时"一并"向行政复议机关提出对行政规范性文件的审查申请。公民、法人或者其他组织在申请行政复议时一并对行政规范性文件提出审查申请的，行政复议机关应当对行政规范性文件的"合法性"进行审查。认为相关条款合法的，应在行政复议决定书中一并告知；认为相关条款超越权限或者违反上位法的，不能将其作为认定行政行为合法的依据，并应向制定机关提出处理建议，建议制定机关修改或者废止。

[规章的审查]

第一，申请行政复议时不能对规章一并提出审查申请。即使规章是行政机关作出行政行为的依据，行政相对人也不能在申请行政复议时一并提出对规章的审查申请。第二，对规章的审查须依照法律、行政法规的规定办理。

配 套

本法第57条；《行政复议法实施条例》第26条

第二节　行政复议参加人

第十四条　【申请人】依照本法申请行政复议的公民、法人或者其他组织是申请人。

有权申请行政复议的公民死亡的，其近亲属可以申请行政复议。有权申请行政复议的法人或者其他组织终止的，其权利义务承受人可以申请行政复议。

　　有权申请行政复议的公民为无民事行为能力人或者限制民事行为能力人的，其法定代理人可以代为申请行政复议。

注解

[行政复议的申请人]

　　所谓行政复议的申请人，按照本条第1款的规定，是指"依照本法申请行政复议的公民、法人或者其他组织"。行政复议申请人是行政管理的相对人，是以自己的名义参加行政复议活动的人。公民、法人、其他组织均可成为行政复议的申请人。

[关于行政复议申请人资格的转移]

　　在法律规定的特殊情形下，法律规定的人已经不能行使行政复议申请人的权利和履行行政复议申请人的义务，由他人取得行政复议申请人的资格，行使申请行政复议的权利，并在行政复议活动中承担行政复议申请人的义务。在下列两种情形下，行政复议申请人的资格发生转移：一是公民死亡。有权申请行政复议的公民死亡的，"其近亲属可以申请行政复议"。二是法人或者其他组织终止。有权申请行政复议的法人或者其他组织终止的，"其权利义务承受人可以申请行政复议"。

[法定代理人代位申请行政复议]

　　无民事行为能力的行政复议申请人和限制民事行为能力的行政复议申请人，由其法定代理人代为行使行政复议申请权。根据民事法律规定，无民事行为能力人和限制民事行为能力人的监护人为其法定代理人，包括配偶、父母、成年子女、兄姐、祖父母、外祖父母等。

应用

13. 合伙企业申请行政复议的，应以谁为申请人？

　　合伙企业申请行政复议的，应当以核准登记的企业为申请人，由执行合伙事务的合伙人代表该企业参加行政复议；其他合伙组织申请行政复议的，由合伙人共同申请行政复议。上述规定以外的不具备法人资格的其他组织申

15

请行政复议的，由该组织的主要负责人代表该组织参加行政复议；没有主要负责人的，由共同推选的其他成员代表该组织参加行政复议。

14. **股份制企业的股东大会、股东代表大会、董事会能否申请行政复议？**

股份制企业的股东大会、股东代表大会、董事会认为行政机关作出的行政行为侵犯企业合法权益的，可以以企业的名义申请行政复议。

15. **中外合作经营企业的合作一方，能否以自己的名义申请行政复议？**

中外合作经营企业的合作一方，认为中外合作经营企业合法权益受行政行为侵害的，可以依法以自己的名义申请行政复议。

16. **行政复议期间，法人的法定代表人发生职务变动的，能否继续以法人的名义进行行政复议？**

根据有关法律规定，担任法人法定代表人的人员发生职务变动的，自职务变动之日起，原担任法定代表人的人员即不得以该法人的名义进行行政复议。

配 套

《行政复议法实施条例》第6条、第7条；《税务行政复议规则》

第十五条 【代表人】 同一行政复议案件申请人人数众多的，可以由申请人推选代表人参加行政复议。

代表人参加行政复议的行为对其所代表的申请人发生效力，但是代表人变更行政复议请求、撤回行政复议申请、承认第三人请求的，应当经被代表的申请人同意。

配 套

《行政诉讼法》第28条；《行政复议法实施条例》第8条

第十六条 【第三人】 申请人以外的同被申请行政复议的行政行为或者行政复议案件处理结果有利害关系的公民、法人或者其他组织，可以作为第三人申请参加行政复议，或者由行政复议机构通知其作为第三人参加行政复议。

第三人不参加行政复议，不影响行政复议案件的审理。

注解

[第三人制度]

所谓"第三人",是指除行政复议申请人以外,与申请行政复议的行政行为或者案件处理结果有利害关系,为维护自己的合法权益,经行政复议机关同意参加行政复议活动的公民、法人或者其他组织。

第十七条　【委托代理人】申请人、第三人可以委托一至二名律师、基层法律服务工作者或者其他代理人代为参加行政复议。

申请人、第三人委托代理人的,应当向行政复议机构提交授权委托书、委托人及被委托人的身份证明文件。授权委托书应当载明委托事项、权限和期限。申请人、第三人变更或者解除代理人权限的,应当书面告知行政复议机构。

注解

本条是对2017年《行政复议法》第10条第5款规定的修改和完善。原法第10条第5款规定,申请人、第三人可以委托代理人代为参加行政复议。从内容上看,修改增加了两个方面的内容:一是明确了代理人包括律师、基层法律服务工作者等;二是增加了"申请人、第三人委托代理人的,应当向行政复议机构提交授权委托书、委托人及被委托人的身份证明文件。授权委托书应当载明委托事项、权限和期限。申请人、第三人变更或者解除代理人权限的,应当书面告知行政复议机构"的规定。

需要注意的是,《行政复议法》及其实施条例只规定"申请人、第三人"可以委托代理人参加行政复议,没有规定"被申请人"也可以委托代理人参加行政复议。因此,作出行政行为的行政机关或者法律、法规、规章授权的组织,一般不应委托代理人参加行政复议活动。

配套

《行政诉讼法》第31、50条;《行政复议法实施条例》第10条

第十八条　【法律援助】符合法律援助条件的行政复议申请人申请法律援助的,法律援助机构应当依法为其提供法律援助。

注 解

[法律援助]

法律援助,是指由国家、社会来承担对经济困难公民和符合法定条件的其他当事人在法律上的帮助,当他们需要法律咨询、代理、刑事辩护等法律服务,而由于种种原因无力获得时,如果符合法律援助条件,则可无偿地为其提供上述法律服务。

配 套

《法律援助法》第22、31、32条

第十九条 【被申请人】 公民、法人或者其他组织对行政行为不服申请行政复议的,作出行政行为的行政机关或者法律、法规、规章授权的组织是被申请人。

两个以上行政机关以共同的名义作出同一行政行为的,共同作出行政行为的行政机关是被申请人。

行政机关委托的组织作出行政行为的,委托的行政机关是被申请人。

作出行政行为的行政机关被撤销或者职权变更的,继续行使其职权的行政机关是被申请人。

注 解

本条是对2017年《行政复议法》第10条第4款、第15条第1款第4、5项规定的修改和完善。修改内容如下:一是将原法第10条第4款规定的被申请人从行政机关扩展到法律、法规、规章授权的组织。二是增加了"行政机关委托的组织作出行政行为的,委托的行政机关是被申请人"的规定。三是将原法第15条第1款第4、5项的规定从行政复议管辖规定转换为被申请人的规定并增加了"职权变更的,继续行使其职权的行政机关是被申请人"的规定。

应 用

17. 如何确定行政复议被申请人?

公民、法人或者其他组织对行政机关的行政行为不服申请行政复议的,作出行政行为的行政机关是被申请人。行政复议被申请人，应当按照以下两个方面的要求进行确定：

（1）在一般情况下，行政复议被申请人，按照"谁行为，谁是行政复议被申请人"的原则确定，即公民、法人或者其他组织对行政行为不服依法申请行政复议的，"作出该行政行为的行政机关为被申请人"。需要注意的是，按照《行政复议法》的规定，行政相对人申请行政机关依法履行法定职责，行政机关不履行的，行政相对人也可以申请行政复议。所以，在此种情形下，不履行法定职责的行政机关，为行政复议被申请人。

（2）由于现实情况十分复杂，除一般原则"谁行为，谁是行政复议被申请人"之外，还有几种成为行政复议被告申请人的情况：一是不服共同行政行为的，行政复议被申请人为共同作出行政行为的行政机关。二是由法律、法规、规章授权的组织作出行政行为的，该组织是被申请人。由行政机关委托的组织作出行政行为的，委托的行政机关是被申请人。三是作出行政行为的行政机关被撤销或者职权变更的，继续行使其职权的行政机关是被申请人。

第三节　申请的提出

第二十条　【申请期限】公民、法人或者其他组织认为行政行为侵犯其合法权益的，可以自知道或者应当知道该行政行为之日起六十日内提出行政复议申请；但是法律规定的申请期限超过六十日的除外。

因不可抗力或者其他正当理由耽误法定申请期限的，申请期限自障碍消除之日起继续计算。

行政机关作出行政行为时，未告知公民、法人或者其他组织申请行政复议的权利、行政复议机关和申请期限的，申请期限自公民、法人或者其他组织知道或者应当知道申请行政复议的权利、行政复议机关和申请期限之日起计算，但是自知道或者应当知道行政行为内容之日起最长不得超过一年。

注解

本条共3款，对公民、法人或者其他组织申请行政复议的期限、申请期限的中止以及未履行告知义务时的申请行政复议期限作了规定。本条是对2017年《行政复议法》第9条的修改和完善。主要增加了第3款，即行政机关作出行政行为时，未告知公民、法人或者其他组织申请行政复议的权利、行政复议机关和申请期限的，申请期限自公民、法人或者其他组织知道或者应当知道申请行政复议的权利、行政复议机关和申请期限之日起计算，但是自知道或者应当知道行政行为内容之日起最长不得超过一年。

[行政复议的申请期限]

行政复议的申请期限，可以分为两种：一是一般情况下的行政复议申请期限为"六十日内"，即申请人"自知道或者应当知道该行政行为之日起六十日内提出行政复议申请"。二是特殊情况下的行政复议申请期限可以超过"六十日"。特殊期限，只能由法律作出明确规定，在法律没有作出明确规定的情况下，行政相对人应当按照"六十日"的期限申请行政复议。

[行政复议申请期限的起算时间]

公民、法人或者其他组织认为行政行为侵犯其合法权益的，提出行政复议申请的期限，"自知道或者应当知道该行政行为之日起"计算，此即为行政复议申请期限的起算时间。

[被申请人未履行告知义务时的申请复议期限]

行政机关作出行政行为时，未告知公民、法人或者其他组织申请行政复议的权利、行政复议机关和申请期限的，申请期限自公民、法人或者其他组织知道或者应当知道申请行政复议的权利、行政复议机关和申请期限之日起计算，但是自知道或者应当知道行政行为内容之日起最长不得超过一年。

应用

18. 如何计算行政复议申请期限？

按照《行政复议法实施条例》第15、16条的规定，行政复议申请期限的计算，依照下列规定办理：

（1）行政机关作出行政行为的。在行政机关主动依法作出行政行为的情形下，行政复议申请期限的计算是：①当场作出行政行为的，自行政行为作出之日起计算。②载明行政行为的法律文书直接送达的，自受送达人签收之日起计算。③载明行政行为的法律文书邮寄送达的，自受送达人在邮件签收单上签收之日起计算；没有邮件签收单的，自受送达人在送达回执上签名之日起计算。④行政行为依法通过公告形式告知受送达人的，自公告规定的期限届满之日起计算。⑤行政机关作出行政行为时未告知公民、法人或者其他组织，事后补充告知的，自该公民、法人或者其他组织收到行政机关补充告知的通知之日起计算。⑥被申请人能够证明公民、法人或者其他组织知道行政行为的，自证据材料证明其知道行政行为之日起计算。

（2）行政机关未履行法定职责的。在公民、法人或者其他组织依照原《行政复议法》第6条第8、9、10项的规定申请行政机关履行法定职责，行政机关未履行的，行政复议申请期限依照下列规定计算：①有履行期限规定的，自行政期限届满之日起计算。②没有履行期限规定的，自行政机关收到申请满60日起计算。此外，公民、法人或者其他组织在紧急情况下请求行政机关履行保护人身权、财产权的法定职责，行政机关不履行的，行政复议申请期限不受前述规定的限制。

配套

《行政复议法实施条例》第15、16条

第二十一条 【不动产行政复议申请期限】因不动产提出的行政复议申请自行政行为作出之日起超过二十年，其他行政复议申请自行政行为作出之日起超过五年的，行政复议机关不予受理。

注解

［最长复议保护期间］

最长复议保护期间，是指作出的行政行为到达某一时间点后，不论当事人是否知道或者应当知道，其都不能再申请行政复议或者提起诉讼。

配套

《行政诉讼法》第46条第2款

第二十二条 【申请形式】申请人申请行政复议，可以书面申请；书面申请有困难的，也可以口头申请。

书面申请的，可以通过邮寄或者行政复议机关指定的互联网渠道等方式提交行政复议申请书，也可以当面提交行政复议申请书。行政机关通过互联网渠道送达行政行为决定书的，应当同时提供提交行政复议申请书的互联网渠道。

口头申请的，行政复议机关应当当场记录申请人的基本情况、行政复议请求、申请行政复议的主要事实、理由和时间。

申请人对两个以上行政行为不服的，应当分别申请行政复议。

注解

[行政复议申请的形式]

行政复议的申请，有书面形式和口头形式两种。

[行政复议申请的递交]

书面申请的，可以通过邮寄或者行政复议机关指定的互联网渠道等方式提交行政复议申请书，也可以当面提交行政复议申请书。行政机关通过互联网渠道送达行政行为决定书的，应当同时提供提交行政复议申请书的互联网渠道。

应用

19. 行政复议申请书的填写有哪些具体要求？

（1）申请人的姓名、性别、年龄等基本信息，应当与身份证（其他有效证件）中所登记的事项一致；中国公民原则上应当提供身份证号码；工作单位根据实际情况填写，没有固定工作单位的，不必填写。

（2）填写住所（联系地址）、邮政编码、电话这三项内容主要是为了便于行政复议机构与申请人联系，因此应当保持一致，但不一定与身份证（其他有效证件）中所登记的事项一致。例如，申请人张某户口所在地为山东，身份证是在浙江办理的，现住北京，如果申请人张某在行政复议期间经常居住在北京，则应当在《行政复议申请书》中留其在北京的居住地址、邮政编码及电话（如果是固定电话）。需要特别说明的是，申请人在《行政复议申请书》中所留的住所（联系地址）和邮政编码，就是申请人的法定联系方式。如果行政复议机关按该联系方式与申请人联系，如寄送补正通知书、听证通知书，但被邮局以查无此人为由退回，视为已经送达。

（3）委托代理人的姓名、电话的填写要求同申请人部分。

（4）通常，被申请人的名称应当与申请人提出行政复议所针对的原行政行为中署名的机关一致，但在特殊情况下也要根据实际调整。只需要写明被申请人的名称即可，不需要写明被申请人的住所、法定代表人的姓名等。

（5）《行政复议申请书》副本数量原则上应当按照被申请人、行政复议机关的数量确定，副本数量不足时，由行政复议机构负责复印、补齐，不应作为通知申请人补正的事由。

（6）行政复议申请人是法人（或其他组织），其法定代表人参加行政复议的，应当向复议机构提交《法定代表人身份证明书》。

（7）行政复议申请人委托代理人的，应当向行政复议机构提交授权委托书。

20. 能否打电话申请行政复议？

申请人口头申请行政复议的，行政复议机构应当当场制作行政复议申请笔录，交申请人核对或者向申请人宣读，并由申请人签字确认。需要指出的是，口头申请方式，是指申请人亲自到行政复议机构以口头方式申请行政复议。打电话申请的，不属于《行政复议法》规定的口头申请方式。

配 套

《行政复议法实施条例》第 18~22 条；《公安机关办理行政复议案件程序规定》第 17~19 条

第二十三条 【行政复议前置】有下列情形之一的，申请人应当先向行政复议机关申请行政复议，对行政复议决定不服的，可以再依法向人民法院提起行政诉讼：

（一）对当场作出的行政处罚决定不服；

（二）对行政机关作出的侵犯其已经依法取得的自然资源的所有权或者使用权的决定不服；

（三）认为行政机关存在本法第十一条规定的未履行法定职责情形；

（四）申请政府信息公开，行政机关不予公开；

（五）法律、行政法规规定应当先向行政复议机关申请行政复议的其他情形。

对前款规定的情形，行政机关在作出行政行为时应当告知公民、法人或者其他组织先向行政复议机关申请行政复议。

注解

[行政复议前置]

行政复议前置，是指根据法律、法规的规定，公民、法人或者其他组织对行政机关作出的行政行为不服，必须先向行政复议机关申请行政复议，经过行政复议以后，对行政复议机关作出的行政复议决定仍然不服的，才能向人民法院提起行政诉讼，而不允许未经行政复议程序直接向人民法院提起行政诉讼。

配套

《最高人民法院关于适用〈行政复议法〉第三十条第一款有关问题的批复》；《最高人民法院行政审判庭关于行政机关颁发自然资源所有权或者使用权证的行为是否属于确认行政行为问题的答复》；《集会游行示威法》第31条；《外国人来华登山管理办法》第25条；《广告管理条例》第19条；《价格违法行为行政处罚规定》第20条；《社会保险费征缴暂行条例》第25条；《城市居民最低生活保障条例》第15条；《商标法》第34、35、44、45、54条；《专利法》第41条；《电影产业促进法》第58条；《税收征收管理法》第88条；《海关法》第64条；《反垄断法》第65条；《外汇管理条例》第51条

第四节 行政复议管辖

第二十四条 【县级以上地方人民政府管辖】县级以上地方各级人民政府管辖下列行政复议案件：

（一）对本级人民政府工作部门作出的行政行为不服的；

（二）对下一级人民政府作出的行政行为不服的；

（三）对本级人民政府依法设立的派出机关作出的行政行为不服的；

（四）对本级人民政府或者其工作部门管理的法律、法规、规章授权的组织作出的行政行为不服的。

除前款规定外，省、自治区、直辖市人民政府同时管辖对本机关作出的行政行为不服的行政复议案件。

省、自治区人民政府依法设立的派出机关参照设区的市级人民政府的职责权限，管辖相关行政复议案件。

对县级以上地方各级人民政府工作部门依法设立的派出机构依照法律、法规、规章规定，以派出机构的名义作出的行政行为不服的行政复议案件，由本级人民政府管辖；其中，对直辖市、设区的市人民政府工作部门按照行政区划设立的派出机构作出的行政行为不服的，也可以由其所在地的人民政府管辖。

注解

[行政复议管辖]

行政复议管辖，是指不同行政复议机关受理行政复议申请的分工和权限，明确了不同行政复议机关可以受理和处理哪些行政复议申请，即明确了不同行政复议机关受理行政复议案件的范围。

应用

21.如何确定县级以上地方各级人民政府管辖的行政复议案件的复议机关？

一是对本级人民政府工作部门作出的行政行为不服的。本次修改取消了地方各级人民政府工作部门的行政复议职责，明确县级以上地方各级人民政府统一行使行政复议职责。

二是对下一级人民政府作出的行政行为不服的。不服地方各级人民政府作出的行政行为的，只能向上一级地方人民政府申请行政复议。

三是对本级人民政府依法设立的派出机关作出的行政行为不服的。县级以上地方政府经批准，可以设立派出机关。省、自治区政府设立的派出机关，在行政级别上相当于自治州和设区的市一级的"地区行政公署（或者盟）"，下辖几个县或者县级市；县、自治县政府设立的派出机关，为"区公所"，下辖几个乡或者镇；市辖区、不设区的市的政府设立的派出机关，为"街道办事处",下辖几个居民委员会,在行政级别上相当于乡或者镇一级。

对省、自治区政府设立的地区行政公署(或者盟)作出的行政行为不服的,应当向设立该地区行政公署(或者盟)的省或者自治区政府申请行政复议;对县、自治县政府设立的区公所作出的行政行为不服的,应当向设立该区公所的县或者自治县政府申请行政复议;对市辖区、不设区的市政府设立的街道办事处的行政行为不服的,应当向设立该街道办事处的市辖区或者不设区的市的政府申请行政复议。

四是对本级人民政府或者其工作部门管理的法律、法规、规章授权的组织作出的行政行为不服的,只能由县级以上地方各级人民政府统一行使行政复议职责。

22. 如何确定省、自治区、直辖市人民政府同时管辖对本机关作出的行政行为不服的行政复议案件的复议机关?

省、自治区、直辖市人民政府作出的行政行为,行政相对人不服申请行政复议的,按照向上一级行政机关申请复议的原则,应当向国务院提出行政复议申请。但是,国务院不适合承担行政复议工作。因此,对于省、自治区、直辖市人民政府作出的行政行为,行政相对人不服申请行政复议的,只能向作出该行政行为的行政机关申请行政复议,而不能直接向国务院提出行政复议申请。

23. 如何确定省、自治区政府设立的派出机关的行政复议管辖?

2017年《行政复议法》第13条第2款规定,对省、自治区人民政府依法设立的派出机关所属的县级地方人民政府的具体行政行为不服的,向该派出机关申请行政复议。2023年《行政复议法》修改后,将该规定修改为"省、自治区人民政府依法设立的派出机关参照设区的市级人民政府的职责权限,管辖相关行政复议案件"。这是由于在现实生活中,省级政府设立的派出机关根据工作需要往往会设立若干工作部门,对由该工作部门作出的行政行为,行政相对人不服的,应当只能向省、自治区人民政府依法设立的派出机关提出行政复议申请。

24. 如何确定以计划单列市为被申请人的行政复议案件的复议机关?

不服计划单列市的人民政府工作部门的行政行为提出的行政复议申请,应当根据申请人的选择,由该计划单列市的人民政府或者由该计划单列市所在省的相应主管部门依法受理。

25. 对公共就业服务机构、职业技能考核鉴定机构、乡镇人力资源社会保障工作机构等作出的行政行为不服的，应当向谁申请行政复议？

对依法受委托的属于事业组织的公共就业服务机构、职业技能考核鉴定机构、乡镇人力资源社会保障劳动工作机构等作出的行政行为不服的，可以向委托其行使行政管理职能的人力资源社会保障行政部门的上一级人力资源社会保障行政部门申请复议，也可以向该人力资源社会保障行政部门的本级人民政府申请行政复议。委托的人力资源社会保障部门是被申请人。

配套

《行政复议法实施条例》第14条；《人力资源社会保障行政复议办法》第15~18条

第二十五条　【国务院部门管辖】 国务院部门管辖下列行政复议案件：

（一）对本部门作出的行政行为不服的；

（二）对本部门依法设立的派出机构依照法律、行政法规、部门规章规定，以派出机构的名义作出的行政行为不服的；

（三）对本部门管理的法律、行政法规、部门规章授权的组织作出的行政行为不服的。

注解

[国务院部门管辖的行政复议案件]

本条除明确了国务院部门管辖对本部门作出的行政行为不服的案件外，还进一步明确国务院部门管辖以下两类案件：一是对本部门依法设立的派出机构依照法律、行政法规、部门规章规定，以派出机构的名义作出的行政行为不服的；二是对本部门管理的法律、行政法规、部门规章授权的组织作出的行政行为不服的。

应用

26. 对国务院部委管理的国家局的行政行为不服，应向谁提出行政复议申请？

对国务院部委管理的国家局的行政行为不服提起行政复议申请的，应当由该国家局受理。

27. 当事人对国务院关税税则委员会作出的有关征收反倾销税的决定不服,应向谁提出行政复议申请?

当事人对国务院关税税则委员会依照法定职权作出的有关征收反倾销税的决定不服提出的行政复议申请,由国务院关税税则委员会依法受理。

28. 对两个以上国务院部门共同作出的行政行为不服的,应向谁提出行政复议申请?

申请人对两个以上国务院部门共同作出的行政行为不服的,依照本条的规定,可以向其中任何一个国务院部门提出行政复议申请,由作出行政行为的国务院部门共同作出行政复议决定。

配 套

《行政复议法实施条例》第23条;《国务院办公厅关于国务院行政复议案件处理程序若干问题的通知》

第二十六条 【原级行政复议决定的救济途径】对省、自治区、直辖市人民政府依照本法第二十四条第二款的规定、国务院部门依照本法第二十五条第一项的规定作出的行政复议决定不服的,可以向人民法院提起行政诉讼;也可以向国务院申请裁决,国务院依照本法的规定作出最终裁决。

注 解

不服国务院部门或者省、自治区、直辖市人民政府作出的行政行为的,只能向作出该行政行为的行政机关申请行政复议。对行政复议决定不服的,可以向人民法院提起行政诉讼;也可以向国务院申请裁决,国务院依照本法的规定作出最终裁决。需要注意的是,行政相对人不服国务院部门或者省级政府的行政复议决定的,要么选择向人民法院提起行政诉讼,要么选择向国务院申请裁决。如果选择向人民法院提起行政诉讼,就不能再向国务院申请裁决;如果选择向国务院申请裁决,国务院作出的裁决决定为终局决定,就不能再向人民法院提起行政诉讼。

第二十七条 【垂直领导行政机关等的管辖】对海关、金融、外汇管理等实行垂直领导的行政机关、税务和国家安全机关的行政行为不服的,向上一级主管部门申请行政复议。

配套

《行政复议法实施条例》第24条

第二十八条 【司法行政部门的管辖】对履行行政复议机构职责的地方人民政府司法行政部门的行政行为不服的,可以向本级人民政府申请行政复议,也可以向上一级司法行政部门申请行政复议。

注解

对县级以上地方各级政府司法行政部门的行政行为不服申请行政复议的,原则上由本级政府管辖或者由上一级司法行政部门管辖,法律赋予申请人选择权,既可以向本级人民政府申请行政复议,也可以向上一级司法行政部门申请行政复议。

配套

《行政复议法实施条例》第30条

第二十九条 【行政复议和行政诉讼的选择】公民、法人或者其他组织申请行政复议,行政复议机关已经依法受理的,在行政复议期间不得向人民法院提起行政诉讼。

公民、法人或者其他组织向人民法院提起行政诉讼,人民法院已经依法受理的,不得申请行政复议。

应用

29. 哪些情况下,申请人应当先申请行政复议,对行政复议决定不服的,才能向人民法院提起诉讼?

(1)对海关确定纳税义务人、确定完税价格、商品归类、确定原产地、适用税率或者汇率、减征或者免征税款、补税、退税、征收滞纳金、确定计征方式以及确定纳税地点等其他涉及税款征收的行政行为有异议的，公民、法人或者其他组织应当依据《海关法》的规定先向海关行政复议机关申请行政复议，对海关行政复议决定不服的，可以向人民法院提起行政诉讼。

（2）税务机关做出的征税行为，包括确认纳税主体、征税对象、征税范围、减税、免税及退税、抵扣税款、适用税率、计税依据、纳税环节、纳税期限、纳税地点以及税款征收方式等行政行为，征收税款、加收滞纳金及扣缴义务人、受税务机关委托征收的单位和个人作出的代扣代缴、代收代缴行为，以及税务机关对审批减免税或者出口退税、抵扣税款、退还税款的申请不予依法办理或者答复的行为，对上述行为不服的，应当先向复议机关申请行政复议，对行政复议决定不服的，可以再向人民法院提起行政诉讼。申请人按前述规定申请行政复议的，必须依照税务机关根据法律、法规确定的税额、期限，先行缴纳或者缴清税款及滞纳金，或者提供相应的担保，方可在实际缴清税款和滞纳金后或者所提供的担保得到作出行政行为的税务机关确认之日起60日内提出行政复议申请。

（3）《价格违法行为行政处罚规定》第20条规定，经营者对政府价格主管部门作出的处罚决定不服的，应当先依法申请行政复议；对行政复议决定不服的，可以依法向人民法院提起诉讼。

【配套】

《海关行政复议办法》第9条；《税务行政复议规则》第33、34条

第三章　行政复议受理

第三十条　【受理条件】行政复议机关收到行政复议申请后，应当在五日内进行审查。对符合下列规定的，行政复议机关应当予以受理：

（一）有明确的申请人和符合本法规定的被申请人；

（二）申请人与被申请行政复议的行政行为有利害关系；

（三）有具体的行政复议请求和理由；

（四）在法定申请期限内提出；

（五）属于本法规定的行政复议范围；

（六）属于本机关的管辖范围；

（七）行政复议机关未受理过该申请人就同一行政行为提出的行政复议申请，并且人民法院未受理过该申请人就同一行政行为提起的行政诉讼。

对不符合前款规定的行政复议申请，行政复议机关应当在审查期限内决定不予受理并说明理由；不属于本机关管辖的，还应当在不予受理决定中告知申请人有管辖权的行政复议机关。

行政复议申请的审查期限届满，行政复议机关未作出不予受理决定的，审查期限届满之日起视为受理。

注解

[行政复议的受理条件]

1. 有明确的申请人和符合本法规定的被申请人。在实践中，公民、法人或者其他组织可能错列被申请人。此时，行政复议机关不得因此决定不予受理行政复议申请，而应当告知申请人变更被申请人。

2. 有具体的行政复议请求，主要是指请求决定被申请人履行法定职责、请求变更或撤销行政行为、请求确认行政行为违法、请求确认行政行为无效、请求解决行政协议争议、请求决定被申请人予以赔偿、请求一并审查规章以下规范性文件。

3. 行政复议适用一事不再理原则，对于有多个管辖机关，其他机关已经受理该申请人就同一行政行为提出的行政复议申请的，在后的管辖机关不得再受理。

[视为受理]

行政复议机关收到行政复议申请后，必须在法定审查期限内履职，要么作出予以受理的决定，要么作出不予受理的决定，行政复议申请的审查期限届满，行政复议机关未作出不予受理决定的，审查期限届满之日起视为受理。

应用

30. 当事人同时向几个行政机关提出行政复议申请的，如何处理？

申请人就同一事项向两个或者两个以上有权受理的行政机关申请行政复议的，由最先收到行政复议申请的行政机关受理；同时收到行政复议申请的，由收到行政复议申请的行政机关在10日内协商确定；协商不成的，由其共同上一级行政机关在10日内指定受理机关。协商确定或者指定受理机关所用时间不计入行政复议审理期限。

配套

《行政复议法实施条例》第30条

第三十一条 【申请材料补正】行政复议申请材料不齐全或者表述不清楚，无法判断行政复议申请是否符合本法第三十条第一款规定的，行政复议机关应当自收到申请之日起五日内书面通知申请人补正。补正通知应当一次性载明需要补正的事项。

申请人应当自收到补正通知之日起十日内提交补正材料。有正当理由不能按期补正的，行政复议机关可以延长合理的补正期限。无正当理由逾期不补正的，视为申请人放弃行政复议申请，并记录在案。

行政复议机关收到补正材料后，依照本法第三十条的规定处理。

注解

[视为放弃行政复议申请]

申请人在受理环节"放弃"行政复议申请与申请人在审理环节"撤回"行政复议申请具有本质区别。根据本法第74条第2款的规定，行政复议机构准予撤回行政复议申请、行政复议机关决定终止行政复议的，申请人不得再以同一事实和理由提出行政复议申请。而申请人无正当理由逾期不补正申请材料被视为放弃行政复议申请的，可以在法定申请期限内以同一事实和理由再次提出行政复议申请，只要申请人的行政复议申请经审查符合法定要求，行政复议机关就应当受理。

第三十二条 【部分案件的复核处理】对当场作出或者依据电子技术监控设备记录的违法事实作出的行政处罚决定不服申请行政复议的,可以通过作出行政处罚决定的行政机关提交行政复议申请。

行政机关收到行政复议申请后,应当及时处理;认为需要维持行政处罚决定的,应当自收到行政复议申请之日起五日内转送行政复议机关。

注解

对当场作出或者依据电子技术监控设备记录的违法事实作出的行政处罚决定不服申请行政复议的,可以通过作出行政处罚决定的行政机关提交行政复议申请。该行政机关在收到行政复议申请后应当进行实质处理,即对行政处罚决定进行审查,认为该决定存在不合法、不合理的情形,应当变更、撤销原行政处罚决定;如认为该决定事实清楚、证据确凿、适用依据正确、程序合法、内容适当,需要维持,则应当自收到行政复议申请之日起5日内转送行政复议机关,进入行政复议程序。这样规定有利于使原行政机关形成自我纠错机制,更加高效地化解行政争议。

第三十三条 【程序性驳回】行政复议机关受理行政复议申请后,发现该行政复议申请不符合本法第三十条第一款规定的,应当决定驳回申请并说明理由。

注解

[驳回复议申请与驳回复议请求的区分]

本条规定,行政复议机关受理行政复议申请后发现该行政复议申请不符合受理条件的,应当进行程序性驳回,即驳回复议申请,此时,行政复议机关并没有对被申请行政复议的行政行为进行实质认定;本法第69条规定,行政复议机关受理申请人认为被申请人不履行法定职责的行政复议申请后,发现被申请人没有相应法定职责或者在受理前已经履行法定职责的,应当进行实质性驳回,即驳回复议请求,此时,行政复议机关已经对被申请行政复议的行政行为进行了实质认定。

> 配套

本法第 69 条

第三十四条 【复议前置等情形的诉讼衔接】法律、行政法规规定应当先向行政复议机关申请行政复议、对行政复议决定不服再向人民法院提起行政诉讼的,行政复议机关决定不予受理、驳回申请或者受理后超过行政复议期限不作答复的,公民、法人或者其他组织可以自收到决定书之日起或者行政复议期限届满之日起十五日内,依法向人民法院提起行政诉讼。

> 注解

本条系修订条文,由于本法新增了驳回行政复议申请的决定,因此,本条在 2017 年《行政复议法》的基础上增加了行政复议机关决定驳回申请的,公民、法人或者其他组织可以自收到决定书之日起 15 日内,依法向人民法院提起行政诉讼的规定。

需要注意的是,在行政复议前置情形下,只有行政复议机关对原行政行为进行实质审理后,法院才能管辖该行政争议。因此,公民、法人或者其他组织应当起诉行政复议机关不予受理、驳回申请或者受理后超过行政复议期限不作答复的行为,而不得起诉原行政行为。

> 配套

本法第 23 条

第三十五条 【对行政复议受理的监督】公民、法人或者其他组织依法提出行政复议申请,行政复议机关无正当理由不予受理、驳回申请或者受理后超过行政复议期限不作答复的,申请人有权向上级行政机关反映,上级行政机关应当责令其纠正;必要时,上级行政复议机关可以直接受理。

> 注解

本条规定,行政复议机关不作为的,申请人还可以向上级行政机关反映，由上级行政机关对行政复议机关进行监督，甚至可以由上级行政复议机关直接审理，即通过行政机关内部的层级监督快速、便捷地纠正行政复议机关的不作为状态。

配套

《最高人民法院关于适用〈中华人民共和国行政诉讼法〉的解释》第1条第2款

第四章 行政复议审理

第一节 一般规定

第三十六条 【审理程序及要求】行政复议机关受理行政复议申请后，依照本法适用普通程序或者简易程序进行审理。行政复议机构应当指定行政复议人员负责办理行政复议案件。

行政复议人员对办理行政复议案件过程中知悉的国家秘密、商业秘密和个人隐私，应当予以保密。

注解

[国家秘密]

国家秘密是关系国家安全和利益，依照法定程序确定，在一定时间内只限一定范围的人员知悉的事项。

[商业秘密]

商业秘密的构成要件有三：一是该信息不为公众所知悉，即该信息是不能从公开渠道直接获取的；二是该信息能为权利人带来经济利益，具有实用性；三是权利人对该信息采取了保密措施。

[个人隐私]

关于个人隐私的保护问题，应当适用《民法典》第1032条之规定，对"自然人的私人生活安宁和不愿为他人知晓的私密空间、私密活动、私密信息"予以保护。《民法典》第1039条亦作出了国家机关、承担行政职能的法定机构及其工作人员对于履行职责过程中知悉的个人隐私予以保护规定，明确其不得泄露或者向他人非法提供。

配套

《保守国家秘密法》第2、9条；《民法典》第1032、1039条；《反不正当竞争法》第9条

第三十七条 【审理依据】行政复议机关依照法律、法规、规章审理行政复议案件。

行政复议机关审理民族自治地方的行政复议案件，同时依照该民族自治地方的自治条例和单行条例。

注解

本条为新增条款，明确了行政复议审理的法律依据。

[行政复议案件审理中的法律适用]

法律的效力高于行政法规、地方性法规、规章。行政法规的效力高于地方性法规、规章。在相关规定不一致的情况下，需要按照法律的效力由高到低适用，优先适用上位法。同等位阶下，新的特别规定优先于旧的一般规定适用，但是在法律有明确规定的情况下，作为下位法特别规定的行政法规也可以优先适用。如果下位法的规定与上位法的规定一致，系在上位法规范范围内的细化，则可以适用更为具体的下位法。

地方性法规与行政法规不一致的，应当适用行政法规的规定。如果地方性法规与部门规章冲突，由国务院提出意见，国务院认为应当适用地方性法规的，应当决定在该地方适用地方性法规；国务院认为应当适用部门规章的，应当提请全国人民代表大会常务委员会裁决。省级地方政府规章与国务院部门规章位阶相同，如果相关规定不一致，由国务院裁决。

配套

《行政诉讼法》第63条

第三十八条 【提级审理】上级行政复议机关根据需要，可以审理下级行政复议机关管辖的行政复议案件。

下级行政复议机关对其管辖的行政复议案件，认为需要由上

级行政复议机关审理的，可以报请上级行政复议机关决定。

> **注解**

本条为新增条款，系关于行政复议提级审理的规定。

[上级行政复议机关提级管辖]

本条规定了上级行政复议机关提级管辖的两种方式：一是上级行政复议机关认为需要提级管辖的，二是下级行政复议机关报请上级行政复议机关提级管辖的。由于目前《行政复议法》对于提级管辖仅作了原则性规定，考虑提级管辖的原则和设置目的，可以适当参照《行政诉讼法》中的相关规定。

[上级行政复议机关认为需要提级管辖的情形]

一是下级机关无正当理由不予受理的情形，以及本法第40条规定的中止后无正当理由不及时恢复的情形，上级行政复议机关可以直接审理。

二是部分案件如果通过上级行政复议机关直接审理更有利于争议化解，上级行政复议机关亦可直接审理。

三是如果上级行政复议机关认为某一违法行为的纠正具有很好的公示性，能够起到示范效应，或者下级行政复议机关在处理某案件中因客观或主观因素难以作出公正处理的，上级行政复议机关可以直接审理。

[下级行政复议机关认为需要上级行政复议机关审理的情形]

对于下级行政复议机关认为需要由上级行政复议机关审理的行政复议案件，需要通过报请程序向上级行政复议机关提出申请，最终是否由上级行政复议机关审理，由上级行政复议机关根据实际情况决定，除了从实质化解行政争议以及提升行政复议公信力的角度出发报请上级行政复议机关审理的案件外，下级行政复议机关还可以将审理过程中认为属于疑难的行政复议案件、新型案件，或者涉及重大国家利益、社会公共利益的案件等报请上级行政复议机关审理。

> **配套**

《关于加强和规范案件提级管辖和再审提审工作的指导意见》

第三十九条 【中止情形】行政复议期间有下列情形之一的，行政复议中止：

（一）作为申请人的公民死亡，其近亲属尚未确定是否参加行政复议；

（二）作为申请人的公民丧失参加行政复议的行为能力，尚未确定法定代理人参加行政复议的；

（三）作为申请人的公民下落不明的；

（四）作为申请人的法人或者其他组织终止，尚未确定权利义务承受人的；

（五）申请人、被申请人因不可抗力或者其他正当理由，不能参加行政复议的；

（六）依照本法规定进行调解、和解，申请人和被申请人同意中止的；

（七）行政复议案件涉及的法律适用问题需要有权机关作出解释或者确认的；

（八）行政复议案件审理需要以其他案件的审理结果为依据，而其他案件尚未审结的；

（九）有本法第五十六条或者第五十七条规定的情形的；

（十）需要中止行政复议的其他情形。

行政复议中止的原因消除后，应当及时恢复行政复议案件的审理。

行政复议机关中止、恢复行政复议案件的审理，应当书面告知当事人。

配　套

《行政复议法实施条例》第 41 条

第四十条　【对无正当理由中止的监督】 行政复议期间，行政复议机关无正当理由中止行政复议的，上级行政机关应当责令其恢复审理。

注解

[无正当理由中止行政复议]

对无正当理由中止行政复议的认定应当结合本法第39条规定的法定中止情形理解，无正当理由中止行政复议可以分为以下两种情况：一是违法中止，违法中止是指审理之中止没有法律依据，系法定中止情形以外的情况，即本就不符合中止条件，依法不应中止的。二是滥用中止权，即虽然审理之中止符合本法第39条规定的情形，但是行政复议机关在符合法定恢复情形的情况下，应当恢复行政复议审理而未及时恢复，也属于无正当理由中止，系行政复议机关滥用中止权，肆意延长中止时间。

配套

本法第39条

第四十一条 【终止情形】 行政复议期间有下列情形之一的，行政复议机关决定终止行政复议：

（一）申请人撤回行政复议申请，行政复议机构准予撤回；

（二）作为申请人的公民死亡，没有近亲属或者其近亲属放弃行政复议权利；

（三）作为申请人的法人或者其他组织终止，没有权利义务承受人或者其权利义务承受人放弃行政复议权利；

（四）申请人对行政拘留或者限制人身自由的行政强制措施不服申请行政复议后，因同一违法行为涉嫌犯罪，被采取刑事强制措施；

（五）依照本法第三十九条第一款第一项、第二项、第四项的规定中止行政复议满六十日，行政复议中止的原因仍未消除。

注解

[行政复议中止转变为行政复议终止]

本法第39条第1、2、4项规定的中止情形包括：作为申请人的公民死亡，其近亲属尚未确定是否参加行政复议；作为申请人的公民丧失参加行政复议的行为能力，尚未确定法定代理人参加行政复议；作为申请人的法人或者其他组织终止，尚未确定权利义务承受人。对于这三项中止的情形，本法第39条并未设定中止期限，但是本条规定，依照上述情形中止行政复议满60日，行政复议中止的原因仍未消除的，构成终止的条件，实际上是要求权利的行使应当在60日内进行，超过期限的，行政复议程序终结。

[行政复议终止的法定效果]

行政复议终止不同于行政复议中止，其是程序救济权的终止，也对实体权利产生影响，主要将产生以下影响：一是行政复议从程序上终结，且无论基于何种理由都不能再行启动；二是在未经法定程序作出处理的情况下，原行政行为继续产生效力；三是申请人撤回行政复议申请的，不得以同一事实和理由重新申请行政复议，公民死亡或者丧失行为能力，公民的近亲属或者代理人、法人和其他组织等权利承继者亦不得再就该事实和理由申请行政复议。

应用

31. 申请人撤回行政复议申请应当在什么时间提出？撤回后，能否再次申请行政复议？

申请人在行政复议决定作出前自愿撤回行政复议申请的，经行政复议机构同意，可以撤回。申请人撤回行政复议申请的，不得再以同一事实和理由提出行政复议申请。但是，申请人能够证明撤回行政复议申请违背其真实意思表示的除外。

32. 行政复议当事人能否和解？

公民、法人或者其他组织对行政机关行使法律、法规规定的自由裁量权作出的行政行为不服申请行政复议，申请人与被申请人在行政复议决定作出前自愿达成和解的，应当向行政复议机构提交书面和解协议；和解内容不损害社会公共利益和他人合法权益的，行政复议机构应当准许。

配套

本法第39条；《行政复议法实施条例》第38、42条；《公安机关办理行政复议案件程序规定》第61条

第四十二条　【行政行为停止执行情形】行政复议期间行政行为不停止执行；但是有下列情形之一的，应当停止执行：

（一）被申请人认为需要停止执行；

（二）行政复议机关认为需要停止执行；

（三）申请人、第三人申请停止执行，行政复议机关认为其要求合理，决定停止执行；

（四）法律、法规、规章规定停止执行的其他情形。

注解

本条是在2017年《行政复议法》第21条的基础上修改的。与之前的规定相比，主要有三个变化：一是将停止执行的例外情形从"可以"变更为"应当"；二是增加了第三人申请停止执行的情形；三是将第4项的法律规定停止执行变更为法律、法规、规章规定停止执行。

[行政复议不停止执行原则]

行政复议以行政行为不停止执行为原则，主要是考虑到行政行为一经作出就具有确定力、公定力、可执行力和不可争力，即行政行为的效力先定原则。这种效力先定原则在执行领域主要体现为行政复议与行政诉讼都不停止执行。

[法律、法规、规章规定停止执行的情形]

法律规定停止执行行政行为的主要分为以下两种情形：

一种是法律规定只要当事人提起行政复议或者行政诉讼，就应当停止执行的情形。这种情况主要涉及不动产的拆除，因为此类行为的执行回转难度较大，往往涉及较大的利益，如《行政强制法》第44条规定："对违法的建筑物、构筑物、设施等需要强制拆除的……当事人在法定期限内不申请行政复议或者提起行政诉讼，又不拆除的，行政机关可以依法强制拆除。"

另一种是法律赋予当事人暂停执行的申请权，符合法定条件的应当暂缓执行的情形。如《行政处罚法》第73条第2款规定："当事人对限制人身自由的行政处罚决定不服，申请行政复议或者提起行政诉讼的，可以向作出决定的机关提出暂缓执行申请。符合法律规定情形的，应当暂缓执行。"

应用

33. 被申请人认为行政行为需要停止执行的情形一般有哪些？

一般来说，被申请人认为行政行为需要停止执行的，主要有以下几种情

41

形：(1) 发现行政行为的依据违法，如所依据的法律规范与其上位法律规范相抵触或者已经失效；(2) 行政管理相对人的违法事实出现新情况，或者需要鉴定后才能确定性质；(3) 发现行政行为超越职权或者属于行政机关工作人员滥用职权。

配 套

《行政处罚法》第73条；《行政诉讼法》第56条；《行政强制法》第44条；《治安管理处罚法》第107条；《拘留所条例实施办法》第19条

第二节 行政复议证据

第四十三条 【行政复议证据种类】行政复议证据包括：

（一）书证；

（二）物证；

（三）视听资料；

（四）电子数据；

（五）证人证言；

（六）当事人的陈述；

（七）鉴定意见；

（八）勘验笔录、现场笔录。

以上证据经行政复议机构审查属实，才能作为认定行政复议案件事实的根据。

注 解

[书证]

书证是以文字、符号、图案等形式记载的，能够表达人的思想和行为的，能证明案件事实的物品。书证根据制作主体的不同可分为公文书证和私文书证，公文书证通常具有较高的证明力；根据来源的不同可分为原本、正本、副本等，原本的证明力最高，正本与原本具有同等效力，而副本须与正本核对无误。

[物证]

物证是以其物质属性、外部特征、存在状况、空间方位等证明案件事实的物品和痕迹。物证具有较强的稳定性、较高的证明力。物证的证明力虽然较高，但往往也要与其他证据结合，共同使用，而不能以单一物证证明事实。

[视听资料]

视听资料是指通过录音、录像以及计算机等高科技设备取得的音像图像资料和利用电脑等设备取得和存储的数据材料。视听资料需要通过相关的载体存储，但由于科技的发展，视听资料极易被篡改、伪造，需要结合其他证据使用，综合判断其证明力。

[电子数据]

电子数据，是指与案件事实有关的电子邮件、网上聊天记录、电子签名、网络访问记录等以数字形式存在的证据。

[证人证言]

任何了解案件有关情况的非案件的当事人，在具备证人资格的情况下，都可以成为案件的证人，广义上的证人包括鉴定人、专家证人和一般证人，前两类证人之证言的可信度和证明力往往高于一般证人，由于本条将鉴定意见单独列为一类证据，故这里的证人证言仅指一般证人的证言。

[当事人陈述]

行政复议中的当事人包括复议申请人、被申请人以及第三人，当事人应当就自己经历的案件事实作出陈述。

[鉴定意见]

鉴定意见是由具有专门知识的人员根据客观材料，通过分析、鉴别、检验和判断后作出的书面意见。鉴定意见具有专业性和意见性，但是在办理案件时仍然要对其进行综合认定而非当然采纳。

[勘验笔录和现场笔录]

勘验笔录是行政复议机关对有关案件事实的现场和物品，通过就地检验、测量、勘查和分析作出的书面记录。现场笔录则是行政复议机关工作人员在执行职务过程中对有关管理活动的现场情况作出的书面记录，是行政案件中特有的证据形式。

配套

《行政诉讼法》第33条

第四十四条 【举证责任分配】被申请人对其作出的行政行为的合法性、适当性负有举证责任。

有下列情形之一的,申请人应当提供证据:

(一)认为被申请人不履行法定职责的,提供曾经要求被申请人履行法定职责的证据,但是被申请人应当依职权主动履行法定职责或者申请人因正当理由不能提供的除外;

(二)提出行政赔偿请求的,提供受行政行为侵害而造成损害的证据,但是因被申请人原因导致申请人无法举证的,由被申请人承担举证责任;

(三)法律、法规规定需要申请人提供证据的其他情形。

注 解

[以被申请人举证为原则]

行政复议以行政行为的合法性和适当性为审查中心,对于作为被申请人的行政机关作出的行政行为,应当由其证明该行为的合法性及适当性。行政机关应当提交其作出该行政行为的证据以及依据的规范性文件等。行政机关在行政程序中形成的案卷材料应当作为证明行政主体行为合法的根据,在行政复议程序中向行政复议机关提供,行政复议机关应当基于案卷材料内的证据对行政行为的合法性、适当性作出判断。

[特殊类型案件的举证责任]

1. 不履行法定职责案件

不履行法定职责类案件的举证责任因类型不同而有所区分,对于依职权应当履责而未履责的,行政机关应当就其不履行职责行为的合法性承担举证责任;对于依申请履责的案件,申请人应当提供证据证明其曾向行政机关提出过申请,对于未经申请直接提起行政复议的,行政复议机关应当引导申请人先行向行政机关提出申请;经过引导仍坚持直接提起行政复议的,因申请人未能向行政机关提供履行相应职责必要的申请材料,故提起行政复议的时机尚不成熟,其行政复议申请不能得到支持。对于申请人依法提出申请并提供证据证明其曾经向行政机关提出过申请而行政机关未履行法定职责的,应当由行政机关对其不履行法定职责行为的合法性承担举证责任。

2. 行政赔偿案件

在行政赔偿案件中，申请人应当就违法行政行为造成的损害承担举证责任，通常应当提供损失的项目、明细、价值等的证明材料。但是在实践中，因行政机关实施违法行政行为等原因导致相关证据灭失或者相关损失无法证明的，举证责任发生转移，即因被申请人行政机关的原因导致申请人无法举证的，由行政机关承担举证责任。实践中，存在较多双方都无法提供证据的情况，本条没有就在该种情况下行政复议机关应如何处理作出明确规定，但是在行政诉讼中，《最高人民法院关于审理行政赔偿案件若干问题的规定》第11条第2款规定："人民法院对于原告主张的生产和生活所必需物品的合理损失，应当予以支持；对于原告提出的超出生产和生活所必需的其他贵重物品、现金损失，可以结合案件相关证据予以认定。"行政复议亦可以参照该条规定作出处理。

配套

《行政诉讼法》第34、37条；《最高人民法院关于审理行政赔偿案件若干问题的规定》第11条第2款

第四十五条　【行政复议机关调查取证】 行政复议机关有权向有关单位和个人调查取证，查阅、复制、调取有关文件和资料，向有关人员进行询问。

调查取证时，行政复议人员不得少于两人，并应当出示行政复议工作证件。

被调查取证的单位和个人应当积极配合行政复议人员的工作，不得拒绝或者阻挠。

注解

[被调查人员的配合义务]

根据被调查人员的主体之不同，被调查人员既可能是作为行政相对人的公民、法人或者其他组织，也可能是行政机关，还可能是案外的公民、法人或者其他组织。无论何种主体，只要是与行政复议相关，在行政复议机关依法行使调查取证权的情况下，均具有配合行政复议机关调查的义务。拒绝、

阻挠行政复议人员调查取证，故意扰乱行政复议工作秩序的，依法给予处分、治安管理处罚；构成犯罪的，依法追究刑事责任。

配套

《行政诉讼法》第40条

第四十六条　【被申请人收集和补充证据限制】行政复议期间，被申请人不得自行向申请人和其他有关单位或者个人收集证据；自行收集的证据不作为认定行政行为合法性、适当性的依据。

行政复议期间，申请人或者第三人提出被申请行政复议的行政行为作出时没有提出的理由或者证据的，经行政复议机构同意，被申请人可以补充证据。

注解

[行政复议中的案卷排他主义]

案卷排他主义规则又称案卷主义规则，是指行政机关在行政程序之外形成的证据不能作为证明行政主体行为合法或者定案的根据。我国《行政诉讼法》规定被告不得在行政诉讼程序中自行收集证据就是案卷排他主义原则的体现。在行政复议程序中也应坚持该原则。

[被申请人补充证据规则]

本条第2款规定："行政复议期间，申请人或者第三人提出被申请行政复议的行政行为作出时没有提出的理由或者证据的，经行政复议机构同意，被申请人可以补充证据。"本款是本条第1款的例外规定，是经行政复议机构允许，被申请人补充证据的规则，这一规则并未突破先取证、后裁决的原则。被申请人补充证据需要满足该款规定的两个条件。

应用

34. 被申请人能否在行政复议程序中自行收集证据？

行政程序中的证据是行政行为作出时形成的，被申请人为证明其行为的合法性、适当性，应当在行政复议程序中提供证据。若被申请人为证明其行为的合法性、适当性，而在行政复议程序中收集证据，则违背了先取证、后裁决的原则，即使收集到了相关证据，也无法证明原行政行为作出时该证据就存在或者该证据系作出原行政行为的依据,故行政复议机关不得据此认定其行政行为的合法性、适当性。

配 套

《最高人民法院关于行政诉讼证据若干问题的规定》第59~61条

第四十七条 【申请人等查阅、复制权利】 行政复议期间,申请人、第三人及其委托代理人可以按照规定查阅、复制被申请人提出的书面答复、作出行政行为的证据、依据和其他有关材料,除涉及国家秘密、商业秘密、个人隐私或者可能危及国家安全、公共安全、社会稳定的情形外,行政复议机构应当同意。

注 解

2023年修订《行政复议法》主要作了以下调整:一是规定申请人、第三人可以"按照规定"行使查阅、复制权;二是明确了委托代理人的查阅、复制权;三是将具体行政行为调整为行政行为;四是在例外情形中增加了可能危及国家安全、公共安全、社会稳定三种情形。

配 套

《行政诉讼法》第31、32条;《民法典》第1032条

第三节 普通程序

第四十八条 【被申请人书面答复】 行政复议机构应当自行政复议申请受理之日起七日内,将行政复议申请书副本或者行政复议申请笔录复印件发送被申请人。被申请人应当自收到行政复议申请书副本或者行政复议申请笔录复印件之日起十日内,提出书面答复,并提交作出行政行为的证据、依据和其他有关材料。

注 解

本条主要明确了被申请人的书面答复义务和举证责任,同时对行政复议

机构向被申请人发送相关材料的要求和期限作出了规定。

[行政复议机构的发送义务及期限]

行政复议机构应当自行政复议申请受理之日起7日内,将行政复议申请书副本或者行政复议申请笔录复印件发送被申请人,以便于被申请人有针对性地准备书面答复和证据、依据等相关材料。申请人提交书面申请的,行政复议机关应向被申请人发送行政复议申请书副本,且应确保该副本内容与正本内容完全一致;申请人口头提出复议申请的,行政复议申请笔录与行政复议申请书具有相同效力,行政复议机关应将与原件内容相同的申请笔录复印件发送给被申请人。本条所规定的7日发送期间,一是指工作日,不包括节假日;二是自发出时间起,而非自接收时间起;三是因不可抗力等非人为因素耽误的期间应予扣除。

第四十九条 【听取意见程序】 适用普通程序审理的行政复议案件,行政复议机构应当当面或者通过互联网、电话等方式听取当事人的意见,并将听取的意见记录在案。因当事人原因不能听取意见的,可以书面审理。

注解

本条将审理原则由书面审查修改为以通过灵活方式听取群众意见为原则,以书面审理为例外。

[当事人意见]

当事人意见,是指行政复议机构在适用普通程序审理行政复议案件时,为公正、客观审理之需要所应当听取的当事人对案件事实、法律适用、程序要求等案涉情况的看法、观点、提出的相应依据以及对行政复议机构的请求等。其既可以是单方意见,也可以是各方的对质或者辩论。当事人既包括申请人、被申请人和已经进入行政复议程序的第三人,也包括行政复议决定可能对其造成不利后果的其他利害关系人。

[听取意见的方式]

根据本条之规定,听取意见可以采取当面、互联网或者电话等方式。听取意见不同于听证,既可以单独听取单方当事人之意见,也可以一并听取双方当事人之意见。在行政复议实践中,采取何种方式听取当事人意见,可以根据案情需要，结合当事人实际情况作出选择。听取意见时，应有两名或两名以上行政复议机构工作人员在场。

[可以书面审理的情形]

关于"因当事人原因不能听取意见的情形"，一是以直接或间接方式均不能听取，不能直接听取，但可以采用书面递交材料、通过第三人间接表达意见等方式听取意见的，仍应听取当事人之意见。二是对部分当事人意见无法听取的，行政复议机构仍应当听取其他当事人之意见。

第五十条 【听证情形和人员组成】审理重大、疑难、复杂的行政复议案件，行政复议机构应当组织听证。

行政复议机构认为有必要听证，或者申请人请求听证的，行政复议机构可以组织听证。

听证由一名行政复议人员任主持人，两名以上行政复议人员任听证员，一名记录员制作听证笔录。

注解

本条是对行政复议审理普通程序中听证程序的规定，包括应当听证和可以听证的情形、听证的程序要求等。

[应当听证的案件类型]

结合行政复议实践和各地规定，以下类型的案件属于应当听证的案件：(1) 涉及人数众多或者涉及群体利益的案件；(2) 具有涉港、澳、台或者涉外要素的案件；(3) 社会影响较大或可能影响社会稳定的案件；(4) 案件事实或法律关系复杂的案件；(5) 新型案件；(6) 对行政行为依据的理解或法律适用存在较大争议的案件；(7) 其他行政复议机构认为重大、复杂的案件。

[可以听证的案件类型]

一是行政复议机构认为有必要听证的；二是申请人请求听证的。行政复议机构认为有必要听证的，除涉及案件本身事实之认定、法律之适用的情形外，还应考虑听证审理有利于和解、调解的以及适宜采取听证方式审理的情形。对于可以听证的案件，是否听证，由行政复议机构决定。

配套

《行政复议法实施条例》第33条

第五十一条 【听证程序和要求】行政复议机构组织听证的,应当于举行听证的五日前将听证的时间、地点和拟听证事项书面通知当事人。

申请人无正当理由拒不参加听证的,视为放弃听证权利。

被申请人的负责人应当参加听证。不能参加的,应当说明理由并委托相应的工作人员参加听证。

注解

本条对行政复议机构组织听证时对当事人的通知义务、申请人无正当理由拒不参加听证的法律后果以及被申请人的负责人参加听证制度进行了规定。

[视为放弃听证权利]

申请人无正当理由拒不参加听证的,视为放弃听证权利,即申请人无正当理由拒不参加听证的,不得同一事项再次申请听证。

[行政机关负责人参加听证制度]

被申请人的负责人应当参加听证。该负责人包含四类:正职负责人、副职负责人、参与分管被诉行政行为实施工作的副职级别的负责人和其他参与分管的负责人,被诉行政机关委托的组织或者下级行政机关的负责人不属于被申请人的负责人。被申请人的负责人不能参加的,应当说明理由并委托相应的工作人员参加听证。

应用

35. 如何判断不参加听证的理由是否为正当理由?

本条所称的正当理由,是指无法预见的、非因当事人主观原因导致其无法正常参加听证的不可抗因素,如无法预见的自然灾害等。一般而言,以下情形应属于本条规定的正当理由:(1)申请人死亡或者解散,需要等待权利、义务继承人或承受人的;(2)申请人因不可抗力,如洪涝、地震等自然灾害因素不能按时参加听证的;(3)申请人之人身自由受到限制或丧失行为能力的;(4)因健康原因不能参加听证的;(5)因路途遥远,交通不便不能参加听证的;(6)行政复议机关认可的其他正当理由。

配套

《行政处罚法》第64条第6项

第五十二条 【行政复议委员会组成和职责】 县级以上各级人民政府应当建立相关政府部门、专家、学者等参与的行政复议委员会,为办理行政复议案件提供咨询意见,并就行政复议工作中的重大事项和共性问题研究提出意见。行政复议委员会的组成和开展工作的具体办法,由国务院行政复议机构制定。

审理行政复议案件涉及下列情形之一的,行政复议机构应当提请行政复议委员会提出咨询意见:

(一)案情重大、疑难、复杂;

(二)专业性、技术性较强;

(三)本法第二十四条第二款规定的行政复议案件;

(四)行政复议机构认为有必要。

行政复议机构应当记录行政复议委员会的咨询意见。

注解

本条对行政复议委员会的建立、职能、具体适用情形和程序要求作出了规定。

[行政复议委员会的职责职能]

行政复议委员会具有咨询机构的功能,其定位并非决议机构,对重大事项和共性问题研究所提出的意见与建议仅具有参考价值,而并非行政复议案件之审理作出决定所应当遵循的依据。

在个案咨询上,本条对应当提请行政复议委员会讨论的四类案件作出了规定,即案情重大、疑难、复杂的案件,专业性、技术性较强的案件,本法第24条第2款规定的行政复议案件即申请人对省、自治区、直辖市人民政府作出的行政行为不服的案件和行政复议机构认为有必要提请行政复议委员会讨论的案件。对于以上四种情形以外的其他案件，行政复议机构可以自行决定是否提请行政复议委员会讨论。

第四节 简易程序

第五十三条 【简易程序适用情形】行政复议机关审理下列行政复议案件，认为事实清楚、权利义务关系明确、争议不大的，可以适用简易程序：

（一）被申请行政复议的行政行为是当场作出；

（二）被申请行政复议的行政行为是警告或者通报批评；

（三）案件涉及款额三千元以下；

（四）属于政府信息公开案件。

除前款规定以外的行政复议案件，当事人各方同意适用简易程序的，可以适用简易程序。

注 解

本条以"概括+列举"的方式对行政复议简易程序的适用情形进行了规定。

[行政复议简易程序的适用前提]

适用简易程序进行审理的行政复议案件，以行政复议机构认为事实清楚、权利义务关系明确、争议不大为前提。"事实清楚"是指当事人各方对案涉事实之陈述基本一致，并且可以提供相应证据，无须行政复议机关调查收集证据即可查明事实。"权利义务关系明确"是指案涉权利义务关系简单明了，权利义务内容、主体等基本明确，不必经过复杂冗长的程序即可准确区分权利享有者和义务承担者。"争议不大"是指当事人之间争点明确，对案件的是非、责任承担以及复议标的的争执没有原则性分歧。以上几个条件须同时满足，方可适用简易程序。

应 用

36. 适用简易程序的案件类型有哪些？

（1）被申请行政复议的行政行为是依法当场作出的。例如，《行政处罚法》第五章"行政处罚的决定"第二节"简易程序",在第51条中明确规定,违法事实确凿并有法定依据,对公民处以二百元以下、对法人或者其他组织处以三千元以下罚款或者警告的行政处罚的,可以当场作出行政处罚决定。

(2) 被申请行政复议的行政行为是警告或者通报批评。

(3) 案件涉及款额三千元以下的案件。这类案件因标的数额小,对当事人的权益影响也小,相对而言事实也会较为简单清楚,没有适用普通程序的必要。

(4) 政府信息公开案件。

(5) 合意选择适用简易程序的情形。根据本条第2款的规定,允许当事人各方对原本不属于法律规定应适用简易程序范围内的案件选择适用简易程序。需要注意的是:只有在申请人、被申请人以及第三人都同意适用简易程序的情形下,方可适用。

配 套

《行政处罚法》第51条;《行政许可法》第34条

第五十四条　【简易程序书面答复】 适用简易程序审理的行政复议案件,行政复议机构应当自受理行政复议申请之日起三日内,将行政复议申请书副本或者行政复议申请笔录复印件发送被申请人。被申请人应当自收到行政复议申请书副本或者行政复议申请笔录复印件之日起五日内,提出书面答复,并提交作出行政行为的证据、依据和其他有关材料。

适用简易程序审理的行政复议案件,可以书面审理。

注 解

与普通程序相比,简易程序在审理程序上作出了简化,在审理期限上进行了缩减。

[简易程序中的相关义务和期限]

在简易程序中,行政复议机构依然负有发送相关材料的义务,被申请人亦有书面答复的义务,但是以上义务的履行期限均大幅缩短。但是在简易程序中，行政复议机构发送行政复议申请书副本或者行政复议申请笔录复印件与被申请人书面答复、提交证据、依据和其他有关材料的内容并未简化。

[简易程序的审理方式]

本条确定了简易程序的书面审理原则。听取当事人意见不是简易程序的必要程序，行政复议机构在简易程序中有更大的程序决定权。需要注意的是，第一，在简易程序中，行政复议机构有权决定是否书面审理；第二，在简易程序中，行政复议机构仍然可以采取合理方式听取当事人意见。

配套

本法第48条

第五十五条 【简易程序向普通程序转换】适用简易程序审理的行政复议案件，行政复议机构认为不宜适用简易程序的，经行政复议机构的负责人批准，可以转为普通程序审理。

应用

37. 不宜适用简易程序的情形有哪些？

关于"不宜适用简易程序的情形"，《行政复议法》没有作出明确规定，结合行政复议实践，大概有以下几种情形：

（1）当事人依法改变或增加复议请求，导致案情复杂化、案件性质发生改变，不再适合简易程序的。

（2）当事人或者申请人以外的同申请行政复议的或者与案件处理结果有利害关系的公民、法人或者其他组织提出追加第三人的申请，行政复议机构认为需要追加第三人的。

（3）案件本身较为简单，但社会影响或法律影响较大的。包括涉及国计民生问题，社会关注度较高的案件；涉及类案法律适用，可能需要统一审理尺度和标准的案件；存在尖锐的矛盾冲突，可能引发群体性事件的案件。

（4）其他行政复议机构认为需要转为普通程序审理的。这类情形需要行政复议机构结合案件实际情况作出具体分析和判断，如出现因部分当事人送达地址或联系方式错误，无法送达的情形等。

第五节　行政复议附带审查

第五十六条　【规范性文件审查处理】申请人依照本法第十三条的规定提出对有关规范性文件的附带审查申请，行政复议机关有权处理的，应当在三十日内依法处理；无权处理的，应当在七日内转送有权处理的行政机关依法处理。

> 注　解

[附带审查规范性文件的条件]

第一，请求审查的有关规范性文件不包括法律、行政法规、地方性法规和规章。第二，请求审查的有关规范性文件必须是行政机关作出行政行为的依据。第三，须在对行政行为提起行政复议时一并向行政复议机关提出审查请求，不能在行政复议程序已经终结，行政复议机关已经作出行政复议决定时，才提出行政复议审查请求。第四，对于有关规范性文件的审查请求必须是明确的并附有理由，指明具体的条款或者具体的内容。

> 应　用

38. 附带审查规范性文件应如何处理？

（1）有权处理的。行政复议机关应当在 30 日内按照本法第 58、59 条规定的处理程序和要求在法定时限内依法处理。在根据本法第 39 条的规定中止行政复议案件审理后的 3 日内，行政复议机关应书面通知规范性文件的制定机关就相关条款的合法性作出书面答复，必要时可以要求规范性文件的制定机关当面说明理由。行政复议机关认为相关条款合法的，应在行政复议决定书中一并告知；认为相关条款超越权限或者违反上位法的，应决定停止该条款的执行，并责令制定机关予以纠正。

（2）无权处理的。行政复议机关应当在 7 日内按照法定程序转送有权处理的行政机关依法处理，接受转送的行政机关应当自收到转送之日起 60 日内，将处理意见回复转送的行政复议机关。需要注意的是，本条规定针对复议申请人提起的规范性文件附带审查，审查范围限于本法第 13 条规定的四类行政规范性文件，制定机关为行政机关，审查机关也仅限于有权处理的行政机关，而不包括其他国家机关，应与本法第 57 条区别开来。

配套

本法第12、39、58、59、88条;《国务院办公厅关于加强行政规范性文件制定和监督管理工作的通知》;《国务院办公厅关于全面推行行政规范性文件合法性审核机制的指导意见》

第五十七条　【行政行为依据审查处理】行政复议机关在对被申请人作出的行政行为进行审查时,认为其依据不合法,本机关有权处理的,应当在三十日内依法处理;无权处理的,应当在七日内转送有权处理的国家机关依法处理。

注解

本条与本法第56条都是关于行政行为的"依据"的处理的规定,但实际含义并不相同:一是启动审查的原因不同。本条针对的是行政复议机关在审查被申请复议的行政行为时,主动发现作出该行政行为的依据存在合法性问题,属于行政复议机关主动审查。本法第56条针对的是申请人不服行政机关作出的行政行为,在提出行政复议申请时,一并对作出该行政行为所依据的规范性文件提出审查申请。二是两个"依据"的范围不同。本条中的"依据",即被申请人作出行政行为的"依据",包括法律、行政法规、地方性法规、部门规章、地方政府规章,还包括法律、法规、规章以外的其他规范性文件。本法第56条中的"依据",则限于本法第13条规定的范围,即国务院部门的规范性文件;县级以上地方各级人民政府及其工作部门的规范性文件;乡、镇人民政府的规范性文件;法律、法规、规章授权的组织的规范性文件。

["依据不合法"的认定]

"依据不合法"是指作出行政行为的依据"超越权限或者违反上位法"。主要表现为:制定依据的主体不合法;行政行为依据的内容不合法;制定依据的程序和形式不合法;法律法规、规章、规定尚未生效等。

应用

39. 对"依据不合法"应如何处理?

(1) 有权处理的。行政复议机关应当在30日内按照本法第58、59条规定的处理程序和要求在法定时限内依法处理。在根据本法第39条的规定中止行政复议案件审理后的3日内，行政复议机关应书面通知依据的制定机关就相关条款的合法性作出书面答复，必要时可以要求依据的制定机关当面说明理由。行政复议机关认为相关条款超越权限或者违反上位法的，应决定停止该条款的执行，并责令制定机关予以纠正。

（2）无权处理的。行政复议机关应当在7日内按照法定程序转送有权处理的行政机关、国家机关依法处理。接受转送的行政机关、国家机关应当自收到转送之日起60日内，将处理意见回复转送的行政复议机关。需要注意的是，本条规定不同于本法第56条，有权处理的机关包括但不限于行政机关，还包括其他有权处理的国家机关。

配套

本法第39、58、59、88条

第五十八条　【附带审查处理程序】 行政复议机关依照本法第五十六条、第五十七条的规定有权处理有关规范性文件或者依据的，行政复议机构应当自行政复议中止之日起三日内，书面通知规范性文件或者依据的制定机关就相关条款的合法性提出书面答复。制定机关应当自收到书面通知之日起十日内提交书面答复及相关材料。

行政复议机构认为必要时，可以要求规范性文件或者依据的制定机关当面说明理由，制定机关应当配合。

注解

本条对行政复议机关有权处理附带审查的规范性文件和依据的处理程序及制定机关的配合义务进行了规定。

［制定机关的配合义务］

规范性文件和依据的附带审查程序中制定机关的配合义务，包括自收到书面通知之日起10日内提交书面答复及相关材料以及必要时当面说明理由。需要注意的是，制定机关提交书面答复及相关材料不限于证据材料，还包括与被附带审查的规范性文件或者依据相关的其他材料，如规范性文件或者依据的制定背景、法律法规和政策依据、起草说明、合法性审查意见和其他相关材料等。

[处理期间行政复议的中止]

在规范性文件或依据的合法性得到最终确认之前,行政行为的合法性无从判断,因此有必要中止对行政行为的审查。行政复议中止的时间可能比较长,恢复行政复议的时间在中止时也难以确定。为了防止因此影响复议工作,中止的期间不计入行政复议机关作出行政复议决定的期限。

第五十九条 【附带审查处理结果】行政复议机关依照本法第五十六条、第五十七条的规定有权处理有关规范性文件或者依据,认为相关条款合法的,在行政复议决定书中一并告知;认为相关条款超越权限或者违反上位法的,决定停止该条款的执行,并责令制定机关予以纠正。

第六十条 【接受转送的机关的职责】依照本法第五十六条、第五十七条的规定接受转送的行政机关、国家机关应当自收到转送之日起六十日内,将处理意见回复转送的行政复议机关。

注解

接受转送的行政机关、国家机关对规范性文件和依据的审查不属于行政复议程序的内容,审查机关应当在法定时限内将处理意见及时回复转送的行政复议机关。被审查机关认定为不合法的规范性文件,行政复议机关不能再将其作为维持行政行为合法的依据。根据本法第64条第1款第3项的规定,被申请人行政行为适用的依据不合法的,行政复议机关应当决定撤销或者部分撤销该行政行为,并可责令被申请人在一定期限内重新作出行政行为。审查机关除了要将规范性文件是否合法的处理意见告知行政复议机关外,对认定为不合法的规范性文件,还应当予以撤销、修改或者责令修改。

配套

本法第57~60条;《行政诉讼法》第53条;《行政复议法实施条例》第26条;《最高人民法院关于适用〈中华人民共和国行政诉讼法〉的解释》第149条

第五章 行政复议决定

第六十一条　【行政复议决定程序】行政复议机关依照本法审理行政复议案件,由行政复议机构对行政行为进行审查,提出意见,经行政复议机关的负责人同意或者集体讨论通过后,以行政复议机关的名义作出行政复议决定。

经过听证的行政复议案件,行政复议机关应当根据听证笔录、审查认定的事实和证据,依照本法作出行政复议决定。

提请行政复议委员会提出咨询意见的行政复议案件,行政复议机关应当将咨询意见作为作出行政复议决定的重要参考依据。

注解

行政机关的行政行为必须根据案卷载明的事实理由作出,不得以案卷之外的事实理由作出。修订后的《行政复议法》第47条和第48条规定,对于重大、疑难、复杂案件,行政复议机关应当组织听证。本条第2款规定,经过听证的行政复议案件,行政复议机关应当根据听证笔录、审查认定的事实和证据,依照本法作出行政复议决定。

配套

本法第47、48条;《行政复议法实施条例》第3条;《行政许可法》第48条;《行政处罚法》第42、43条

第六十二条　【行政复议审理期限】适用普通程序审理的行政复议案件,行政复议机关应当自受理申请之日起六十日内作出行政复议决定;但是法律规定的行政复议期限少于六十日的除外。情况复杂,不能在规定期限内作出行政复议决定的,经行政复议机构的负责人批准,可以适当延长,并书面告知当事人;但是延长期限最多不得超过三十日。

适用简易程序审理的行政复议案件,行政复议机关应当自受理申请之日起三十日内作出行政复议决定。

注 解

本条规定了行政复议的审理期限。这一内容是从2017年《行政复议法》第31条的规定修改而来的,基本内容保持一致,增加了简易程序的审理期限。

[行政复议审理期限]

第一,行政复议审理的一般期限是60日。审理期限的起算点是"受理申请之日",期间最后一日为法定节假日的,以节假日之后的第一日为最后一日。

第二,行政复议审理期限一般是60日,但是,法律规定的行政复议期限少于60日的除外,即在不延长审理期限的情况下,按照普通程序审理的行政复议案件,审理期限最长为60日,即使其他法律规定了超过60日的审理期限,也按照60日计算。

第三,延长期限有一定限制。情况复杂,不能在规定期限内作出行政复议决定的,可以适当延长期限。"情况复杂"包括案件事实认定过程复杂、法律适用存在疑难问题等。但是,"延长期限最多不得超过三十日",包括不能一次延长超过30日,不能数次累计延长超过30日。

第四,适用简易程序审理行政复议案件的期限是30日。对于适用简易程序审理的行政复议案件,本条并未规定能够延长期限。

应 用

40. 申请人提交申请材料不完备的,行政复议机关能否责令其补正?补正材料的时间应否计入行政复议审理期限?

行政复议机关审查行政复议申请,认为申请人提供的申请材料不齐,难以认定该申请是否符合法定受理条件的,可以要求申请人补正;行政复议机关作出行政复议决定的期限自收到补正申请材料之日起计算。

配 套

本法第85条

第六十三条 【变更决定】 行政行为有下列情形之一的,行政复议机关决定变更该行政行为:

(一) 事实清楚,证据确凿,适用依据正确,程序合法,但是内容不适当;

(二) 事实清楚,证据确凿,程序合法,但是未正确适用依据;

(三) 事实不清、证据不足,经行政复议机关查清事实和证据。

行政复议机关不得作出对申请人更为不利的变更决定,但是第三人提出相反请求的除外。

注 解

变更决定是行政复议机关在对被申请的行政行为进行审查之后,直接改变被申请行政行为内容、依据等的决定。2017 年《行政复议法》第 28 条第 1 款第 3 项规定,具体行政行为有下列情形之一的,决定撤销、变更或者确认该具体行政行为违法;决定撤销或者确认该具体行政行为违法的,可以责令被申请人在一定期限内重新作出具体行政行为:(1) 主要事实不清、证据不足的;(2) 适用依据错误的;(3) 违反法定程序的;(4) 超越或者滥用职权的;(5) 具体行政行为明显不当的。修订前的《行政复议法》将撤销、变更、确认三种决定统一适用,不够科学。

[行政复议中禁止不利变更的适用]

"行政复议机关不得作出对申请人更为不利的变更决定"是指行政复议决定与原行政行为相比,不能加重义务或者减损权利。加重义务,是指行政复议机关对被申请人作出加重行政处罚的情形。例如,对于可以并处的行政处罚,不能加重行政处罚的数量;不得改变行政处罚的种类;不得延长限制人身自由的期限。

禁止不利变更原则的例外是"第三人提出相反请求"。如果在行政复议程序中,既有申请人、被申请人,也有第三人,则第三人具有独立的申请权利,对于第三人提出相反请求要求减损申请人权利或者增加申请人义务的,不适用禁止不利变更原则。例如,行政机关作出处罚后,被处罚人认为处过重,受害人认为处罚过轻。此时,被处罚人和受害人之间的复议请求完全相反,存在相逆的利益。行政复议机关为了保障受害人的权益,可以作出加重处罚的决定。

配套

《行政复议法实施条例》第45、47条

第六十四条 【撤销或者部分撤销、责令重作】行政行为有下列情形之一的,行政复议机关决定撤销或者部分撤销该行政行为,并可以责令被申请人在一定期限内重新作出行政行为:

(一)主要事实不清、证据不足;
(二)违反法定程序;
(三)适用的依据不合法;
(四)超越职权或者滥用职权。

行政复议机关责令被申请人重新作出行政行为的,被申请人不得以同一事实和理由作出与被申请行政复议的行政行为相同或者基本相同的行政行为,但是行政复议机关以违反法定程序为由决定撤销或者部分撤销的除外。

注解

撤销是指行政复议机关撤除、废弃、取消原行政行为,被撤销的原行政行为从行政行为作出之时起就没有效力。

[不得以同一事实和理由作出与原行政行为相同的行政行为]

一般情况下,行政复议机关在作出撤销并重作决定时,应当对撤销并重作决定的理由作详细说明,指明其违法之处。同时,行政复议机关应当根据案件的具体情况,确定重新作出行政行为的条件和期限,以避免被申请人久拖不决。被申请人如果在行政复议机关已经有明确决定意旨的情况下仍然以同一的事实和理由作出与原行政行为基本相同的行政行为,实际上是藐视行政复议机关的决定,应当承担相应的不利后果。因此,本条规定,被申请人不得以同一事实和理由作出与被申请行政复议的行政行为相同或者基本相同的行政行为。但是,行政复议机关以违反法定程序为由决定撤销的行政行为,不在此限。

> 应 用

41. 如何认定适用法律依据错误?

（1）适用规范性质错误，即应当适用甲法，而适用了乙法。

（2）适用无效规范。如适用尚未生效的法律法规，或适用已经失效的法律法规。

（3）越权适用规范。行政机关只能适用自己有权适用的法律法规，并在法律法规规定的范围内实施行政行为。

（4）规避应适用的规范，即选择对自己有利的法律法规，而规避对自己不利的法律法规。

（5）适用法律法规条款错误。具体表现有三：一是误用法条，即应用某法的甲条，而适用了某法的乙条；二是引用法条残缺，即应同时适用某法的多条，却只适用了其中的一条，或者应同时适用几个法规的条款，却只适用了其中一个法规或部分法规的条款；三是误用条、项、目，即应用某法条中的甲项，而适用了乙项。

（6）适用法律法规对象错误。具体是指行政机关赋予不具备法定条件的行为人权利，或科其以义务，或对其进行处罚。

> 配 套

本法第35、47条

第六十五条 【确认违法】行政行为有下列情形之一的，行政复议机关不撤销该行政行为，但是确认该行政行为违法：

（一）依法应予撤销，但是撤销会给国家利益、社会公共利益造成重大损害；

（二）程序轻微违法，但是对申请人权利不产生实际影响。

行政行为有下列情形之一，不需要撤销或者责令履行的，行政复议机关确认该行政行为违法：

（一）行政行为违法，但是不具有可撤销内容；

（二）被申请人改变原违法行政行为，申请人仍要求撤销或者确认该行政行为违法；

（三）被申请人不履行或者拖延履行法定职责，责令履行没有意义。

注解

[行政行为依法应予撤销，但是撤销会给国家利益、社会公共利益造成重大损害]

这主要包括两个方面：一是行政行为违法。在一般情况下，被申请的行政行为符合撤销的条件，应当撤销。二是撤销被申请行政行为将给国家利益或者公共利益造成重大损失。例如，在一些重大工程建设中，如果撤销批准文件，公共工程将面临巨大的损失，国家利益或者社会公共利益将会受损。在这种情况下，行政复议机关可以根据案件的具体情况作出确认行政行为违法的决定。

[行政行为程序轻微违法，但是对申请人权利不产生实际影响]

一般来说，行政行为如果符合撤销决定中"违反法定程序"的条件，即应当予以撤销。但是，也有一些程序，如行政决定书超过送达时间，通常不会影响申请人权益。在这种情况下，行政复议机关经审查认为该程序存在瑕疵并不对申请人产生实际影响，可以确认其违法但保持行政行为的效力。

[行政行为违法，但是不具有可撤销的内容]

一般认为，本项内容是针对事实行为（如殴打等暴力行为、强制拆除等执行行为）的规定。由于这类行为已经实施完毕，行政复议机关经过审查可以认为该类行为违法，但是无法撤销这类行为。

[被申请人改变原违法行政行为，申请人仍要求撤销或者确认该行政行为违法]

在特定情况下，原行政行为不复存在（原行政行为已经改变，包括撤销和变更），行政复议机关依然有必要对其合法性进行继续确认：（1）申请人要求消除不利影响，如行政行为已经对申请人的名誉、商誉造成了一定的影响。（2）申请人要求索赔。根据《国家赔偿法》的规定，行政赔偿的前提是原行政行为违法。

[被申请人不履行或者拖延履行法定职责，责令履行没有意义]

根据《行政诉讼法》之规定，原告请求法院判决行政机关履行法定职责，但人民法院经过审查认为，行政机关已经履行或者根本没有履行的必要和可能的，为了保证原告能够得到赔偿，人民法院应当判决确认不履行或者拖延履行法定职责的行为违法。《行政复议法》对此作了几乎相同的规定。

配套

《行政诉讼法》第74条第1款；本法第64条第2款

第六十六条 【责令履行】 被申请人不履行法定职责的，行政复议机关决定被申请人在一定期限内履行。

注解

履行决定，是指行政复议机关对不履行或者拖延履行法定职责的被申请人作出的要求其在一定期限内履行法定职责的决定。

[法定职责]

法定职责的含义不局限于"法律规定的职责"，还应当包括"法律认可的职责"。也就是说，既包括法律、法规、规章和其他规范性文件规定的职责，也包括法律认可的行政机关基于行政协议、先行行为、信赖利益等名义的履行职责。

[不履行]

不履行主要包括：第一，拒绝履行，是指被申请人以明示的方式拒绝履行法定职责。第二，部分履行，是指被申请人虽然履行了部分义务，但是没有履行全部义务。第三，拖延履行，是指被申请人在法定或者合理的期限内以不作为的方式不履行行政义务。

第六十七条 【确认无效】 行政行为有实施主体不具有行政主体资格或者没有依据等重大且明显违法情形，申请人申请确认行政行为无效的，行政复议机关确认该行政行为无效。

注解

无效的行政行为从作出之时起就没有法律上的约束力。如果不从作出之时就否定其效力，对可能的行政赔偿的起算点的确定就会出现偏差。无效行政行为因其脱离了一般理性人的判断，达到"匪夷所思"的地步，不具有任

65

何效力。这就将"无效行政行为"与一般意义上的"违法的行政行为"区别开来。

应用

42. 什么是实施主体不具有行政主体资格？

一般认为，"行政机关"和"法律、法规、规章授权的组织"是适格的行政主体。

对于行政机关而言，其是否具有行政主体资格，主要是看其有无法律授权和是否符合编制。对于授权组织而言，法律、法规、规章一般会赋予其特定的职权，授权组织只有在授权范围内才具有行政主体资格。

43. 行政行为没有依据主要有哪些情形？

"行政行为没有依据"主要分为以下几种情况：（1）行政行为毫无依据，即行政机关在作出行政行为时缺乏法律依据，包括缺乏各个层级的规范性文件。（2）行政行为虽然有规范性文件的依据，但是该规范性文件与上位法直接、明显抵触，应视为没有依据。

44. 重大且明显违法的情形有哪些？

本条列举规定了"行政行为有实施主体不具有行政主体资格""没有依据"两种"重大且明显违法情形"。除此之外，只要属于"行政行为重大且明显违法"的，均属于无效行政行为。例如，行政机关要求行政相对人作出违反法律规定的行为；行政机关的行为违反公序良俗、违反法律禁止性规定、违反保障相对人权益的重大程序（如听证程序）等。

配套

《行政诉讼法》第75条

第六十八条　【维持决定】 行政行为认定事实清楚，证据确凿，适用依据正确，程序合法，内容适当的，行政复议机关决定维持该行政行为。

注解

事实清楚，是指被申请人的行政行为认定的事实是客观清晰存在的；证据确凿，是指被申请人的行政行为认定的事实是可靠的并有证据充分证明的；适用依据正确，是指被申请人在作出行政行为时，认定事实与适用依据之间存在涵摄关系，具有对应性和联系性；程序合法，是指被申请人按照法律、法规、规章规定的方式、形式、手续、顺序和时限作出行政行为；内容适当，是指被申请人的行政行为载明的权利义务关系不仅合法，而且合理，符合一般理性人的判断。

配套

《行政复议法实施条例》第43条

第六十九条 【驳回行政复议请求】 行政复议机关受理申请人认为被申请人不履行法定职责的行政复议申请后，发现被申请人没有相应法定职责或者在受理前已经履行法定职责的，决定驳回申请人的行政复议请求。

注解

修订前的《行政复议法》没有规定驳回复议请求的决定。

[驳回复议请求决定和驳回复议申请决定]

驳回复议请求决定和驳回复议申请决定不同。驳回复议请求决定是对申请人实体权利主张的否定。驳回复议申请决定则是行政复议机关在受理后，经过审查，发现申请不符合受理条件，从程序上予以驳回。此外，行政复议机关在受理之前发现行政复议申请不符合受理条件的，可以根据《行政复议法》第29条第2款的规定，作出不予受理的决定。

配套

《行政复议法实施条例》第48条

第七十条 【被申请人不提交书面答复等情形的处理】 被申请人不按照本法第四十八条、第五十四条的规定提出书面答复、提交作出行政行为的证据、依据和其他有关材料的，视为该行政行为没有证据、依据，行政复议机关决定撤销、部分撤销该行政行为，确认该行政行为违法、无效或者决定被申请人在一定期限内履行，但是行政行为涉及第三人合法权益，第三人提供证据的除外。

注解

[被申请人逾期未依法履行提交相关材料、证据义务]

《行政复议法》第48条规定了普通程序中被申请人提交相关材料和证据的义务,第54条规定了简易程序中被申请人提交相关材料和证据的义务。根据这两条规定,被申请人如逾期不提交相关材料和证据,即不管事实上被申请人是否有证据和依据,只要其拒绝提供或者逾期提供,在法律上就视同没有相应的证据和依据。此时,行政复议机关可以决定撤销或者部分撤销该行政行为,确认该行政行为违法、无效或决定被申请人在一定期限内履行法定职责,即被申请人要承担证据失权的不利后果。

[证据失权的例外]

行政行为经常会涉及第三人的合法权益。一般情况下,第三人虽然不承担举证责任,但是如果被申请人不履行举证责任,便可能导致第三人的合法权益受到损害。在行政复议实践中,有的行政机关会与申请人联合起来,恶意进入行政复议程序,申请人提起行政复议后,行政机关故意不提供或者无正当理由逾期提供证据,以使行政复议机关作出撤销生效行政行为的决定,从而转嫁矛盾,利用行政复议程序损害第三人的合法权益。对于第三人提供证据能够证明行政行为合法的,行政复议机关应当客观、公正作出评断,而不应直接认定该行政行为没有证据、依据。

第七十一条 【行政协议案件处理】 被申请人不依法订立、不依法履行、未按照约定履行或者违法变更、解除行政协议的,行政复议机关决定被申请人承担依法订立、继续履行、采取补救措施或者赔偿损失等责任。

被申请人变更、解除行政协议合法,但是未依法给予补偿或者补偿不合理的,行政复议机关决定被申请人依法给予合理补偿。

注解

[赔偿损失]

被申请人不依法订立、不依法履行、未按照约定履行或者违法变更、解除行政协议,给申请人造成损失的,行政复议机关可以决定予以赔偿。

决定赔偿损失：一是要保证申请人得到充分赔偿。行政协议对赔偿有约定的，依其约定；依照《国家赔偿法》的规定赔偿数额高于协议约定的，则依照《国家赔偿法》的规定赔偿。二是要保证合理赔偿。在被申请人违约的情况下，如果一些损失是申请人在订立合同时能够预见的，则这部分损失应当适当扣减。三是要保证善意赔偿。在被申请人违法违约并造成损害以后，申请人必须采取合理措施以防止损害的扩大，否则，申请人便应对扩大部分的损害负责，被申请人此时也有权请求从损害赔偿金额中扣除本可以避免的损害部分。四是要保证按比例赔偿。双方当事人都存在违约行为并造成的损害，双方可以互相冲抵相应的赔偿责任。

配 套

本法第 11、68 条；《民法典》577 条

第七十二条　【行政复议期间赔偿请求的处理】 申请人在申请行政复议时一并提出行政赔偿请求，行政复议机关对依照《中华人民共和国国家赔偿法》的有关规定应当不予赔偿的，在作出行政复议决定时，应当同时决定驳回行政赔偿请求；对符合《中华人民共和国国家赔偿法》的有关规定应当给予赔偿的，在决定撤销或者部分撤销、变更行政行为或者确认行政行为违法、无效时，应当同时决定被申请人依法给予赔偿；确认行政行为违法的，还可以同时责令被申请人采取补救措施。

申请人在申请行政复议时没有提出行政赔偿请求的，行政复议机关在依法决定撤销或者部分撤销、变更罚款，撤销或者部分撤销违法集资、没收财物、征收征用、摊派费用以及对财产的查封、扣押、冻结等行政行为时，应当同时责令被申请人返还财产，解除对财产的查封、扣押、冻结措施，或者赔偿相应的价款。

注 解

本条规定主要包括行政复议机关在申请人提出赔偿请求和没有提出赔偿请求情况下的处理方式。

[申请人在申请行政复议时一并提出行政赔偿请求]

《国家赔偿法》第9条第2款规定,赔偿请求人要求赔偿,应当先向赔偿义务机关提出,也可以在申请行政复议或者提起行政诉讼时一并提出。行政复议机关在对被申请的行政行为进行审查的同时,应当回应申请人的行政赔偿请求。

[申请人在申请行政复议时没有提出行政赔偿请求]

申请人在申请行政复议时没有提出行政赔偿请求的,特别是针对财产权的行政行为,行政复议机关可以不经申请人申请,直接作出相应的赔偿决定。这主要有两种情形:一是依法决定撤销或者部分撤销、变更罚款;二是撤销或者部分撤销违法集资、没收财物、征收征用、摊派费用以及对财产的查封、扣押、冻结等行政行为。采取的赔偿方式主要是:责令被申请人返还财产(针对罚款、违法集资、没收财物、征收征用、摊派费用等);解除对财产的查封、扣押、冻结措施(针对财产的查封、扣押、冻结等措施);赔偿相应的价款(针对前述方式不能弥补申请人损失的情况)。

应用

45. 什么是非诉行政案件执行申请?

所谓"非诉行政执行申请",是指当事人在法定期限内既不申请行政复议或者提起行政诉讼,又不履行行政决定,没有行政强制执行权的行政机关可以自期限届满之日起3个月内,依法向人民法院提出的强制执行申请。其直接依据来自《行政强制法》第53条、《行政诉讼法》第97条以及最高人民法院有关司法解释的规定。申请主体是行政机关,申请执行的依据是其作出的生效的行政决定。

非诉行政案件执行的特点是:(1)执行机关是人民法院,而不是行政机关;(2)执行根据是行政机关作出的行政处理决定,执行标的是行政机关作出的行政行为;(3)执行的申请人是行政机关,被执行人只能为公民、法人或其继承人;(4)执行前提是公民、法人或者其他组织在法定期限内既不提起行政诉讼,也不履行行政行为所确定的义务。

46. 非诉行政案件执行应当具备什么条件?

行政机关申请执行其行政行为,应当具备以下条件:(1)行政行为依法可以由人民法院执行;(2)行政行为已经生效并具有可执行的内容;(3)申请人是作出该行政行为的行政机关或者法律、法规、规章授权的组织；（4）被申请人是该行政行为确定的义务人；（5）被申请人在行政行为确定的期限内或者行政机关另行制定的期限内未履行义务；（6）申请人在法定期限内提出申请；（7）被申请执行的行政案件属于受理申请执行的人民法院管辖。

47. 非诉行政案件的执行管辖如何确定？

行政机关申请人民法院强制执行其行政行为，由申请人所在地的基层人民法院受理；执行对象为不动产的，由不动产所在地的基层人民法院受理。基层人民法院认为执行确有困难的，可以报请上级人民法院执行；上级人民法院可以决定由其执行，也可以决定由下级人民法院执行。

配 套

《国家赔偿法》

第七十三条　【行政复议调解处理】当事人经调解达成协议的，行政复议机关应当制作行政复议调解书，经各方当事人签字或者签章，并加盖行政复议机关印章，即具有法律效力。

调解未达成协议或者调解书生效前一方反悔的，行政复议机关应当依法审查或者及时作出行政复议决定。

注 解

一般来说，行政复议的结案方式主要包括作出行政复议决定和调解处理两种。所谓调解，是指在行政复议机关的主持下，申请人和被申请人就争议的实体权利和义务自愿协商，达成协议，解决纠纷的活动。《行政复议法》第5条规定，行政复议机关办理行政复议案件，可以进行调解。调解应当遵循合法、自愿的原则，不得损害国家利益、社会公共利益和他人合法权益，不得违反法律、法规的强制性规定。

应 用

48. 调解书制作完成后何时具有法律效力？

调解书制作完成后，须经双方当事人签字或者盖章，并加盖行政复议机关印章，此时即具有法律效力。调解书不能强行送达，且不适用留置送达和公告送达，也不适用邮寄送达和有关单位转交，而须由当事人签收。调解书须经双方当事人签收后才生效,如果仅一方当事人签收,则调解书不发生效力。调解书不能当场送达双方当事人的,应当以最后收到调解书的当事人签收的日期为调解书生效日期。签收之前,当事人有权就调解达成的协议反悔。如果当事人在签收调解书前反悔,法院应当及时判决。

配 套

本法第 5 条

第七十四条 【行政复议和解处理】 当事人在行政复议决定作出前可以自愿达成和解,和解内容不得损害国家利益、社会公共利益和他人合法权益,不得违反法律、法规的强制性规定。

当事人达成和解后,由申请人向行政复议机构撤回行政复议申请。行政复议机构准予撤回行政复议申请、行政复议机关决定终止行政复议的,申请人不得再以同一事实和理由提出行政复议申请。但是,申请人能够证明撤回行政复议申请违背其真实意愿的除外。

注 解

和解与调解不同。和解是行政复议当事人之间通过互谅互让,最终达成意思一致的活动;调解则是在行政复议机关的主持下,行政复议当事人达成意思一致的活动。由于和解是当事人之间的活动,其和解是否符合法律规定,是否得到准许,均由行政复议机关确定。

[一事不再理及例外]

行政复议申请人申请撤回复议申请的实质是,申请人放弃了请求行政复议救济的权利。只要这种行为是当事人真实的意思表示并且符合法律的相关规定,就应当具有恒定的法律效力。撤回行政复议申请作为一种法律事实,有可能引起一系列法律关系的发生、变更或者消灭。如果允许申请人重新提起行政复议,则势必引起相关法律关系的再度紊乱,从而引发新的行政纠纷。因此,本条规定,由行政复议机构准予撤回行政复议申请、行政复议机关决定终止行政复议的,申请人不得再以同一事实和理由提出行政复议申请。

但是,申请撤回行政复议申请的行为必须是申请人自觉自愿的行为,不能采取强迫或者其他法外压力强行使申请人撤回行政复议申请。申请人能够证明撤回行政复议申请违背其真实意思表示的，可以再次提出复议申请。"违背其真实意思表示"一般包括两种情形：一是有重大误解、受欺诈、虚假串通；二是受胁迫。

第七十五条　【行政复议决定书】行政复议机关作出行政复议决定，应当制作行政复议决定书，并加盖行政复议机关印章。

行政复议决定书一经送达，即发生法律效力。

注解

[行政复议决定书]

行政复议机关须以书面形式作出决定，而不能采取口头方式。行政复议机关作出行政复议决定，制作行政复议决定书是其法定义务。

[行政复议决定书的法律效力]

行政复议决定书一经送达即发生法律效力。其法律效力主要体现为：一是确定力，即行政复议决定书确定了行政法律关系主体的权利义务关系，非经法定程序，不得自行改变。二是拘束力，即行政复议决定书对当事人各方都产生拘束力。三是执行力，即申请人、被申请人和第三人都有义务执行行政复议决定。申请人不服行政复议决定的，可以向人民法院提起行政诉讼，但是，申请人不能不执行行政复议决定。

应用

49. 行政复议决定书包括哪些内容？

行政复议决定书一般包括：一是申请人、被申请人以及第三人的自然情况，包括自然人的姓名、出生日期、居所、法人名称、营业所等，表明权利义务主体状况。二是申请人申请行政复议的主要请求和理由。三是行政复议机关认定的事实、依据和理由。四是复议决定的最终结论。五是交代诉权，即告知申请人和第三人如不服行政复议决定，可以在特定期限内向人民法院提起行政诉讼。六是作出行政复议决定的日期。

第七十六条　【行政复议意见书】行政复议机关在办理行政复议案件过程中，发现被申请人或者其他下级行政机关的有关行政行为违法或者不当的，可以向其制发行政复议意见书。有关机关应当自收到行政复议意见书之日起六十日内，将纠正相关违法或者不当行政行为的情况报送行政复议机关。

> **注解**
>
> 行政复议意见书是 2023 年《行政复议法》修订增加的内容。行政复议意见书是行政复议机关在审理行政复议案件过程中，发现被申请人或者其他下级行政机关的有关行政行为违法或者不当的，可以向被申请人或者其他下级行政机关制发的表明行政复议机关态度的法律文书。

第七十七条 【被申请人履行义务】 被申请人应当履行行政复议决定书、调解书、意见书。

被申请人不履行或者无正当理由拖延履行行政复议决定书、调解书、意见书的，行政复议机关或者有关上级行政机关应当责令其限期履行，并可以约谈被申请人的有关负责人或者予以通报批评。

> **注解**
>
> 行政复议决定作出之后，一经送达就产生法律效力。修订前的《行政复议法》第 32 条也规定了被申请人对行政复议决定的履行义务。2023 年《行政复议法》修订扩大了被申请人应当履行行政复议法律文书确定义务的范围，同时加大了被申请人的负责人的法律责任。
>
> [被申请人不履行义务的法律责任]
>
> 被申请人即便对行政复议机关作出的行政复议决定、行政复议调解书、行政复议意见书有异议，也应当及时、完全履行，而不应当拒不履行或者无正当理由拖延履行。被申请人拒不履行或者无正当理由拖延履行的，可以直接采取措施责令其限期履行，而无须申请人民法院强制执行。如果行政复议机关不具备相关职能，可以由有关上级行政机关责令其履行。2023 年《行政复议法》修订增加了"仍不履行"的法律责任。也就是说，如果行政复议机关或者有关上级机关采取了前述责令履行措施，被申请人仍不履行，考虑到行政机关实行首长负责制，应当约谈被申请人的有关负责人，还可以对被申请人的有关负责人提出通报批评。

第七十八条 【行政复议决定书、调解书的强制执行】申请人、第三人逾期不起诉又不履行行政复议决定书、调解书的,或者不履行最终裁决的行政复议决定的,按照下列规定分别处理:

(一)维持行政行为的行政复议决定书,由作出行政行为的行政机关依法强制执行,或者申请人民法院强制执行;

(二)变更行政行为的行政复议决定书,由行政复议机关依法强制执行,或者申请人民法院强制执行;

(三)行政复议调解书,由行政复议机关依法强制执行,或者申请人民法院强制执行。

注解

[强制执行的适用条件]

强制执行的适用主体包括申请人、第三人,不包括被申请人。被申请人不履行行政复议法律文书,适用本法第77条的规定。强制执行的适用情形是"逾期不起诉又不履行行政复议决定书、调解书的,或者不履行最终裁决的行政复议决定的"。逾期不起诉,意味着行政复议决定已经不具备可诉性,同时当事人不履行义务,适用《行政诉讼法》和《行政强制法》有关非诉行政执行的规定。

配套

本法第63、68、73条

第七十九条 【行政复议决定书的公开和文书抄告】行政复议机关根据被申请行政复议的行政行为的公开情况,按照国家有关规定将行政复议决定书向社会公开。

县级以上地方各级人民政府办理以本级人民政府工作部门为被申请人的行政复议案件,应当将发生法律效力的行政复议决定书、意见书同时抄告被申请人的上一级主管部门。

第六章 法律责任

第八十条 【行政复议机关不依法履职的法律责任】行政复议机关不依照本法规定履行行政复议职责,对负有责任的领导人员和直接责任人员依法给予警告、记过、记大过的处分;经有权监督的机关督促仍不改正或者造成严重后果的,依法给予降级、撤职、开除的处分。

注解

本条明确规定,行政复议机关无正当理由不依照本法规定履行行政复议职责时,负有责任的领导人员和直接责任人员要承担相应的法律责任。

[直接负责的领导人员和其他直接责任人员]

"直接负责的领导人员",即直接负责行政复议工作的领导人员,包括行政复议机关中对行政复议工作负有直接领导职责的人员,如分管负责人、部门负责人等。

"直接责任人员",即对不履行复议职责违法行为的发生具有直接责任的人员。如直接经办行政复议工作的工作人员,再如行政复议机关中从事文件、信件等收发工作的人员不按规定接收、发送有关行政复议的法律文书,导致相关文书丢失,造成违法行为发生的。

应用

50. 哪些情形属于不依照本法规定履行行政复议职责?

(1) 无正当理由不予受理依法提出的行政复议申请。无正当理由不受理依法提出的行政复议申请,是指行政复议机关不受理公民、法人或者其他组织依照《行政复议法》第11条规定提出的,并且符合《行政复议法》第30条第1款规定的行政复议申请。

(2) 不按照规定转送行政复议申请。对当场作出或者依据电子技术监控设备记录的违法事实作出行政处罚决定的行政机关,《行政复议法》第32条要求其承担代为接收和转送行政复议申请的职责。作出行政处罚决定的行政机关应当转送而没有转送的,属于不按本法履行转送职责,应当依照本条之规定,向负有责任的领导人员和直接责任人员追究法律责任。

(3) 在法定期限内不作出行政复议决定。按照《行政复议法》第62条规定,行政复议机关应当在法定期限内作出行政复议决定。行政复议机关在法定期限内未作出行政复议决定,构成本条规定的不依照本法履行复议职责。需要注意的是,行政复议中对规范性文件附带审查和处理所花费的时间,不计入作出行政复议的法定期限。

(4) 其他不依照本法规定履行行政复议职责的情形。2023年《行政复议法》修订,本条对不依照本法规定履行行政复议职责的情形未进行列举式的规定,而进行了概括式的规定。因此,行政复议机关不依照本法规定履行行政复议职责的其他情形也可以依据本条承担法律责任。例如,《行政复议法》第49条规定,适用普通程序审理的行政复议案件,行政复议机构应当当面或者通过互联网、电话等方式听取当事人的意见,并将听取的意见记录在案。

配套

《公务员法》第62条;《公职人员政务处分法》第2、16、55条

第八十一条　【行政复议机关工作人员法律责任】行政复议机关工作人员在行政复议活动中,徇私舞弊或者有其他渎职、失职行为的,依法给予警告、记过、记大过的处分;情节严重的,依法给予降级、撤职、开除的处分;构成犯罪的,依法追究刑事责任。

注解

本条对行政复议机关工作人员在行政复议活动中徇私舞弊或者有其他渎职、失职的违法行为所应承担的法律责任作了规定。本条是从2017年《行政复议法》第35条修改而来的。2017年《行政复议法》第35条规定的法律责任形式为行政处分。2023年《行政复议法》修订根据《公务员法》《监察法》《公职人员政务处分法》的相关规定,将本条的法律责任修订为处分。

应用

51. 本条规定的"渎职、失职"的构成条件有哪些?

(1) 在行政复议活动中。所谓"在行政复议活动中",是指行政复议机

关的工作人员,在从事行政复议工作的过程中实施了本条规定的行为。换言之,行政复议机关工作人员实施的与行政复议工作无关的行为不能构成本违法行为。

(2)有徇私舞弊或者有其他渎职、失职行为。所谓"徇私舞弊",是指行政复议机关工作人员,在行政复议活动中徇私情或者谋私利,故意违背事实或者违反法律规定,作出枉法处理或者枉法决定。

所谓"其他渎职、失职行为",是指行政复议机关工作人员在行政复议活动中存在行使职权违反法律规定或者超越法定权限行使职权的滥用职权行为、不履行或者不正确履行法定职责的玩忽职守行为等。

配套

《刑法》第397条

第八十二条 【被申请人不书面答复等行为的法律责任】 被申请人违反本法规定,不提出书面答复或者不提交作出行政行为的证据、依据和其他有关材料,或者阻挠、变相阻挠公民、法人或者其他组织依法申请行政复议的,对负有责任的领导人员和直接责任人员依法给予警告、记过、记大过的处分;进行报复陷害的,依法给予降级、撤职、开除的处分;构成犯罪的,依法追究刑事责任。

注解

根据本条的规定,本违法行为的主体为特定主体,即被申请人。只有被申请人才能成为本违法行为的主体,其他主体均不能成为本违法行为的主体。

应用

52. 哪些行为构成阻挠行政复议的违法行为?

具体包括以下四种:

(1)不提出书面答复。根据《行政复议法》第48、54条之规定,不论适用普通程序还是适用简易程序,本法都将"提出书面答复"规定为被申请人必须履行的一项法定义务。如果被申请人不按法律规定提出书面答复,则构成本违法行为。

（2）不提交作出行政行为的证据、依据和其他有关材料。根据《行政复议法》第48、54条的规定，普通程序与简易程序中的"提交作出行政行为的证据、依据和其他有关材料"是被申请人必须履行的一项法定义务。如果被申请人不按法律规定提交作出行政行为的证据、依据和其他有关材料，则构成本违法行为。

（3）阻挠、变相阻挠公民、法人或者其他组织依法申请行政复议。所谓"阻挠"，是指阻止或者暗中破坏，从而使某事物不能发展或者不能成功；所谓"变相"，是指内容不变，但表现形式与原来的不一样。

（4）进行报复陷害。所谓"报复陷害"，是指被申请人滥用职权、假公济私，对提出行政复议申请的公民、法人或者其他组织实施报复陷害的行为。需要注意的是，除了申请人外，第三人以及向行政复议机关提供情况或者证据的其他公民、法人或者其他组织，也应当被包括在可能被被申请人进行报复陷害的对象的范围内。

配套

《刑法》第397条

第八十三条 【被申请人不履行有关文书的法律责任】被申请人不履行或者无正当理由拖延履行行政复议决定书、调解书、意见书的，对负有责任的领导人员和直接责任人员依法给予警告、记过、记大过的处分；经责令履行仍拒不履行的，依法给予降级、撤职、开除的处分。

配套

本法第77条

第八十四条 【拒绝、阻挠调查取证等行为的法律责任】拒绝、阻挠行政复议人员调查取证，故意扰乱行政复议工作秩序的，依法给予处分、治安管理处罚；构成犯罪的，依法追究刑事责任。

> 注解

本条对拒绝、阻挠行政复议人员调查取证的法律责任作了规定。本条系新增规定。根据本条的规定，本违法行为的主体为一般主体，既有可能是被申请人的公职人员，也有可能是其他机关单位的公职人员，还有可能是非公职人员。凡是拒绝、阻挠行政复议人员调查取证，故意扰乱行政复议工作秩序的，都应依本条之规定承担法律责任。

> 配套

本法第45条；《行政机关公务员处分条例》第25条第4项；《治安管理处罚法》第50条第2项；《刑法》第277条第1款

第八十五条　【违法事实材料移送】行政机关及其工作人员违反本法规定的，行政复议机关可以向监察机关或者公职人员任免机关、单位移送有关人员违法的事实材料，接受移送的监察机关或者公职人员任免机关、单位应当依法处理。

> 注解

本条对行政复议机关移送行政机关及其工作人员违法线索作出了规定，健全了行政复议与纪检监察的衔接机制。

第八十六条　【职务违法犯罪线索移送】行政复议机关在办理行政复议案件过程中，发现公职人员涉嫌贪污贿赂、失职渎职等职务违法或者职务犯罪的问题线索，应当依照有关规定移送监察机关，由监察机关依法调查处置。

> 注解

本条对在行政复议案件的办理中发现的职务犯罪线索的移送作了规定，健全了行政复议与纪检监察的衔接机制。本条系新增规定，旨在规定行政复议机关在办理行政复议案件过程中发现公职人员涉嫌贪污贿赂、失职渎职等职务违法或者职务犯罪的问题线索时的移送义务。

第七章 附　　则

第八十七条　【受理申请不收费】行政复议机关受理行政复议申请，不得向申请人收取任何费用。

> 注解

［行政复议不收取费用原则］

行政复议作为行政机关系统内部自我纠正错误的活动，应当坚持"有错必纠"的原则，及时纠正行政机关的违法或者不当行政行为，切实保护行政相对人的合法权益，并且在这个过程中不得向申请人收取任何费用。

第八十八条　【期间计算和文书送达】行政复议期间的计算和行政复议文书的送达，本法没有规定的，依照《中华人民共和国民事诉讼法》关于期间、送达的规定执行。

本法关于行政复议期间有关"三日"、"五日"、"七日"、"十日"的规定是指工作日，不含法定休假日。

> 注解

本条源于2017年《行政复议法》的第40条。原第40条规定："行政复议期间的计算和行政复议文书的送达，依照民事诉讼法关于期间、送达的规定执行。本法关于行政复议期间有关'五日'、'七日'的规定是指工作日，不含节假日。"2023年修订时，第1款修改了适用规则，将原来的一律依照《民事诉讼法》执行修改为本法没有规定的依照《民事诉讼法》执行。第2款增加了"三日""十日"，并且将节假日限定为"法定休假日"。

第八十九条　【外国人等法律适用】外国人、无国籍人、外国组织在中华人民共和国境内申请行政复议，适用本法。

> 注解

本条对外国人、无国籍人、外国组织在我国境内申请行政复议的法律适用问题作了规定。

所谓"外国人",是指在一国境内但不具有该国国籍而具有他国国籍的人。所谓"无国籍人",是指不具有任何国家国籍的人,或者任何国家之法律都不认为是其公民的人。所谓"外国组织",是指具有某一外国国籍的法人和非法人组织。

第九十条　【施行日期】本法自2024年1月1日起施行。

注解

法律的修改形式包括修正和修订两类,修正又分为修正案和修改决定。

1. 采用修正案形式进行修改的,直接公布修正案,一般不再重新公布原法律文书(目前采用修正案形式的只有《宪法》和《刑法》)。

2. 采用修改决定形式修改法律的(占绝大多数),会根据修改决定重新公布修改后的法律文本,但重新公布法律文本并不意味着全部条文都是新的条文。

3. 采用修订模式的,要公布新的法律文本,并且法律施行日期为修订后的施行日期。换言之,只有修订模式下公布的全部条文(即便可能有些条文内容与此前条文一致)才均为新条文。与之相配套地,采用修订模式修改法律的,需要明确规定原相关法律停止施行(废止)。

2023年《行政复议法》的修改采用了修订模式,实际上为新条文,因此,本条重新规定了施行日期。

配 套 法 规

中华人民共和国行政复议法实施条例

(2007年5月23日国务院第177次常务会议通过 2007年5月29日中华人民共和国国务院令第499号公布 自2007年8月1日起施行)

第一章 总 则

第一条 【立法目的】为了进一步发挥行政复议制度在解决行政争议、建设法治政府、构建社会主义和谐社会中的作用,根据《中华人民共和国行政复议法》(以下简称行政复议法),制定本条例。

第二条 【复议机关与复议机构】各级行政复议机关应当认真履行行政复议职责,领导并支持本机关负责法制工作的机构(以下简称行政复议机构)依法办理行政复议事项,并依照有关规定配备、充实、调剂专职行政复议人员,保证行政复议机构的办案能力与工作任务相适应。

第三条 【复议机构的职责】行政复议机构除应当依照行政复议法第三条的规定履行职责外,还应当履行下列职责:

(一)依照行政复议法第十八条的规定转送有关行政复议申请;

(二)办理行政复议法第二十九条规定的行政赔偿等事项;

(三)按照职责权限,督促行政复议申请的受理和行政复议决定的履行;

(四)办理行政复议、行政应诉案件统计和重大行政复议决定备案事项；

（五）办理或者组织办理未经行政复议直接提起行政诉讼的行政应诉事项；

（六）研究行政复议工作中发现的问题，及时向有关机关提出改进建议，重大问题及时向行政复议机关报告。

第四条　【专职行政复议人员】专职行政复议人员应当具备与履行行政复议职责相适应的品行、专业知识和业务能力，并取得相应资格。具体办法由国务院法制机构会同国务院有关部门规定。

第二章　行政复议申请

第一节　申　请　人

第五条　【复议申请人】依照行政复议法和本条例的规定申请行政复议的公民、法人或者其他组织为申请人。

第六条　【合伙组织作为申请人】合伙企业申请行政复议的，应当以核准登记的企业为申请人，由执行合伙事务的合伙人代表该企业参加行政复议；其他合伙组织申请行政复议的，由合伙人共同申请行政复议。

前款规定以外的不具备法人资格的其他组织申请行政复议的，由该组织的主要负责人代表该组织参加行政复议；没有主要负责人的，由共同推选的其他成员代表该组织参加行政复议。

第七条　【股份企业作为申请人】股份制企业的股东大会、股东代表大会、董事会认为行政机关作出的具体行政行为侵犯企业合法权益的，可以以企业的名义申请行政复议。

第八条　【复议代表人】同一行政复议案件申请人超过5人的，推选1至5名代表参加行政复议。

第九条　【复议第三人】行政复议期间，行政复议机构认为申请人以外的公民、法人或者其他组织与被审查的具体行政行为有利害关系的,可以通知其作为第三人参加行政复议。

行政复议期间,申请人以外的公民、法人或者其他组织与被审查的具体行政行为有利害关系的,可以向行政复议机构申请作为第三人参加行政复议。

第三人不参加行政复议,不影响行政复议案件的审理。

第十条　【复议代理人】申请人、第三人可以委托1至2名代理人参加行政复议。申请人、第三人委托代理人的,应当向行政复议机构提交授权委托书。授权委托书应当载明委托事项、权限和期限。公民在特殊情况下无法书面委托的,可以口头委托。口头委托的,行政复议机构应当核实并记录在卷。申请人、第三人解除或者变更委托的,应当书面报告行政复议机构。

第二节　被申请人

第十一条　【行政复议被申请人】公民、法人或者其他组织对行政机关的具体行政行为不服,依照行政复议法和本条例的规定申请行政复议的,作出该具体行政行为的行政机关为被申请人。

第十二条　【共同行政行为的复议被申请人】行政机关与法律、法规授权的组织以共同的名义作出具体行政行为的,行政机关和法律、法规授权的组织为共同被申请人。

行政机关与其他组织以共同名义作出具体行政行为的,行政机关为被申请人。

第十三条　【批准行政行为的复议被申请人】下级行政机关依照法律、法规、规章规定,经上级行政机关批准作出具体行政行为的,批准机关为被申请人。

第十四条　【设立机构未经授权作出行政行为的复议被申请人】行政机关设立的派出机构、内设机构或者其他组织,未经法律、法规授权,对外以自己名义作出具体行政行为的,该行政机关为被申请人。

第三节　行政复议申请期限

第十五条　【复议申请期限的计算】行政复议法第九条第一款规定的行政复议申请期限的计算，依照下列规定办理：

（一）当场作出具体行政行为的，自具体行政行为作出之日起计算；

（二）载明具体行政行为的法律文书直接送达的，自受送达人签收之日起计算；

（三）载明具体行政行为的法律文书邮寄送达的，自受送达人在邮件签收单上签收之日起计算；没有邮件签收单的，自受送达人在送达回执上签名之日起计算；

（四）具体行政行为依法通过公告形式告知受送达人的，自公告规定的期限届满之日起计算；

（五）行政机关作出具体行政行为时未告知公民、法人或者其他组织，事后补充告知的，自该公民、法人或者其他组织收到行政机关补充告知的通知之日起计算；

（六）被申请人能够证明公民、法人或者其他组织知道具体行政行为的，自证据材料证明其知道具体行政行为之日起计算。

行政机关作出具体行政行为，依法应当向有关公民、法人或者其他组织送达法律文书而未送达的，视为该公民、法人或者其他组织不知道该具体行政行为。

第十六条　【行政不行为的复议申请期限计算】公民、法人或者其他组织依照行政复议法第六条第（八）项、第（九）项、第（十）项的规定申请行政机关履行法定职责，行政机关未履行的，行政复议申请期限依照下列规定计算：

（一）有履行期限规定的，自履行期限届满之日起计算；

（二）没有履行期限规定的，自行政机关收到申请满60日起计算。

公民、法人或者其他组织在紧急情况下请求行政机关履行保护人身权、财产权的法定职责，行政机关不履行的，行政复议申请期限不受前款规定的限制。

第十七条 【作出具体行政行为的告知义务】行政机关作出的具体行政行为对公民、法人或者其他组织的权利、义务可能产生不利影响的，应当告知其申请行政复议的权利、行政复议机关和行政复议申请期限。

第四节 行政复议申请的提出

第十八条 【书面申请行政复议的方式】申请人书面申请行政复议的，可以采取当面递交、邮寄或者传真等方式提出行政复议申请。

有条件的行政复议机构可以接受以电子邮件形式提出的行政复议申请。

第十九条 【书面申请行政复议的内容】申请人书面申请行政复议的，应当在行政复议申请书中载明下列事项：

（一）申请人的基本情况，包括：公民的姓名、性别、年龄、身份证号码、工作单位、住所、邮政编码；法人或者其他组织的名称、住所、邮政编码和法定代表人或者主要负责人的姓名、职务；

（二）被申请人的名称；

（三）行政复议请求、申请行政复议的主要事实和理由；

（四）申请人的签名或者盖章；

（五）申请行政复议的日期。

第二十条 【口头申请行政复议】申请人口头申请行政复议的，行政复议机构应当依照本条例第十九条规定的事项，当场制作行政复议申请笔录交申请人核对或者向申请人宣读，并由申请人签字确认。

第二十一条 【申请人应当提供的证明材料】有下列情形之一的，申请人应当提供证明材料：

（一）认为被申请人不履行法定职责的，提供曾经要求被申请人履行法定职责而被申请人未履行的证明材料；

（二）申请行政复议时一并提出行政赔偿请求的，提供受具体行政行为侵害而造成损害的证明材料；

（三）法律、法规规定需要申请人提供证据材料的其他情形。

第二十二条 【变更被申请人】申请人提出行政复议申请时错列被申请人的，行政复议机构应当告知申请人变更被申请人。

第二十三条 【对两个以上国务院部门共同作出的具体行政行为不服，提出复议的情形】申请人对两个以上国务院部门共同作出的具体行政行为不服的，依照行政复议法第十四条的规定，可以向其中任何一个国务院部门提出行政复议申请，由作出具体行政行为的国务院部门共同作出行政复议决定。

第二十四条 【实行省以下垂直领导的部门所作具体行政行为的复议机关】申请人对经国务院批准实行省以下垂直领导的部门作出的具体行政行为不服的，可以选择向该部门的本级人民政府或者上一级主管部门申请行政复议；省、自治区、直辖市另有规定的，依照省、自治区、直辖市的规定办理。

第二十五条 【自然资源确权类行政行为的复议机关】申请人依照行政复议法第三十条第二款的规定申请行政复议的，应当向省、自治区、直辖市人民政府提出行政复议申请。

第二十六条 【对具体行政行为依据的审查】依照行政复议法第七条的规定，申请人认为具体行政行为所依据的规定不合法的，可以在对具体行政行为申请行政复议的同时一并提出对该规定的审查申请；申请人在对具体行政行为提出行政复议申请时尚不知道该具体行政行为所依据的规定的，可以在行政复议机关作出行政复议决定前向行政复议机关提出对该规定的审查申请。

第三章 行政复议受理

第二十七条 【复议的受理】公民、法人或者其他组织认为行政机关的具体行政行为侵犯其合法权益提出行政复议申请，除不符合行政复议法和本条例规定的申请条件的，行政复议机关必须受理。

第二十八条 【复议受理的条件】行政复议申请符合下列规定的，应当予以受理：

（一）有明确的申请人和符合规定的被申请人；

（二）申请人与具体行政行为有利害关系；

（三）有具体的行政复议请求和理由；

（四）在法定申请期限内提出；

（五）属于行政复议法规定的行政复议范围；

（六）属于收到行政复议申请的行政复议机构的职责范围；

（七）其他行政复议机关尚未受理同一行政复议申请，人民法院尚未受理同一主体就同一事实提起的行政诉讼。

第二十九条 【申请材料的补正】行政复议申请材料不齐全或者表述不清楚的，行政复议机构可以自收到该行政复议申请之日起5日内书面通知申请人补正。补正通知应当载明需要补正的事项和合理的补正期限。无正当理由逾期不补正的，视为申请人放弃行政复议申请。补正申请材料所用时间不计入行政复议审理期限。

第三十条 【申请冲突的处理】申请人就同一事项向两个或者两个以上有权受理的行政机关申请行政复议的，由最先收到行政复议申请的行政机关受理；同时收到行政复议申请的，由收到行政复议申请的行政机关在10日内协商确定；协商不成的，由其共同上一级行政机关在10日内指定受理机关。协商确定或者指定受理机关所用时间不计入行政复议审理期限。

第三十一条 【上级机关督促、责令处理及直接受理】依照行政复议法第二十条的规定，上级行政机关认为行政复议机关不予受理行政复议申请的理由不成立的，可以先行督促其受理；经督促仍不受理的，应当责令其限期受理，必要时也可以直接受理；认为行政复议申请不符合法定受理条件的，应当告知申请人。

89

第四章　行政复议决定

第三十二条　【复议人员人数】行政复议机构审理行政复议案件,应当由2名以上行政复议人员参加。

第三十三条　【实地调查证据及听证】行政复议机构认为必要时,可以实地调查核实证据;对重大、复杂的案件,申请人提出要求或者行政复议机构认为必要时,可以采取听证的方式审理。

第三十四条　【调取证据事项】行政复议人员向有关组织和人员调查取证时,可以查阅、复制、调取有关文件和资料,向有关人员进行询问。

调查取证时,行政复议人员不得少于2人,并应当向当事人或者有关人员出示证件。被调查单位和人员应当配合行政复议人员的工作,不得拒绝或者阻挠。

需要现场勘验的,现场勘验所用时间不计入行政复议审理期限。

第三十五条　【复议机关为查阅材料提供必要条件的义务】行政复议机关应当为申请人、第三人查阅有关材料提供必要条件。

第三十六条　【原级行政复议的规定】依照行政复议法第十四条的规定申请原级行政复议的案件,由原承办具体行政行为有关事项的部门或者机构提出书面答复,并提交作出具体行政行为的证据、依据和其他有关材料。

第三十七条　【鉴定及鉴定费用】行政复议期间涉及专门事项需要鉴定的,当事人可以自行委托鉴定机构进行鉴定,也可以申请行政复议机构委托鉴定机构进行鉴定。鉴定费用由当事人承担。鉴定所用时间不计入行政复议审理期限。

第三十八条　【申请的撤回】申请人在行政复议决定作出前自愿撤回行政复议申请的,经行政复议机构同意,可以撤回。

申请人撤回行政复议申请的,不得再以同一事实和理由提出行政复议申请。但是，申请人能够证明撤回行政复议申请违背其真实意思表示的除外。

第三十九条　【复议期间被申请人改变原具体行政行为不影响案件审理】行政复议期间被申请人改变原具体行政行为的，不影响行政复议案件的审理。但是，申请人依法撤回行政复议申请的除外。

第四十条　【和解的规定】公民、法人或者其他组织对行政机关行使法律、法规规定的自由裁量权作出的具体行政行为不服申请行政复议，申请人与被申请人在行政复议决定作出前自愿达成和解的，应当向行政复议机构提交书面和解协议；和解内容不损害社会公共利益和他人合法权益的，行政复议机构应当准许。

第四十一条　【复议中止】行政复议期间有下列情形之一，影响行政复议案件审理的，行政复议中止：

（一）作为申请人的自然人死亡，其近亲属尚未确定是否参加行政复议的；

（二）作为申请人的自然人丧失参加行政复议的能力，尚未确定法定代理人参加行政复议的；

（三）作为申请人的法人或者其他组织终止，尚未确定权利义务承受人的；

（四）作为申请人的自然人下落不明或者被宣告失踪的；

（五）申请人、被申请人因不可抗力，不能参加行政复议的；

（六）案件涉及法律适用问题，需要有权机关作出解释或者确认的；

（七）案件审理需要以其他案件的审理结果为依据，而其他案件尚未审结的；

（八）其他需要中止行政复议的情形。

行政复议中止的原因消除后，应当及时恢复行政复议案件的审理。

行政复议机构中止、恢复行政复议案件的审理，应当告知有关当事人。

第四十二条　【复议终止】行政复议期间有下列情形之一的，

行政复议终止：

（一）申请人要求撤回行政复议申请，行政复议机构准予撤回的；

（二）作为申请人的自然人死亡，没有近亲属或者其近亲属放弃行政复议权利的；

（三）作为申请人的法人或者其他组织终止，其权利义务的承受人放弃行政复议权利的；

（四）申请人与被申请人依照本条例第四十条的规定，经行政复议机构准许达成和解的；

（五）申请人对行政拘留或者限制人身自由的行政强制措施不服申请行政复议后，因申请人同一违法行为涉嫌犯罪，该行政拘留或者限制人身自由的行政强制措施变更为刑事拘留的。

依照本条例第四十一条第一款第（一）项、第（二）项、第（三）项规定中止行政复议，满60日行政复议中止的原因仍未消除的，行政复议终止。

第四十三条 【决定维持具体行政行为】依照行政复议法第二十八条第一款第（一）项规定，具体行政行为认定事实清楚，证据确凿，适用依据正确，程序合法，内容适当的，行政复议机关应当决定维持。

第四十四条 【决定被申请人履行法定职责】依照行政复议法第二十八条第一款第（二）项规定，被申请人不履行法定职责的，行政复议机关应当决定其在一定期限内履行法定职责。

第四十五条 【决定撤销、变更具体行政行为或确认行为违法】具体行政行为有行政复议法第二十八条第一款第（三）项规定情形之一的，行政复议机关应当决定撤销、变更该具体行政行为或者确认该具体行政行为违法；决定撤销该具体行政行为或者确认该具体行政行为违法的，可以责令被申请人在一定期限内重新作出具体行政行为。

第四十六条 【决定撤销具体行政行为】被申请人未依照行政复议法第二十三条的规定提出书面答复、提交当初作出具体行政行为的证据、依据和其他有关材料的，视为该具体行政行为没有证据、依据，行政复议机关应当决定撤销该具体行政行为。

第四十七条 【决定变更具体行政行为】具体行政行为有下列情形之一，行政复议机关可以决定变更：

（一）认定事实清楚，证据确凿，程序合法，但是明显不当或者适用依据错误的；

（二）认定事实不清，证据不足，但是经行政复议机关审理查明事实清楚，证据确凿的。

第四十八条 【决定驳回复议申请】有下列情形之一的，行政复议机关应当决定驳回行政复议申请：

（一）申请人认为行政机关不履行法定职责申请行政复议，行政复议机关受理后发现该行政机关没有相应法定职责或者在受理前已经履行法定职责的；

（二）受理行政复议申请后，发现该行政复议申请不符合行政复议法和本条例规定的受理条件的。

上级行政机关认为行政复议机关驳回行政复议申请的理由不成立的，应当责令其恢复审理。

第四十九条 【责令重新作出具体行政行为】行政复议机关依照行政复议法第二十八条的规定责令被申请人重新作出具体行政行为的，被申请人应当在法律、法规、规章规定的期限内重新作出具体行政行为；法律、法规、规章未规定期限的，重新作出具体行政行为的期限为60日。

公民、法人或者其他组织对被申请人重新作出的具体行政行为不服，可以依法申请行政复议或者提起行政诉讼。

第五十条 【调解的规定】有下列情形之一的，行政复议机关可以按照自愿、合法的原则进行调解：

（一）公民、法人或者其他组织对行政机关行使法律、法规规定的自由裁量权作出的具体行政行为不服申请行政复议的；

（二）当事人之间的行政赔偿或者行政补偿纠纷。

当事人经调解达成协议的，行政复议机关应当制作行政复议调解书。调解书应当载明行政复议请求、事实、理由和调解结果,并加盖行政复议机关印章。行政复议调解书经双方当事人签字,即具有法律效力。

调解未达成协议或者调解书生效前一方反悔的,行政复议机关应当及时作出行政复议决定。

第五十一条 【不得作出加重申请人不利的决定】行政复议机关在申请人的行政复议请求范围内,不得作出对申请人更为不利的行政复议决定。

第五十二条 【第三人逾期不起诉又不履行复议决定的处理】第三人逾期不起诉又不履行行政复议决定的,依照行政复议法第三十三条的规定处理。

第五章 行政复议指导和监督

第五十三条 【行政复议领导和督促、指导】行政复议机关应当加强对行政复议工作的领导。

行政复议机构在本级行政复议机关的领导下,按照职责权限对行政复议工作进行督促、指导。

第五十四条 【行政复议监督】县级以上各级人民政府应当加强对所属工作部门和下级人民政府履行行政复议职责的监督。

行政复议机关应当加强对其行政复议机构履行行政复议职责的监督。

第五十五条 【复议工作责任制】县级以上地方各级人民政府应当建立健全行政复议工作责任制,将行政复议工作纳入本级政府目标责任制。

第五十六条 【复议检查】县级以上地方各级人民政府应当按照职责权限,通过定期组织检查、抽查等方式,对所属工作部门和下级人民政府行政复议工作进行检查,并及时向有关方面反馈检查结果。

第五十七条 【复议意见书、建议书】行政复议期间行政复议机关发现被申请人或者其他下级行政机关的相关行政行为违法或者需要做好善后工作的,可以制作行政复议意见书。有关机关应当自收到行政复议意见书之日起60日内将纠正相关行政违法行为或者做好善后工作的情况通报行政复议机构。

行政复议期间行政复议机构发现法律、法规、规章实施中带有普遍性的问题,可以制作行政复议建议书,向有关机关提出完善制度和改进行政执法的建议。

第五十八条 【复议工作分析报告】县级以上各级人民政府行政复议机构应当定期向本级人民政府提交行政复议工作状况分析报告。

第五十九条 【重大复议决定备案】下级行政复议机关应当及时将重大行政复议决定报上级行政复议机关备案。

第六十条 【复议人员培训】各级行政复议机构应当定期组织对行政复议人员进行业务培训,提高行政复议人员的专业素质。

第六十一条 【表彰和奖励】各级行政复议机关应当定期总结行政复议工作,对在行政复议工作中做出显著成绩的单位和个人,依照有关规定给予表彰和奖励。

第六章 法律责任

第六十二条 【被申请人不服从复议决定的处罚】被申请人在规定期限内未按照行政复议决定的要求重新作出具体行政行为,或者违反规定重新作出具体行政行为的,依照行政复议法第三十七条的规定追究法律责任。

第六十三条 【拒绝或阻挠复议人员调查取证等的责任】拒绝或者阻挠行政复议人员调查取证、查阅、复制、调取有关文件和资料的,对有关责任人员依法给予处分或者治安处罚;构成犯罪的,依法追究刑事责任。

第六十四条 【复议机关或复议机构不依法、履行职责的处罚】 行政复议机关或者行政复议机构不履行行政复议法和本条例规定的行政复议职责,经有权监督的行政机关督促仍不改正的,对直接负责的主管人员和其他直接责任人员依法给予警告、记过、记大过的处分;造成严重后果的,依法给予降级、撤职、开除的处分。

第六十五条 【复议机构的建议权】 行政机关及其工作人员违反行政复议法和本条例规定的,行政复议机构可以向人事、监察部门提出对有关责任人员的处分建议,也可以将有关人员违法的事实材料直接转送人事、监察部门处理;接受转送的人事、监察部门应当依法处理,并将处理结果通报转送的行政复议机构。

第七章 附 则

第六十六条 【生效日期】 本条例自 2007 年 8 月 1 日起施行。

中华人民共和国行政诉讼法

(1989 年 4 月 4 日第七届全国人民代表大会第二次会议通过 根据 2014 年 11 月 1 日第十二届全国人民代表大会常务委员会第十一次会议《关于修改〈中华人民共和国行政诉讼法〉的决定》第一次修正 根据 2017 年 6 月 27 日第十二届全国人民代表大会常务委员会第二十八次会议《关于修改〈中华人民共和国民事诉讼法〉和〈中华人民共和国行政诉讼法〉的决定》第二次修正)

第一章 总 则

第一条 【立法目的】 为保证人民法院公正、及时审理行政案件，解决行政争议，保护公民、法人和其他组织的合法权益，监督行政机关依法行使职权，根据宪法，制定本法。

第二条 【诉权】公民、法人或者其他组织认为行政机关和行政机关工作人员的行政行为侵犯其合法权益，有权依照本法向人民法院提起诉讼。

前款所称行政行为，包括法律、法规、规章授权的组织作出的行政行为。

第三条 【行政机关负责人出庭应诉】人民法院应当保障公民、法人和其他组织的起诉权利，对应当受理的行政案件依法受理。

行政机关及其工作人员不得干预、阻碍人民法院受理行政案件。

被诉行政机关负责人应当出庭应诉。不能出庭的，应当委托行政机关相应的工作人员出庭。

第四条 【独立行使审判权】人民法院依法对行政案件独立行使审判权，不受行政机关、社会团体和个人的干涉。

人民法院设行政审判庭，审理行政案件。

第五条 【以事实为根据，以法律为准绳原则】人民法院审理行政案件，以事实为根据，以法律为准绳。

第六条 【合法性审查原则】人民法院审理行政案件，对行政行为是否合法进行审查。

第七条 【合议、回避、公开审判和两审终审原则】人民法院审理行政案件，依法实行合议、回避、公开审判和两审终审制度。

第八条 【法律地位平等原则】当事人在行政诉讼中的法律地位平等。

第九条 【本民族语言文字原则】各民族公民都有用本民族语言、文字进行行政诉讼的权利。

在少数民族聚居或者多民族共同居住的地区，人民法院应当用当地民族通用的语言、文字进行审理和发布法律文书。

人民法院应当对不通晓当地民族通用的语言、文字的诉讼参与人提供翻译。

97

第十条 【辩论原则】当事人在行政诉讼中有权进行辩论。

第十一条 【法律监督原则】人民检察院有权对行政诉讼实行法律监督。

第二章 受案范围

第十二条 【行政诉讼受案范围】人民法院受理公民、法人或者其他组织提起的下列诉讼：

（一）对行政拘留、暂扣或者吊销许可证和执照、责令停产停业、没收违法所得、没收非法财物、罚款、警告等行政处罚不服的；

（二）对限制人身自由或者对财产的查封、扣押、冻结等行政强制措施和行政强制执行不服的；

（三）申请行政许可，行政机关拒绝或者在法定期限内不予答复，或者对行政机关作出的有关行政许可的其他决定不服的；

（四）对行政机关作出的关于确认土地、矿藏、水流、森林、山岭、草原、荒地、滩涂、海域等自然资源的所有权或者使用权的决定不服的；

（五）对征收、征用决定及其补偿决定不服的；

（六）申请行政机关履行保护人身权、财产权等合法权益的法定职责，行政机关拒绝履行或者不予答复的；

（七）认为行政机关侵犯其经营自主权或者农村土地承包经营权、农村土地经营权的；

（八）认为行政机关滥用行政权力排除或者限制竞争的；

（九）认为行政机关违法集资、摊派费用或者违法要求履行其他义务的；

（十）认为行政机关没有依法支付抚恤金、最低生活保障待遇或者社会保险待遇的；

（十一）认为行政机关不依法履行、未按照约定履行或者违法变更、解除政府特许经营协议、土地房屋征收补偿协议等协议的；

（十二）认为行政机关侵犯其他人身权、财产权等合法权益的。

除前款规定外，人民法院受理法律、法规规定可以提起诉讼的其他行政案件。

第十三条　【受案范围的排除】人民法院不受理公民、法人或者其他组织对下列事项提起的诉讼：

（一）国防、外交等国家行为；

（二）行政法规、规章或者行政机关制定、发布的具有普遍约束力的决定、命令；

（三）行政机关对行政机关工作人员的奖惩、任免等决定；

（四）法律规定由行政机关最终裁决的行政行为。

第三章　管　辖

第十四条　【基层人民法院管辖第一审行政案件】基层人民法院管辖第一审行政案件。

第十五条　【中级人民法院管辖的第一审行政案件】中级人民法院管辖下列第一审行政案件：

（一）对国务院部门或者县级以上地方人民政府所作的行政行为提起诉讼的案件；

（二）海关处理的案件；

（三）本辖区内重大、复杂的案件；

（四）其他法律规定由中级人民法院管辖的案件。

第十六条　【高级人民法院管辖的第一审行政案件】高级人民法院管辖本辖区内重大、复杂的第一审行政案件。

第十七条　【最高人民法院管辖的第一审行政案件】最高人民法院管辖全国范围内重大、复杂的第一审行政案件。

第十八条　【一般地域管辖和法院跨行政区域管辖】行政案件

由最初作出行政行为的行政机关所在地人民法院管辖。经复议的案件，也可以由复议机关所在地人民法院管辖。

经最高人民法院批准，高级人民法院可以根据审判工作的实际情况，确定若干人民法院跨行政区域管辖行政案件。

第十九条　【限制人身自由行政案件的管辖】对限制人身自由的行政强制措施不服提起的诉讼，由被告所在地或者原告所在地人民法院管辖。

第二十条　【不动产行政案件的管辖】因不动产提起的行政诉讼，由不动产所在地人民法院管辖。

第二十一条　【选择管辖】两个以上人民法院都有管辖权的案件，原告可以选择其中一个人民法院提起诉讼。原告向两个以上有管辖权的人民法院提起诉讼的，由最先立案的人民法院管辖。

第二十二条　【移送管辖】人民法院发现受理的案件不属于本院管辖的，应当移送有管辖权的人民法院，受移送的人民法院应当受理。受移送的人民法院认为受移送的案件按照规定不属于本院管辖的，应当报请上级人民法院指定管辖，不得再自行移送。

第二十三条　【指定管辖】有管辖权的人民法院由于特殊原因不能行使管辖权的，由上级人民法院指定管辖。

人民法院对管辖权发生争议，由争议双方协商解决。协商不成的，报它们的共同上级人民法院指定管辖。

第二十四条　【管辖权转移】上级人民法院有权审理下级人民法院管辖的第一审行政案件。

下级人民法院对其管辖的第一审行政案件，认为需要由上级人民法院审理或者指定管辖的，可以报请上级人民法院决定。

第四章　诉讼参加人

第二十五条　【原告资格】行政行为的相对人以及其他与行政

行为有利害关系的公民、法人或者其他组织，有权提起诉讼。

有权提起诉讼的公民死亡，其近亲属可以提起诉讼。

有权提起诉讼的法人或者其他组织终止，承受其权利的法人或者其他组织可以提起诉讼。

人民检察院在履行职责中发现生态环境和资源保护、食品药品安全、国有财产保护、国有土地使用权出让等领域负有监督管理职责的行政机关违法行使职权或者不作为，致使国家利益或者社会公共利益受到侵害的，应当向行政机关提出检察建议，督促其依法履行职责。行政机关不依法履行职责的，人民检察院依法向人民法院提起诉讼。

第二十六条 【被告资格】公民、法人或者其他组织直接向人民法院提起诉讼的，作出行政行为的行政机关是被告。

经复议的案件，复议机关决定维持原行政行为的，作出原行政行为的行政机关和复议机关是共同被告；复议机关改变原行政行为的，复议机关是被告。

复议机关在法定期限内未作出复议决定，公民、法人或者其他组织起诉原行政行为的，作出原行政行为的行政机关是被告；起诉复议机关不作为的，复议机关是被告。

两个以上行政机关作出同一行政行为的，共同作出行政行为的行政机关是共同被告。

行政机关委托的组织所作的行政行为，委托的行政机关是被告。

行政机关被撤销或者职权变更的，继续行使其职权的行政机关是被告。

第二十七条 【共同诉讼】当事人一方或者双方为二人以上，因同一行政行为发生的行政案件，或者因同类行政行为发生的行政案件、人民法院认为可以合并审理并经当事人同意的，为共同诉讼。

第二十八条 【代表人诉讼】当事人一方人数众多的共同诉讼，可以由当事人推选代表人进行诉讼。代表人的诉讼行为对其所代表的当事人发生效力，但代表人变更、放弃诉讼请求或者承认对方当事人的诉讼请求，应当经被代表的当事人同意。

第二十九条　【诉讼第三人】公民、法人或者其他组织同被诉行政行为有利害关系但没有提起诉讼，或者同案件处理结果有利害关系的，可以作为第三人申请参加诉讼，或者由人民法院通知参加诉讼。

人民法院判决第三人承担义务或者减损第三人权益的，第三人有权依法提起上诉。

第三十条　【法定代理人】没有诉讼行为能力的公民，由其法定代理人代为诉讼。法定代理人互相推诿代理责任的，由人民法院指定其中一人代为诉讼。

第三十一条　【委托代理人】当事人、法定代理人，可以委托一至二人作为诉讼代理人。

下列人员可以被委托为诉讼代理人：

（一）律师、基层法律服务工作者；

（二）当事人的近亲属或者工作人员；

（三）当事人所在社区、单位以及有关社会团体推荐的公民。

第三十二条　【当事人及诉讼代理人权利】代理诉讼的律师，有权按照规定查阅、复制本案有关材料，有权向有关组织和公民调查，收集与本案有关的证据。对涉及国家秘密、商业秘密和个人隐私的材料，应当依照法律规定保密。

当事人和其他诉讼代理人有权按照规定查阅、复制本案庭审材料，但涉及国家秘密、商业秘密和个人隐私的内容除外。

第五章　证　　据

第三十三条　【证据种类】证据包括：

（一）书证；

（二）物证；

（三）视听资料；

（四）电子数据；

（五）证人证言；

（六）当事人的陈述；

（七）鉴定意见；

（八）勘验笔录、现场笔录。

以上证据经法庭审查属实，才能作为认定案件事实的根据。

第三十四条　【被告举证责任】被告对作出的行政行为负有举证责任，应当提供作出该行政行为的证据和所依据的规范性文件。

被告不提供或者无正当理由逾期提供证据，视为没有相应证据。但是，被诉行政行为涉及第三人合法权益，第三人提供证据的除外。

第三十五条　【行政机关收集证据的限制】在诉讼过程中，被告及其诉讼代理人不得自行向原告、第三人和证人收集证据。

第三十六条　【被告延期提供证据和补充证据】被告在作出行政行为时已经收集了证据，但因不可抗力等正当事由不能提供的，经人民法院准许，可以延期提供。

原告或者第三人提出了其在行政处理程序中没有提出的理由或者证据的，经人民法院准许，被告可以补充证据。

第三十七条　【原告可以提供证据】原告可以提供证明行政行为违法的证据。原告提供的证据不成立的，不免除被告的举证责任。

第三十八条　【原告举证责任】在起诉被告不履行法定职责的案件中，原告应当提供其向被告提出申请的证据。但有下列情形之一的除外：

（一）被告应当依职权主动履行法定职责的；

（二）原告因正当理由不能提供证据的。

在行政赔偿、补偿的案件中，原告应当对行政行为造成的损害提供证据。因被告的原因导致原告无法举证的，由被告承担举证责任。

第三十九条 【法院要求当事人提供或者补充证据】人民法院有权要求当事人提供或者补充证据。

第四十条 【法院调取证据】人民法院有权向有关行政机关以及其他组织、公民调取证据。但是，不得为证明行政行为的合法性调取被告作出行政行为时未收集的证据。

第四十一条 【申请法院调取证据】与本案有关的下列证据，原告或者第三人不能自行收集的，可以申请人民法院调取：

（一）由国家机关保存而须由人民法院调取的证据；

（二）涉及国家秘密、商业秘密和个人隐私的证据；

（三）确因客观原因不能自行收集的其他证据。

第四十二条 【证据保全】在证据可能灭失或者以后难以取得的情况下，诉讼参加人可以向人民法院申请保全证据，人民法院也可以主动采取保全措施。

第四十三条 【证据适用规则】证据应当在法庭上出示，并由当事人互相质证。对涉及国家秘密、商业秘密和个人隐私的证据，不得在公开开庭时出示。

人民法院应当按照法定程序，全面、客观地审查核实证据。对未采纳的证据应当在裁判文书中说明理由。

以非法手段取得的证据，不得作为认定案件事实的根据。

第六章　起诉和受理

第四十四条 【行政复议与行政诉讼的关系】对属于人民法院受案范围的行政案件，公民、法人或者其他组织可以先向行政机关申请复议，对复议决定不服的，再向人民法院提起诉讼；也可以直接向人民法院提起诉讼。

法律、法规规定应当先向行政机关申请复议，对复议决定不服再向人民法院提起诉讼的，依照法律、法规的规定。

第四十五条 【经行政复议的起诉期限】公民、法人或者其他组织不服复议决定的,可以在收到复议决定书之日起十五日内向人民法院提起诉讼。复议机关逾期不作决定的,申请人可以在复议期满之日起十五日内向人民法院提起诉讼。法律另有规定的除外。

第四十六条 【起诉期限】公民、法人或者其他组织直接向人民法院提起诉讼的,应当自知道或者应当知道作出行政行为之日起六个月内提出。法律另有规定的除外。

因不动产提起诉讼的案件自行政行为作出之日起超过二十年,其他案件自行政行为作出之日起超过五年提起诉讼的,人民法院不予受理。

第四十七条 【行政机关不履行法定职责的起诉期限】公民、法人或者其他组织申请行政机关履行保护其人身权、财产权等合法权益的法定职责,行政机关在接到申请之日起两个月内不履行的,公民、法人或者其他组织可以向人民法院提起诉讼。法律、法规对行政机关履行职责的期限另有规定的,从其规定。

公民、法人或者其他组织在紧急情况下请求行政机关履行保护其人身权、财产权等合法权益的法定职责,行政机关不履行的,提起诉讼不受前款规定期限的限制。

第四十八条 【起诉期限的扣除和延长】公民、法人或者其他组织因不可抗力或者其他不属于其自身的原因耽误起诉期限的,被耽误的时间不计算在起诉期限内。

公民、法人或者其他组织因前款规定以外的其他特殊情况耽误起诉期限的,在障碍消除后十日内,可以申请延长期限,是否准许由人民法院决定。

第四十九条 【起诉条件】提起诉讼应当符合下列条件:

(一)原告是符合本法第二十五条规定的公民、法人或者其他组织;

(二)有明确的被告;

(三)有具体的诉讼请求和事实根据;

（四）属于人民法院受案范围和受诉人民法院管辖。

第五十条　【起诉方式】起诉应当向人民法院递交起诉状，并按照被告人数提出副本。

书写起诉状确有困难的，可以口头起诉，由人民法院记入笔录，出具注明日期的书面凭证，并告知对方当事人。

第五十一条　【登记立案】人民法院在接到起诉状时对符合本法规定的起诉条件的，应当登记立案。

对当场不能判定是否符合本法规定的起诉条件的，应当接收起诉状，出具注明收到日期的书面凭证，并在七日内决定是否立案。不符合起诉条件的，作出不予立案的裁定。裁定书应当载明不予立案的理由。原告对裁定不服的，可以提起上诉。

起诉状内容欠缺或者有其他错误的，应当给予指导和释明，并一次性告知当事人需要补正的内容。不得未经指导和释明即以起诉不符合条件为由不接收起诉状。

对于不接收起诉状、接收起诉状后不出具书面凭证，以及不一次性告知当事人需要补正的起诉状内容的，当事人可以向上级人民法院投诉，上级人民法院应当责令改正，并对直接负责的主管人员和其他直接责任人员依法给予处分。

第五十二条　【法院不立案的救济】人民法院既不立案，又不作出不予立案裁定的，当事人可以向上一级人民法院起诉。上一级人民法院认为符合起诉条件的，应当立案、审理，也可以指定其他下级人民法院立案、审理。

第五十三条　【规范性文件的附带审查】公民、法人或者其他组织认为行政行为所依据的国务院部门和地方人民政府及其部门制定的规范性文件不合法，在对行政行为提起诉讼时，可以一并请求对该规范性文件进行审查。

前款规定的规范性文件不含规章。

第七章　审理和判决

第一节　一般规定

第五十四条　【公开审理原则】人民法院公开审理行政案件，但涉及国家秘密、个人隐私和法律另有规定的除外。

涉及商业秘密的案件，当事人申请不公开审理的，可以不公开审理。

第五十五条　【回避】当事人认为审判人员与本案有利害关系或者有其他关系可能影响公正审判，有权申请审判人员回避。

审判人员认为自己与本案有利害关系或者有其他关系，应当申请回避。

前两款规定，适用于书记员、翻译人员、鉴定人、勘验人。

院长担任审判长时的回避，由审判委员会决定；审判人员的回避，由院长决定；其他人员的回避，由审判长决定。当事人对决定不服的，可以申请复议一次。

第五十六条　【诉讼不停止执行】诉讼期间，不停止行政行为的执行。但有下列情形之一的，裁定停止执行：

（一）被告认为需要停止执行的；

（二）原告或者利害关系人申请停止执行，人民法院认为该行政行为的执行会造成难以弥补的损失，并且停止执行不损害国家利益、社会公共利益的；

（三）人民法院认为该行政行为的执行会给国家利益、社会公共利益造成重大损害的；

（四）法律、法规规定停止执行的。

当事人对停止执行或者不停止执行的裁定不服的，可以申请复议一次。

第五十七条 【先予执行】人民法院对起诉行政机关没有依法支付抚恤金、最低生活保障金和工伤、医疗社会保险金的案件，权利义务关系明确、不先予执行将严重影响原告生活的，可以根据原告的申请，裁定先予执行。

当事人对先予执行裁定不服的，可以申请复议一次。复议期间不停止裁定的执行。

第五十八条 【拒不到庭或中途退庭的法律后果】经人民法院传票传唤，原告无正当理由拒不到庭，或者未经法庭许可中途退庭的，可以按照撤诉处理；被告无正当理由拒不到庭，或者未经法庭许可中途退庭的，可以缺席判决。

第五十九条 【妨害行政诉讼强制措施】诉讼参与人或者其他人有下列行为之一的，人民法院可以根据情节轻重，予以训诫、责令具结悔过或者处一万元以下的罚款、十五日以下的拘留；构成犯罪的，依法追究刑事责任：

（一）有义务协助调查、执行的人，对人民法院的协助调查决定、协助执行通知书，无故推拖、拒绝或者妨碍调查、执行的；

（二）伪造、隐藏、毁灭证据或者提供虚假证明材料，妨碍人民法院审理案件的；

（三）指使、贿买、胁迫他人作伪证或者威胁、阻止证人作证的；

（四）隐藏、转移、变卖、毁损已被查封、扣押、冻结的财产的；

（五）以欺骗、胁迫等非法手段使原告撤诉的；

（六）以暴力、威胁或者其他方法阻碍人民法院工作人员执行职务，或者以哄闹、冲击法庭等方法扰乱人民法院工作秩序的；

（七）对人民法院审判人员或者其他工作人员、诉讼参与人、协助调查和执行的人员恐吓、侮辱、诽谤、诬陷、殴打、围攻或者打击报复的。

人民法院对有前款规定的行为之一的单位，可以对其主要负责人或者直接责任人员依照前款规定予以罚款、拘留；构成犯罪的，依法追究刑事责任。

罚款、拘留须经人民法院院长批准。当事人不服的，可以向上一级人民法院申请复议一次。复议期间不停止执行。

第六十条 【调解】人民法院审理行政案件，不适用调解。但是，行政赔偿、补偿以及行政机关行使法律、法规规定的自由裁量权的案件可以调解。

调解应当遵循自愿、合法原则，不得损害国家利益、社会公共利益和他人合法权益。

第六十一条 【民事争议和行政争议交叉】在涉及行政许可、登记、征收、征用和行政机关对民事争议所作的裁决的行政诉讼中，当事人申请一并解决相关民事争议的，人民法院可以一并审理。

在行政诉讼中，人民法院认为行政案件的审理需以民事诉讼的裁判为依据的，可以裁定中止行政诉讼。

第六十二条 【撤诉】人民法院对行政案件宣告判决或者裁定前，原告申请撤诉的，或者被告改变其所作的行政行为，原告同意并申请撤诉的，是否准许，由人民法院裁定。

第六十三条 【撤诉】人民法院审理行政案件，以法律和行政法规、地方性法规为依据。地方性法规适用于本行政区域内发生的行政案件。

人民法院审理民族自治地方的行政案件，并以该民族自治地方的自治条例和单行条例为依据。

人民法院审理行政案件，参照规章。

第六十四条 【规范性文件审查和处理】人民法院在审理行政案件中，经审查认为本法第五十三条规定的规范性文件不合法的，不作为认定行政行为合法的依据，并向制定机关提出处理建议。

第六十五条 【裁判文书公开】人民法院应当公开发生法律效力的判决书、裁定书，供公众查阅，但涉及国家秘密、商业秘密和个人隐私的内容除外。

第六十六条 【有关行政机关工作人员和被告的处理】人民法院在审理行政案件中，认为行政机关的主管人员、直接责任人员违法违纪的，应当将有关材料移送监察机关、该行政机关或者其上一级行政机关；认为有犯罪行为的，应当将有关材料移送公安、检察机关。

人民法院对被告经传票传唤无正当理由拒不到庭，或者未经法庭许可中途退庭的，可以将被告拒不到庭或者中途退庭的情况予以公告，并可以向监察机关或者被告的上一级行政机关提出依法给予其主要负责人或者直接责任人员处分的司法建议。

第二节 第一审普通程序

第六十七条 【发送起诉状和提出答辩状】人民法院应当在立案之日起五日内，将起诉状副本发送被告。被告应当在收到起诉状副本之日起十五日内向人民法院提交作出行政行为的证据和所依据的规范性文件，并提出答辩状。人民法院应当在收到答辩状之日起五日内，将答辩状副本发送原告。

被告不提出答辩状的，不影响人民法院审理。

第六十八条 【审判组织形式】人民法院审理行政案件，由审判员组成合议庭，或者由审判员、陪审员组成合议庭。合议庭的成员，应当是三人以上的单数。

第六十九条 【驳回原告诉讼请求判决】行政行为证据确凿，适用法律、法规正确，符合法定程序的，或者原告申请被告履行法定职责或者给付义务理由不成立的，人民法院判决驳回原告的诉讼请求。

第七十条 【撤销判决和重作判决】行政行为有下列情形之一的，人民法院判决撤销或者部分撤销，并可以判决被告重新作出行政行为：

（一）主要证据不足的；

（二）适用法律、法规错误的；

（三）违反法定程序的；

（四）超越职权的；

（五）滥用职权的；

（六）明显不当的。

第七十一条　【重作判决对被告的限制】人民法院判决被告重新作出行政行为的，被告不得以同一的事实和理由作出与原行政行为基本相同的行政行为。

第七十二条　【履行判决】人民法院经过审理，查明被告不履行法定职责的，判决被告在一定期限内履行。

第七十三条　【给付判决】人民法院经过审理，查明被告依法负有给付义务的，判决被告履行给付义务。

第七十四条　【确认违法判决】行政行为有下列情形之一的，人民法院判决确认违法，但不撤销行政行为：

（一）行政行为依法应当撤销，但撤销会给国家利益、社会公共利益造成重大损害的；

（二）行政行为程序轻微违法，但对原告权利不产生实际影响的。

行政行为有下列情形之一，不需要撤销或者判决履行的，人民法院判决确认违法：

（一）行政行为违法，但不具有可撤销内容的；

（二）被告改变原违法行政行为，原告仍要求确认原行政行为违法的；

（三）被告不履行或者拖延履行法定职责，判决履行没有意义的。

第七十五条　【确认无效判决】行政行为有实施主体不具有行政主体资格或者没有依据等重大且明显违法情形，原告申请确认行政行为无效的，人民法院判决确认无效。

第七十六条　【确认违法和无效判决的补充规定】人民法院判

决确认违法或者无效的,可以同时判决责令被告采取补救措施;给原告造成损失的,依法判决被告承担赔偿责任。

第七十七条 【变更判决】行政处罚明显不当,或者其他行政行为涉及对款额的确定、认定确有错误的,人民法院可以判决变更。

人民法院判决变更,不得加重原告的义务或者减损原告的权益。但利害关系人同为原告,且诉讼请求相反的除外。

第七十八条 【行政协议履行及补偿判决】被告不依法履行、未按照约定履行或者违法变更、解除本法第十二条第一款第十一项规定的协议的,人民法院判决被告承担继续履行、采取补救措施或者赔偿损失等责任。

被告变更、解除本法第十二条第一款第十一项规定的协议合法,但未依法给予补偿的,人民法院判决给予补偿。

第七十九条 【复议决定和原行政行为一并裁判】复议机关与作出原行政行为的行政机关为共同被告的案件,人民法院应当对复议决定和原行政行为一并作出裁判。

第八十条 【公开宣判】人民法院对公开审理和不公开审理的案件,一律公开宣告判决。

当庭宣判的,应当在十日内发送判决书;定期宣判的,宣判后立即发给判决书。

宣告判决时,必须告知当事人上诉权利、上诉期限和上诉的人民法院。

第八十一条 【第一审审限】人民法院应当在立案之日起六个月内作出第一审判决。有特殊情况需要延长的,由高级人民法院批准,高级人民法院审理第一审案件需要延长的,由最高人民法院批准。

第三节 简易程序

第八十二条 【简易程序适用情形】人民法院审理下列第一审

行政案件，认为事实清楚、权利义务关系明确、争议不大的，可以适用简易程序：

（一）被诉行政行为是依法当场作出的；

（二）案件涉及款额二千元以下的；

（三）属于政府信息公开案件的。

除前款规定以外的第一审行政案件，当事人各方同意适用简易程序的，可以适用简易程序。

发回重审、按照审判监督程序再审的案件不适用简易程序。

第八十三条　【简易程序的审判组织形式和审限】适用简易程序审理的行政案件，由审判员一人独任审理，并应当在立案之日起四十五日内审结。

第八十四条　【简易程序与普通程序的转换】人民法院在审理过程中，发现案件不宜适用简易程序的，裁定转为普通程序。

第四节　第二审程序

第八十五条　【上诉】当事人不服人民法院第一审判决的，有权在判决书送达之日起十五日内向上一级人民法院提起上诉。当事人不服人民法院第一审裁定的，有权在裁定书送达之日起十日内向上一级人民法院提起上诉。逾期不提起上诉的，人民法院的第一审判决或者裁定发生法律效力。

第八十六条　【二审审理方式】人民法院对上诉案件，应当组成合议庭，开庭审理。经过阅卷、调查和询问当事人，对没有提出新的事实、证据或者理由，合议庭认为不需要开庭审理的，也可以不开庭审理。

第八十七条　【二审审查范围】人民法院审理上诉案件，应当对原审人民法院的判决、裁定和被诉行政行为进行全面审查。

第八十八条　【二审审限】人民法院审理上诉案件，应当在收到上诉状之日起三个月内作出终审判决。有特殊情况需要延长的，由高级人民法院批准，高级人民法院审理上诉案件需要延长的，由最高人民法院批准。

第八十九条 【二审裁判】人民法院审理上诉案件，按照下列情形，分别处理：

（一）原判决、裁定认定事实清楚，适用法律、法规正确的，判决或者裁定驳回上诉，维持原判决、裁定；

（二）原判决、裁定认定事实错误或者适用法律、法规错误的，依法改判、撤销或者变更；

（三）原判决认定基本事实不清、证据不足的，发回原审人民法院重审，或者查清事实后改判；

（四）原判决遗漏当事人或者违法缺席判决等严重违反法定程序的，裁定撤销原判决，发回原审人民法院重审。

原审人民法院对发回重审的案件作出判决后，当事人提起上诉的，第二审人民法院不得再次发回重审。

人民法院审理上诉案件，需要改变原审判决的，应当同时对被诉行政行为作出判决。

第五节 审判监督程序

第九十条 【当事人申请再审】当事人对已经发生法律效力的判决、裁定，认为确有错误的，可以向上一级人民法院申请再审，但判决、裁定不停止执行。

第九十一条 【再审事由】当事人的申请符合下列情形之一的，人民法院应当再审：

（一）不予立案或者驳回起诉确有错误的；

（二）有新的证据，足以推翻原判决、裁定的；

（三）原判决、裁定认定事实的主要证据不足、未经质证或者系伪造的；

（四）原判决、裁定适用法律、法规确有错误的；

（五）违反法律规定的诉讼程序，可能影响公正审判的；

（六）原判决、裁定遗漏诉讼请求的；

（七）据以作出原判决、裁定的法律文书被撤销或者变更的；

（八）审判人员在审理该案件时有贪污受贿、徇私舞弊、枉法裁判行为的。

第九十二条　【人民法院依职权再审】各级人民法院院长对本院已经发生法律效力的判决、裁定，发现有本法第九十一条规定情形之一，或者发现调解违反自愿原则或者调解书内容违法，认为需要再审的，应当提交审判委员会讨论决定。

最高人民法院对地方各级人民法院已经发生法律效力的判决、裁定，上级人民法院对下级人民法院已经发生法律效力的判决、裁定，发现有本法第九十一条规定情形之一，或者发现调解违反自愿原则或者调解书内容违法的，有权提审或者指令下级人民法院再审。

第九十三条　【抗诉和检察建议】最高人民检察院对各级人民法院已经发生法律效力的判决、裁定，上级人民检察院对下级人民法院已经发生法律效力的判决、裁定，发现有本法第九十一条规定情形之一，或者发现调解书损害国家利益、社会公共利益的，应当提出抗诉。

地方各级人民检察院对同级人民法院已经发生法律效力的判决、裁定，发现有本法第九十一条规定情形之一，或者发现调解书损害国家利益、社会公共利益的，可以向同级人民法院提出检察建议，并报上级人民检察院备案；也可以提请上级人民检察院向同级人民法院提出抗诉。

各级人民检察院对审判监督程序以外的其他审判程序中审判人员的违法行为，有权向同级人民法院提出检察建议。

第八章　执　　行

第九十四条　【生效裁判和调解书的执行】当事人必须履行人

民法院发生法律效力的判决、裁定、调解书。

第九十五条 【申请强制执行和执行管辖】公民、法人或者其他组织拒绝履行判决、裁定、调解书的，行政机关或者第三人可以向第一审人民法院申请强制执行，或者由行政机关依法强制执行。

第九十六条 【对行政机关拒绝履行的执行措施】行政机关拒绝履行判决、裁定、调解书的，第一审人民法院可以采取下列措施：

（一）对应当归还的罚款或者应当给付的款额，通知银行从该行政机关的账户内划拨；

（二）在规定期限内不履行的，从期满之日起，对该行政机关负责人按日处五十元至一百元的罚款；

（三）将行政机关拒绝履行的情况予以公告；

（四）向监察机关或者该行政机关的上一级行政机关提出司法建议。接受司法建议的机关，根据有关规定进行处理，并将处理情况告知人民法院；

（五）拒不履行判决、裁定、调解书，社会影响恶劣的，可以对该行政机关直接负责的主管人员和其他直接责任人员予以拘留；情节严重，构成犯罪的，依法追究刑事责任。

第九十七条 【非诉执行】公民、法人或者其他组织对行政行为在法定期限内不提起诉讼又不履行的，行政机关可以申请人民法院强制执行，或者依法强制执行。

第九章 涉外行政诉讼

第九十八条 【涉外行政诉讼的法律适用原则】外国人、无国籍人、外国组织在中华人民共和国进行行政诉讼，适用本法。法律另有规定的除外。

第九十九条 【同等与对等原则】外国人、无国籍人、外国组织在中华人民共和国进行行政诉讼，同中华人民共和国公民、组织有同等的诉讼权利和义务。

外国法院对中华人民共和国公民、组织的行政诉讼权利加以限制的,人民法院对该国公民、组织的行政诉讼权利,实行对等原则。

第一百条 【中国律师代理】外国人、无国籍人、外国组织在中华人民共和国进行行政诉讼,委托律师代理诉讼的,应当委托中华人民共和国律师机构的律师。

第十章 附 则

第一百零一条 【适用民事诉讼法规定】人民法院审理行政案件,关于期间、送达、财产保全、开庭审理、调解、中止诉讼、终结诉讼、简易程序、执行等,以及人民检察院对行政案件受理、审理、裁判、执行的监督,本法没有规定的,适用《中华人民共和国民事诉讼法》的相关规定。

第一百零二条 【诉讼费用】人民法院审理行政案件,应当收取诉讼费用。诉讼费用由败诉方承担,双方都有责任的由双方分担。收取诉讼费用的具体办法另行规定。

第一百零三条 【施行日期】本法自1990年10月1日起施行。

最高人民法院关于适用《中华人民共和国行政诉讼法》的解释(节录)

(2017年11月13日最高人民法院审判委员会第1726次会议通过 2018年2月6日最高人民法院公告公布 自2018年2月8日起施行 法释〔2018〕1号)

为正确适用《中华人民共和国行政诉讼法》(以下简称行政诉讼法),结合人民法院行政审判工作实际,制定本解释。

一、受案范围

第一条 公民、法人或者其他组织对行政机关及其工作人员的行政行为不服，依法提起诉讼的，属于人民法院行政诉讼的受案范围。

下列行为不属于人民法院行政诉讼的受案范围：

（一）公安、国家安全等机关依照刑事诉讼法的明确授权实施的行为；

（二）调解行为以及法律规定的仲裁行为；

（三）行政指导行为；

（四）驳回当事人对行政行为提起申诉的重复处理行为；

（五）行政机关作出的不产生外部法律效力的行为；

（六）行政机关为作出行政行为而实施的准备、论证、研究、层报、咨询等过程性行为；

（七）行政机关根据人民法院的生效裁判、协助执行通知书作出的执行行为，但行政机关扩大执行范围或者采取违法方式实施的除外；

（八）上级行政机关基于内部层级监督关系对下级行政机关作出的听取报告、执法检查、督促履责等行为；

（九）行政机关针对信访事项作出的登记、受理、交办、转送、复查、复核意见等行为；

（十）对公民、法人或者其他组织权利义务不产生实际影响的行为。

第二条 行政诉讼法第十三条第一项规定的"国家行为"，是指国务院、中央军事委员会、国防部、外交部等根据宪法和法律的授权，以国家的名义实施的有关国防和外交事务的行为，以及经宪法和法律授权的国家机关宣布紧急状态等行为。

行政诉讼法第十三条第二项规定的"具有普遍约束力的决定、命令",是指行政机关针对不特定对象发布的能反复适用的规范性文件。

行政诉讼法第十三条第三项规定的"对行政机关工作人员的奖惩、任免等决定",是指行政机关作出的涉及行政机关工作人员公务员权利义务的决定。

行政诉讼法第十三条第四项规定的"法律规定由行政机关最终裁决的行政行为"中的"法律",是指全国人民代表大会及其常务委员会制定、通过的规范性文件。

二、管　　辖

第三条　各级人民法院行政审判庭审理行政案件和审查行政机关申请执行其行政行为的案件。

专门人民法院、人民法庭不审理行政案件,也不审查和执行行政机关申请执行其行政行为的案件。铁路运输法院等专门人民法院审理行政案件,应当执行行政诉讼法第十八条第二款的规定。

第四条　立案后,受诉人民法院的管辖权不受当事人住所地改变、追加被告等事实和法律状态变更的影响。

第五条　有下列情形之一的,属于行政诉讼法第十五条第三项规定的"本辖区内重大、复杂的案件":

（一）社会影响重大的共同诉讼案件;

（二）涉外或者涉及香港特别行政区、澳门特别行政区、台湾地区的案件;

（三）其他重大、复杂案件。

第六条　当事人以案件重大复杂为由,认为有管辖权的基层人民法院不宜行使管辖权或者根据行政诉讼法第五十二条的规定,向中级人民法院起诉,中级人民法院应当根据不同情况在七日内分别作出以下处理：

（一）决定自行审理；

（二）指定本辖区其他基层人民法院管辖；

（三）书面告知当事人向有管辖权的基层人民法院起诉。

第七条 基层人民法院对其管辖的第一审行政案件，认为需要由中级人民法院审理或者指定管辖的，可以报请中级人民法院决定。中级人民法院应当根据不同情况在七日内分别作出以下处理：

（一）决定自行审理；

（二）指定本辖区其他基层人民法院管辖；

（三）决定由报请的人民法院审理。

第八条 行政诉讼法第十九条规定的"原告所在地"，包括原告的户籍所在地、经常居住地和被限制人身自由地。

对行政机关基于同一事实，既采取限制公民人身自由的行政强制措施，又采取其他行政强制措施或者行政处罚不服的，由被告所在地或者原告所在地的人民法院管辖。

第九条 行政诉讼法第二十条规定的"因不动产提起的行政诉讼"是指因行政行为导致不动产物权变动而提起的诉讼。

不动产已登记的，以不动产登记簿记载的所在地为不动产所在地；不动产未登记的，以不动产实际所在地为不动产所在地。

第十条 人民法院受理案件后，被告提出管辖异议的，应当在收到起诉状副本之日起十五日内提出。

对当事人提出的管辖异议，人民法院应当进行审查。异议成立的，裁定将案件移送有管辖权的人民法院；异议不成立的，裁定驳回。

人民法院对管辖异议审查后确定有管辖权的，不因当事人增加或者变更诉讼请求等改变管辖，但违反级别管辖、专属管辖规定的除外。

第十一条 有下列情形之一的，人民法院不予审查：

（一）人民法院发回重审或者按第一审程序再审的案件，当事人提出管辖异议的；

（二）当事人在第一审程序中未按照法律规定的期限和形式提出管辖异议，在第二审程序中提出的。

三、诉讼参加人

第十二条 有下列情形之一的，属于行政诉讼法第二十五条第一款规定的"与行政行为有利害关系"：

（一）被诉的行政行为涉及其相邻权或者公平竞争权的；

（二）在行政复议等行政程序中被追加为第三人的；

（三）要求行政机关依法追究加害人法律责任的；

（四）撤销或者变更行政行为涉及其合法权益的；

（五）为维护自身合法权益向行政机关投诉，具有处理投诉职责的行政机关作出或者未作出处理的；

（六）其他与行政行为有利害关系的情形。

第十三条 债权人以行政机关对债务人所作的行政行为损害债权实现为由提起行政诉讼的，人民法院应当告知其就民事争议提起民事诉讼，但行政机关作出行政行为时依法应予保护或者应予考虑的除外。

第十四条 行政诉讼法第二十五条第二款规定的"近亲属"，包括配偶、父母、子女、兄弟姐妹、祖父母、外祖父母、孙子女、外孙子女和其他具有扶养、赡养关系的亲属。

公民因被限制人身自由而不能提起诉讼的，其近亲属可以依其口头或者书面委托以该公民的名义提起诉讼。近亲属起诉时无法与被限制人身自由的公民取得联系，近亲属可以先行起诉，并在诉讼中补充提交委托证明。

第十五条 合伙企业向人民法院提起诉讼的，应当以核准登记的字号为原告。未依法登记领取营业执照的个人合伙的全体合伙人为共同原告；全体合伙人可以推选代表人，被推选的代表人，应当由全体合伙人出具推选书。

个体工商户向人民法院提起诉讼的，以营业执照上登记的经营者为原告。有字号的，以营业执照上登记的字号为原告，并应当注明该字号经营者的基本信息。

第十六条 股份制企业的股东大会、股东会、董事会等认为行政机关作出的行政行为侵犯企业经营自主权的，可以企业名义提起诉讼。

联营企业、中外合资或者合作企业的联营、合资、合作各方，认为联营、合资、合作企业权益或者自己一方合法权益受行政行为侵害的，可以自己的名义提起诉讼。

非国有企业被行政机关注销、撤销、合并、强令兼并、出售、分立或者改变企业隶属关系的，该企业或者其法定代表人可以提起诉讼。

第十七条 事业单位、社会团体、基金会、社会服务机构等非营利法人的出资人、设立人认为行政行为损害法人合法权益的，可以自己的名义提起诉讼。

第十八条 业主委员会对于行政机关作出的涉及业主共有利益的行政行为，可以自己的名义提起诉讼。

业主委员会不起诉的，专有部分占建筑物总面积过半数或者占总户数过半数的业主可以提起诉讼。

第十九条 当事人不服经上级行政机关批准的行政行为，向人民法院提起诉讼的，以在对外发生法律效力的文书上署名的机关为被告。

第二十条 行政机关组建并赋予行政管理职能但不具有独立承担法律责任能力的机构，以自己的名义作出行政行为，当事人不服提起诉讼的，应当以组建该机构的行政机关为被告。

法律、法规或者规章授权行使行政职权的行政机关内设机构、派出机构或者其他组织，超出法定授权范围实施行政行为，当事人不服提起诉讼的,应当以实施该行为的机构或者组织为被告。

没有法律、法规或者规章规定,行政机关授权其内设机构、派出机构或者其他组织行使行政职权的,属于行政诉讼法第二十六条规定的委托。当事人不服提起诉讼的,应当以该行政机关为被告。

第二十一条 当事人对由国务院、省级人民政府批准设立的开发区管理机构作出的行政行为不服提起诉讼的,以该开发区管理机构为被告;对由国务院、省级人民政府批准设立的开发区管理机构所属职能部门作出的行政行为不服提起诉讼的,以其职能部门为被告;对其他开发区管理机构所属职能部门作出的行政行为不服提起诉讼的,以开发区管理机构为被告;开发区管理机构没有行政主体资格的,以设立该机构的地方人民政府为被告。

第二十二条 行政诉讼法第二十六条第二款规定的"复议机关改变原行政行为",是指复议机关改变原行政行为的处理结果。复议机关改变原行政行为所认定的主要事实和证据、改变原行政行为所适用的规范依据,但未改变原行政行为处理结果的,视为复议机关维持原行政行为。

复议机关确认原行政行为无效,属于改变原行政行为。

复议机关确认原行政行为违法,属于改变原行政行为,但复议机关以违反法定程序为由确认原行政行为违法的除外。

第二十三条 行政机关被撤销或者职权变更,没有继续行使其职权的行政机关的,以其所属的人民政府为被告;实行垂直领导的,以垂直领导的上一级行政机关为被告。

第二十四条 当事人对村民委员会或者居民委员会依据法律、法规、规章的授权履行行政管理职责的行为不服提起诉讼的,以村民委员会或者居民委员会为被告。

当事人对村民委员会、居民委员会受行政机关委托作出的行为不服提起诉讼的,以委托的行政机关为被告。

当事人对高等学校等事业单位以及律师协会、注册会计师协会等行业协会依据法律、法规、规章的授权实施的行政行为不服提起诉讼的，以该事业单位、行业协会为被告。

当事人对高等学校等事业单位以及律师协会、注册会计师协会等行业协会受行政机关委托作出的行为不服提起诉讼的，以委托的行政机关为被告。

第二十五条　市、县级人民政府确定的房屋征收部门组织实施房屋征收与补偿工作过程中作出行政行为，被征收人不服提起诉讼的，以房屋征收部门为被告。

征收实施单位受房屋征收部门委托，在委托范围内从事的行为，被征收人不服提起诉讼的，应当以房屋征收部门为被告。

第二十六条　原告所起诉的被告不适格，人民法院应当告知原告变更被告；原告不同意变更的，裁定驳回起诉。

应当追加被告而原告不同意追加的，人民法院应当通知其以第三人的身份参加诉讼，但行政复议机关作共同被告的除外。

第二十七条　必须共同进行诉讼的当事人没有参加诉讼的，人民法院应当依法通知其参加；当事人也可以向人民法院申请参加。

人民法院应当对当事人提出的申请进行审查，申请理由不成立的，裁定驳回；申请理由成立的，书面通知其参加诉讼。

前款所称的必须共同进行诉讼，是指按照行政诉讼法第二十七条的规定，当事人一方或者双方为两人以上，因同一行政行为发生行政争议，人民法院必须合并审理的诉讼。

第二十八条　人民法院追加共同诉讼的当事人时，应当通知其他当事人。应当追加的原告，已明确表示放弃实体权利的，可不予追加；既不愿意参加诉讼，又不放弃实体权利的，应追加为第三人，其不参加诉讼，不能阻碍人民法院对案件的审理和裁判。

第二十九条　行政诉讼法第二十八条规定的"人数众多"，一般指十人以上。

根据行政诉讼法第二十八条的规定，当事人一方人数众多的，由当事人推选代表人。当事人推选不出的，可以由人民法院在起诉的当事人中指定代表人。

行政诉讼法第二十八条规定的代表人为二至五人。代表人可以委托一至二人作为诉讼代理人。

第三十条 行政机关的同一行政行为涉及两个以上利害关系人，其中一部分利害关系人对行政行为不服提起诉讼，人民法院应当通知没有起诉的其他利害关系人作为第三人参加诉讼。

与行政案件处理结果有利害关系的第三人，可以申请参加诉讼，或者由人民法院通知其参加诉讼。人民法院判决其承担义务或者减损其权益的第三人，有权提出上诉或者申请再审。

行政诉讼法第二十九条规定的第三人，因不能归责于本人的事由未参加诉讼，但有证据证明发生法律效力的判决、裁定、调解书损害其合法权益的，可以依照行政诉讼法第九十条的规定，自知道或者应当知道其合法权益受到损害之日起六个月内，向上一级人民法院申请再审。

第三十一条 当事人委托诉讼代理人，应当向人民法院提交由委托人签名或者盖章的授权委托书。委托书应当载明委托事项和具体权限。公民在特殊情况下无法书面委托的，也可以由他人代书，并由自己捺印等方式确认，人民法院应当核实并记录在卷；被诉行政机关或者其他有义务协助的机关拒绝人民法院向被限制人身自由的公民核实的，视为委托成立。当事人解除或者变更委托的，应当书面报告人民法院。

第三十二条 依照行政诉讼法第三十一条第二款第二项规定，与当事人有合法劳动人事关系的职工，可以当事人工作人员的名义作为诉讼代理人。以当事人的工作人员身份参加诉讼活动，应当提交以下证据之一加以证明：

（一）缴纳社会保险记录凭证；

（二）领取工资凭证；

（三）其他能够证明其为当事人工作人员身份的证据。

第三十三条 根据行政诉讼法第三十一条第二款第三项规定，有关社会团体推荐公民担任诉讼代理人的，应当符合下列条件：

（一）社会团体属于依法登记设立或者依法免予登记设立的非营利性法人组织；

（二）被代理人属于该社会团体的成员，或者当事人一方住所地位于该社会团体的活动地域；

（三）代理事务属于该社会团体章程载明的业务范围；

（四）被推荐的公民是该社会团体的负责人或者与该社会团体有合法劳动人事关系的工作人员。

专利代理人经中华全国专利代理人协会推荐，可以在专利行政案件中担任诉讼代理人。

四、证　据

第三十四条　根据行政诉讼法第三十六条第一款的规定，被告申请延期提供证据的，应当在收到起诉状副本之日起十五日内以书面方式向人民法院提出。人民法院准许延期提供的，被告应当在正当事由消除后十五日内提供证据。逾期提供的，视为被诉行政行为没有相应的证据。

第三十五条　原告或者第三人应当在开庭审理前或者人民法院指定的交换证据清单之日提供证据。因正当事由申请延期提供证据的，经人民法院准许，可以在法庭调查中提供。逾期提供证据的，人民法院应当责令其说明理由；拒不说明理由或者理由不成立的，视为放弃举证权利。

原告或者第三人在第一审程序中无正当事由未提供而在第二审程序中提供的证据，人民法院不予接纳。

第三十六条　当事人申请延长举证期限，应当在举证期限届满前向人民法院提出书面申请。

申请理由成立的，人民法院应当准许，适当延长举证期限，并通知其他当事人。申请理由不成立的，人民法院不予准许，并通知申请人。

第三十七条　根据行政诉讼法第三十九条的规定,对当事人无争议,但涉及国家利益、公共利益或者他人合法权益的事实,人民法院可以责令当事人提供或者补充有关证据。

第三十八条　对于案情比较复杂或者证据数量较多的案件,人民法院可以组织当事人在开庭前向对方出示或者交换证据,并将交换证据清单的情况记录在卷。

当事人在庭前证据交换过程中没有争议并记录在卷的证据,经审判人员在庭审中说明后,可以作为认定案件事实的依据。

第三十九条　当事人申请调查收集证据,但该证据与待证事实无关联、对证明待证事实无意义或者其他无调查收集必要的,人民法院不予准许。

第四十条　人民法院在证人出庭作证前应当告知其如实作证的义务以及作伪证的法律后果。

证人因履行出庭作证义务而支出的交通、住宿、就餐等必要费用以及误工损失,由败诉一方当事人承担。

第四十一条　有下列情形之一,原告或者第三人要求相关行政执法人员出庭说明的,人民法院可以准许:

(一) 对现场笔录的合法性或者真实性有异议的;

(二) 对扣押财产的品种或者数量有异议的;

(三) 对检验的物品取样或者保管有异议的;

(四) 对行政执法人员身份的合法性有异议的;

(五) 需要出庭说明的其他情形。

第四十二条　能够反映案件真实情况、与待证事实相关联、来源和形式符合法律规定的证据,应当作为认定案件事实的根据。

第四十三条　有下列情形之一的,属于行政诉讼法第四十三条第三款规定的"以非法手段取得的证据":

(一) 严重违反法定程序收集的证据材料;

(二) 以违反法律强制性规定的手段获取且侵害他人合法权益的

证据材料；

（三）以利诱、欺诈、胁迫、暴力等手段获取的证据材料。

第四十四条 人民法院认为有必要的，可以要求当事人本人或者行政机关执法人员到庭，就案件有关事实接受询问。在询问之前，可以要求其签署保证书。

保证书应当载明据实陈述、如有虚假陈述愿意接受处罚等内容。当事人或者行政机关执法人员应当在保证书上签名或者捺印。

负有举证责任的当事人拒绝到庭、拒绝接受询问或者拒绝签署保证书，待证事实又欠缺其他证据加以佐证的，人民法院对其主张的事实不予认定。

第四十五条 被告有证据证明其在行政程序中依照法定程序要求原告或者第三人提供证据，原告或者第三人依法应当提供而没有提供，在诉讼程序中提供的证据，人民法院一般不予采纳。

第四十六条 原告或者第三人确有证据证明被告持有的证据对原告或者第三人有利的，可以在开庭审理前书面申请人民法院责令行政机关提交。

申请理由成立的，人民法院应当责令行政机关提交，因提交证据所产生的费用，由申请人预付。行政机关无正当理由拒不提交的，人民法院可以推定原告或者第三人基于该证据主张的事实成立。

持有证据的当事人以妨碍对方当事人使用为目的，毁灭有关证据或者实施其他致使证据不能使用行为的，人民法院可以推定对方当事人基于该证据主张的事实成立，并可依照行政诉讼法第五十九条规定处理。

第四十七条 根据行政诉讼法第三十八条第二款的规定，在行政赔偿、补偿案件中，因被告的原因导致原告无法就损害情况举证的，应当由被告就该损害情况承担举证责任。

对于各方主张损失的价值无法认定的，应当由负有举证责任的一方当事人申请鉴定，但法律、法规、规章规定行政机关在作出行政行为时依法应当评估或者鉴定的除外；负有举证责任的当事人拒绝申请鉴定的,由其承担不利的法律后果。

当事人的损失因客观原因无法鉴定的,人民法院应当结合当事人的主张和在案证据,遵循法官职业道德,运用逻辑推理和生活经验、生活常识等,酌情确定赔偿数额。

……

中华人民共和国行政处罚法

(1996年3月17日第八届全国人民代表大会第四次会议通过 根据2009年8月27日第十一届全国人民代表大会常务委员会第十次会议《关于修改部分法律的决定》第一次修正 根据2017年9月1日第十二届全国人民代表大会常务委员会第二十九次会议《关于修改〈中华人民共和国法官法〉等八部法律的决定》第二次修正 2021年1月22日第十三届全国人民代表大会常务委员会第二十五次会议修订 2021年1月22日中华人民共和国主席令第70号公布 自2021年7月15日起施行)

第一章 总 则

第一条 为了规范行政处罚的设定和实施,保障和监督行政机关有效实施行政管理,维护公共利益和社会秩序,保护公民、法人或者其他组织的合法权益,根据宪法,制定本法。

第二条 行政处罚是指行政机关依法对违反行政管理秩序的公民、法人或者其他组织,以减损权益或者增加义务的方式予以惩戒的行为。

第三条 行政处罚的设定和实施,适用本法。

第四条 公民、法人或者其他组织违反行政管理秩序的行为,应当给予行政处罚的，依照本法由法律、法规、规章规定，并由行政机关依照本法规定的程序实施。

第五条 行政处罚遵循公正、公开的原则。

设定和实施行政处罚必须以事实为依据，与违法行为的事实、性质、情节以及社会危害程度相当。

对违法行为给予行政处罚的规定必须公布；未经公布的，不得作为行政处罚的依据。

第六条 实施行政处罚，纠正违法行为，应当坚持处罚与教育相结合，教育公民、法人或者其他组织自觉守法。

第七条 公民、法人或者其他组织对行政机关所给予的行政处罚，享有陈述权、申辩权；对行政处罚不服的，有权依法申请行政复议或者提起行政诉讼。

公民、法人或者其他组织因行政机关违法给予行政处罚受到损害的，有权依法提出赔偿要求。

第八条 公民、法人或者其他组织因违法行为受到行政处罚，其违法行为对他人造成损害的，应当依法承担民事责任。

违法行为构成犯罪，应当依法追究刑事责任的，不得以行政处罚代替刑事处罚。

第二章 行政处罚的种类和设定

第九条 行政处罚的种类：

（一）警告、通报批评；

（二）罚款、没收违法所得、没收非法财物；

（三）暂扣许可证件、降低资质等级、吊销许可证件；

（四）限制开展生产经营活动、责令停产停业、责令关闭、限制从业；

（五）行政拘留；

（六）法律、行政法规规定的其他行政处罚。

第十条 法律可以设定各种行政处罚。

限制人身自由的行政处罚，只能由法律设定。

第十一条 行政法规可以设定除限制人身自由以外的行政处罚。

法律对违法行为已经作出行政处罚规定，行政法规需要作出具体规定的，必须在法律规定的给予行政处罚的行为、种类和幅度的范围内规定。

法律对违法行为未作出行政处罚规定，行政法规为实施法律，可以补充设定行政处罚。拟补充设定行政处罚的，应当通过听证会、论证会等形式广泛听取意见，并向制定机关作出书面说明。行政法规报送备案时，应当说明补充设定行政处罚的情况。

第十二条 地方性法规可以设定除限制人身自由、吊销营业执照以外的行政处罚。

法律、行政法规对违法行为已经作出行政处罚规定，地方性法规需要作出具体规定的，必须在法律、行政法规规定的给予行政处罚的行为、种类和幅度的范围内规定。

法律、行政法规对违法行为未作出行政处罚规定，地方性法规为实施法律、行政法规，可以补充设定行政处罚。拟补充设定行政处罚的，应当通过听证会、论证会等形式广泛听取意见，并向制定机关作出书面说明。地方性法规报送备案时，应当说明补充设定行政处罚的情况。

第十三条 国务院部门规章可以在法律、行政法规规定的给予行政处罚的行为、种类和幅度的范围内作出具体规定。

尚未制定法律、行政法规的，国务院部门规章对违反行政管理秩序的行为，可以设定警告、通报批评或者一定数额罚款的行政处罚。罚款的限额由国务院规定。

第十四条 地方政府规章可以在法律、法规规定的给予行政处罚的行为、种类和幅度的范围内作出具体规定。

尚未制定法律、法规的，地方政府规章对违反行政管理秩序的行为，可以设定警告、通报批评或者一定数额罚款的行政处罚。罚款的限额由省、自治区、直辖市人民代表大会常务委员会规定。

第十五条 国务院部门和省、自治区、直辖市人民政府及其有关部门应当定期组织评估行政处罚的实施情况和必要性，对不适当的行政处罚事项及种类、罚款数额等，应当提出修改或者废止的建议。

第十六条 除法律、法规、规章外，其他规范性文件不得设定行政处罚。

第三章 行政处罚的实施机关

第十七条 行政处罚由具有行政处罚权的行政机关在法定职权范围内实施。

第十八条 国家在城市管理、市场监管、生态环境、文化市场、交通运输、应急管理、农业等领域推行建立综合行政执法制度，相对集中行政处罚权。

国务院或者省、自治区、直辖市人民政府可以决定一个行政机关行使有关行政机关的行政处罚权。

限制人身自由的行政处罚权只能由公安机关和法律规定的其他机关行使。

第十九条 法律、法规授权的具有管理公共事务职能的组织可以在法定授权范围内实施行政处罚。

第二十条 行政机关依照法律、法规、规章的规定，可以在其法定权限内书面委托符合本法第二十一条规定条件的组织实施行政处罚。行政机关不得委托其他组织或者个人实施行政处罚。

委托书应当载明委托的具体事项、权限、期限等内容。委托行政机关和受委托组织应当将委托书向社会公布。

委托行政机关对受委托组织实施行政处罚的行为应当负责监督，

并对该行为的后果承担法律责任。

受委托组织在委托范围内,以委托行政机关名义实施行政处罚;不得再委托其他组织或者个人实施行政处罚。

第二十一条 受委托组织必须符合以下条件:

(一)依法成立并具有管理公共事务职能;

(二)有熟悉有关法律、法规、规章和业务并取得行政执法资格的工作人员;

(三)需要进行技术检查或者技术鉴定的,应当有条件组织进行相应的技术检查或者技术鉴定。

第四章 行政处罚的管辖和适用

第二十二条 行政处罚由违法行为发生地的行政机关管辖。法律、行政法规、部门规章另有规定的,从其规定。

第二十三条 行政处罚由县级以上地方人民政府具有行政处罚权的行政机关管辖。法律、行政法规另有规定的,从其规定。

第二十四条 省、自治区、直辖市根据当地实际情况,可以决定将基层管理迫切需要的县级人民政府部门的行政处罚权交由能够有效承接的乡镇人民政府、街道办事处行使,并定期组织评估。决定应当公布。

承接行政处罚权的乡镇人民政府、街道办事处应当加强执法能力建设,按照规定范围、依照法定程序实施行政处罚。

有关地方人民政府及其部门应当加强组织协调、业务指导、执法监督,建立健全行政处罚协调配合机制,完善评议、考核制度。

第二十五条 两个以上行政机关都有管辖权的,由最先立案的行政机关管辖。

对管辖发生争议的,应当协商解决,协商不成的,报请共同的上一级行政机关指定管辖;也可以直接由共同的上一级行政机关指定管辖。

第二十六条　行政机关因实施行政处罚的需要，可以向有关机关提出协助请求。协助事项属于被请求机关职权范围内的，应当依法予以协助。

第二十七条　违法行为涉嫌犯罪的，行政机关应当及时将案件移送司法机关，依法追究刑事责任。对依法不需要追究刑事责任或者免予刑事处罚，但应当给予行政处罚的，司法机关应当及时将案件移送有关行政机关。

行政处罚实施机关与司法机关之间应当加强协调配合，建立健全案件移送制度，加强证据材料移交、接收衔接，完善案件处理信息通报机制。

第二十八条　行政机关实施行政处罚时，应当责令当事人改正或者限期改正违法行为。

当事人有违法所得，除依法应当退赔的外，应当予以没收。违法所得是指实施违法行为所取得的款项。法律、行政法规、部门规章对违法所得的计算另有规定的，从其规定。

第二十九条　对当事人的同一个违法行为，不得给予两次以上罚款的行政处罚。同一个违法行为违反多个法律规范应当给予罚款处罚的，按照罚款数额高的规定处罚。

第三十条　不满十四周岁的未成年人有违法行为的，不予行政处罚，责令监护人加以管教；已满十四周岁不满十八周岁的未成年人有违法行为的，应当从轻或者减轻行政处罚。

第三十一条　精神病人、智力残疾人在不能辨认或者不能控制自己行为时有违法行为的，不予行政处罚，但应当责令其监护人严加看管和治疗。间歇性精神病人在精神正常时有违法行为的，应当给予行政处罚。尚未完全丧失辨认或者控制自己行为能力的精神病人、智力残疾人有违法行为的，可以从轻或者减轻行政处罚。

第三十二条　当事人有下列情形之一，应当从轻或者减轻行政处罚：

（一）主动消除或者减轻违法行为危害后果的；
（二）受他人胁迫或者诱骗实施违法行为的；
（三）主动供述行政机关尚未掌握的违法行为的；
（四）配合行政机关查处违法行为有立功表现的；
（五）法律、法规、规章规定其他应当从轻或者减轻行政处罚的。

第三十三条 违法行为轻微并及时改正，没有造成危害后果的，不予行政处罚。初次违法且危害后果轻微并及时改正的，可以不予行政处罚。

当事人有证据足以证明没有主观过错的，不予行政处罚。法律、行政法规另有规定的，从其规定。

对当事人的违法行为依法不予行政处罚的，行政机关应当对当事人进行教育。

第三十四条 行政机关可以依法制定行政处罚裁量基准，规范行使行政处罚裁量权。行政处罚裁量基准应当向社会公布。

第三十五条 违法行为构成犯罪，人民法院判处拘役或者有期徒刑时，行政机关已经给予当事人行政拘留的，应当依法折抵相应刑期。

违法行为构成犯罪，人民法院判处罚金时，行政机关已经给予当事人罚款的，应当折抵相应罚金；行政机关尚未给予当事人罚款的，不再给予罚款。

第三十六条 违法行为在二年内未被发现的，不再给予行政处罚；涉及公民生命健康安全、金融安全且有危害后果的，上述期限延长至五年。法律另有规定的除外。

前款规定的期限，从违法行为发生之日起计算；违法行为有连续或者继续状态的，从行为终了之日起计算。

第三十七条 实施行政处罚，适用违法行为发生时的法律、法规、规章的规定。但是，作出行政处罚决定时，法律、法规、规章已被修改或者废止，且新的规定处罚较轻或者不认为是违法的，适用新的规定。

第三十八条 行政处罚没有依据或者实施主体不具有行政主体资格的，行政处罚无效。

违反法定程序构成重大且明显违法的，行政处罚无效。

第五章　行政处罚的决定

第一节　一般规定

第三十九条 行政处罚的实施机关、立案依据、实施程序和救济渠道等信息应当公示。

第四十条 公民、法人或者其他组织违反行政管理秩序的行为，依法应当给予行政处罚的，行政机关必须查明事实；违法事实不清、证据不足的，不得给予行政处罚。

第四十一条 行政机关依照法律、行政法规规定利用电子技术监控设备收集、固定违法事实的，应当经过法制和技术审核，确保电子技术监控设备符合标准、设置合理、标志明显，设置地点应当向社会公布。

电子技术监控设备记录违法事实应当真实、清晰、完整、准确。行政机关应当审核记录内容是否符合要求；未经审核或者经审核不符合要求的，不得作为行政处罚的证据。

行政机关应当及时告知当事人违法事实，并采取信息化手段或者其他措施，为当事人查询、陈述和申辩提供便利。不得限制或者变相限制当事人享有的陈述权、申辩权。

第四十二条 行政处罚应当由具有行政执法资格的执法人员实施。执法人员不得少于两人，法律另有规定的除外。

执法人员应当文明执法，尊重和保护当事人合法权益。

第四十三条 执法人员与案件有直接利害关系或者有其他关系

可能影响公正执法的,应当回避。

当事人认为执法人员与案件有直接利害关系或者有其他关系可能影响公正执法的,有权申请回避。

当事人提出回避申请的,行政机关应当依法审查,由行政机关负责人决定。决定作出之前,不停止调查。

第四十四条　行政机关在作出行政处罚决定之前,应当告知当事人拟作出的行政处罚内容及事实、理由、依据,并告知当事人依法享有的陈述、申辩、要求听证等权利。

第四十五条　当事人有权进行陈述和申辩。行政机关必须充分听取当事人的意见,对当事人提出的事实、理由和证据,应当进行复核;当事人提出的事实、理由或者证据成立的,行政机关应当采纳。

行政机关不得因当事人陈述、申辩而给予更重的处罚。

第四十六条　证据包括:

(一) 书证;

(二) 物证;

(三) 视听资料;

(四) 电子数据;

(五) 证人证言;

(六) 当事人的陈述;

(七) 鉴定意见;

(八) 勘验笔录、现场笔录。

证据必须经查证属实,方可作为认定案件事实的根据。

以非法手段取得的证据,不得作为认定案件事实的根据。

第四十七条　行政机关应当依法以文字、音像等形式,对行政处罚的启动、调查取证、审核、决定、送达、执行等进行全过程记录,归档保存。

第四十八条　具有一定社会影响的行政处罚决定应当依法公开。

公开的行政处罚决定被依法变更、撤销、确认违法或者确认无效的，行政机关应当在三日内撤回行政处罚决定信息并公开说明理由。

第四十九条 发生重大传染病疫情等突发事件，为了控制、减轻和消除突发事件引起的社会危害，行政机关对违反突发事件应对措施的行为，依法快速、从重处罚。

第五十条 行政机关及其工作人员对实施行政处罚过程中知悉的国家秘密、商业秘密或者个人隐私，应当依法予以保密。

第二节 简易程序

第五十一条 违法事实确凿并有法定依据，对公民处以二百元以下、对法人或者其他组织处以三千元以下罚款或者警告的行政处罚的，可以当场作出行政处罚决定。法律另有规定的，从其规定。

第五十二条 执法人员当场作出行政处罚决定的，应当向当事人出示执法证件，填写预定格式、编有号码的行政处罚决定书，并当场交付当事人。当事人拒绝签收的，应当在行政处罚决定书上注明。

前款规定的行政处罚决定书应当载明当事人的违法行为，行政处罚的种类和依据、罚款数额、时间、地点，申请行政复议、提起行政诉讼的途径和期限以及行政机关名称，并由执法人员签名或者盖章。

执法人员当场作出的行政处罚决定，应当报所属行政机关备案。

第五十三条 对当场作出的行政处罚决定，当事人应当依照本法第六十七条至第六十九条的规定履行。

第三节 普通程序

第五十四条 除本法第五十一条规定的可以当场作出的行政处罚外，行政机关发现公民、法人或者其他组织有依法应当给予行政处罚的行为的，必须全面、客观、公正地调查，收集有关证据；必要时，依照法律、法规的规定，可以进行检查。

符合立案标准的，行政机关应当及时立案。

第五十五条　执法人员在调查或者进行检查时，应当主动向当事人或者有关人员出示执法证件。当事人或者有关人员有权要求执法人员出示执法证件。执法人员不出示执法证件的，当事人或者有关人员有权拒绝接受调查或者检查。

当事人或者有关人员应当如实回答询问，并协助调查或者检查，不得拒绝或者阻挠。询问或者检查应当制作笔录。

第五十六条　行政机关在收集证据时，可以采取抽样取证的方法；在证据可能灭失或者以后难以取得的情况下，经行政机关负责人批准，可以先行登记保存，并应当在七日内及时作出处理决定，在此期间，当事人或者有关人员不得销毁或者转移证据。

第五十七条　调查终结，行政机关负责人应当对调查结果进行审查，根据不同情况，分别作出如下决定：

（一）确有应受行政处罚的违法行为的，根据情节轻重及具体情况，作出行政处罚决定；

（二）违法行为轻微，依法可以不予行政处罚的，不予行政处罚；

（三）违法事实不能成立的，不予行政处罚；

（四）违法行为涉嫌犯罪的，移送司法机关。

对情节复杂或者重大违法行为给予行政处罚，行政机关负责人应当集体讨论决定。

第五十八条　有下列情形之一，在行政机关负责人作出行政处罚的决定之前，应当由从事行政处罚决定法制审核的人员进行法制审核；未经法制审核或者审核未通过的，不得作出决定：

（一）涉及重大公共利益的；

（二）直接关系当事人或者第三人重大权益，经过听证程序的；

（三）案件情况疑难复杂、涉及多个法律关系的；

（四）法律、法规规定应当进行法制审核的其他情形。

行政机关中初次从事行政处罚决定法制审核的人员,应当通过国家统一法律职业资格考试取得法律职业资格。

第五十九条 行政机关依照本法第五十七条的规定给予行政处罚,应当制作行政处罚决定书。行政处罚决定书应当载明下列事项:

(一)当事人的姓名或者名称、地址;

(二)违反法律、法规、规章的事实和证据;

(三)行政处罚的种类和依据;

(四)行政处罚的履行方式和期限;

(五)申请行政复议、提起行政诉讼的途径和期限;

(六)作出行政处罚决定的行政机关名称和作出决定的日期。

行政处罚决定书必须盖有作出行政处罚决定的行政机关的印章。

第六十条 行政机关应当自行政处罚案件立案之日起九十日内作出行政处罚决定。法律、法规、规章另有规定的,从其规定。

第六十一条 行政处罚决定书应当在宣告后当场交付当事人;当事人不在场的,行政机关应当在七日内依照《中华人民共和国民事诉讼法》的有关规定,将行政处罚决定书送达当事人。

当事人同意并签订确认书的,行政机关可以采用传真、电子邮件等方式,将行政处罚决定书等送达当事人。

第六十二条 行政机关及其执法人员在作出行政处罚决定之前,未依照本法第四十四条、第四十五条的规定向当事人告知拟作出的行政处罚内容及事实、理由、依据,或者拒绝听取当事人的陈述、申辩,不得作出行政处罚决定;当事人明确放弃陈述或者申辩权利的除外。

第四节 听 证 程 序

第六十三条 行政机关拟作出下列行政处罚决定,应当告知当事人有要求听证的权利,当事人要求听证的,行政机关应当组织听证:

（一）较大数额罚款；

（二）没收较大数额违法所得、没收较大价值非法财物；

（三）降低资质等级、吊销许可证件；

（四）责令停产停业、责令关闭、限制从业；

（五）其他较重的行政处罚；

（六）法律、法规、规章规定的其他情形。

当事人不承担行政机关组织听证的费用。

第六十四条　听证应当依照以下程序组织：

（一）当事人要求听证的，应当在行政机关告知后五日内提出；

（二）行政机关应当在举行听证的七日前，通知当事人及有关人员听证的时间、地点；

（三）除涉及国家秘密、商业秘密或者个人隐私依法予以保密外，听证公开举行；

（四）听证由行政机关指定的非本案调查人员主持；当事人认为主持人与本案有直接利害关系的，有权申请回避；

（五）当事人可以亲自参加听证，也可以委托一至二人代理；

（六）当事人及其代理人无正当理由拒不出席听证或者未经许可中途退出听证的，视为放弃听证权利，行政机关终止听证；

（七）举行听证时，调查人员提出当事人违法的事实、证据和行政处罚建议，当事人进行申辩和质证；

（八）听证应当制作笔录。笔录应当交当事人或者其代理人核对无误后签字或者盖章。当事人或者其代理人拒绝签字或者盖章的，由听证主持人在笔录中注明。

第六十五条　听证结束后，行政机关应当根据听证笔录，依照本法第五十七条的规定，作出决定。

第六章　行政处罚的执行

第六十六条　行政处罚决定依法作出后，当事人应当在行政处罚决定书载明的期限内，予以履行。

当事人确有经济困难，需要延期或者分期缴纳罚款的，经当事人申请和行政机关批准，可以暂缓或者分期缴纳。

第六十七条　作出罚款决定的行政机关应当与收缴罚款的机构分离。

除依照本法第六十八条、第六十九条的规定当场收缴的罚款外，作出行政处罚决定的行政机关及其执法人员不得自行收缴罚款。

当事人应当自收到行政处罚决定书之日起十五日内，到指定的银行或者通过电子支付系统缴纳罚款。银行应当收受罚款，并将罚款直接上缴国库。

第六十八条　依照本法第五十一条的规定当场作出行政处罚决定，有下列情形之一，执法人员可以当场收缴罚款：

（一）依法给予一百元以下罚款的；

（二）不当场收缴事后难以执行的。

第六十九条　在边远、水上、交通不便地区，行政机关及其执法人员依照本法第五十一条、第五十七条的规定作出罚款决定后，当事人到指定的银行或者通过电子支付系统缴纳罚款确有困难，经当事人提出，行政机关及其执法人员可以当场收缴罚款。

第七十条　行政机关及其执法人员当场收缴罚款的，必须向当事人出具国务院财政部门或者省、自治区、直辖市人民政府财政部门统一制发的专用票据；不出具财政部门统一制发的专用票据的，当事人有权拒绝缴纳罚款。

第七十一条　执法人员当场收缴的罚款，应当自收缴罚款之日起二日内，交至行政机关；在水上当场收缴的罚款，应当自抵岸之日起二日内交至行政机关；行政机关应当在二日内将罚款缴付指定的银行。

第七十二条　当事人逾期不履行行政处罚决定的，作出行政处罚决定的行政机关可以采取下列措施：

（一）到期不缴纳罚款的，每日按罚款数额的百分之三加处罚

款,加处罚款的数额不得超出罚款的数额;

(二)根据法律规定,将查封、扣押的财物拍卖、依法处理或者将冻结的存款、汇款划拨抵缴罚款;

(三)根据法律规定,采取其他行政强制执行方式;

(四)依照《中华人民共和国行政强制法》的规定申请人民法院强制执行。

行政机关批准延期、分期缴纳罚款的,申请人民法院强制执行的期限,自暂缓或者分期缴纳罚款期限结束之日起计算。

第七十三条 当事人对行政处罚决定不服,申请行政复议或者提起行政诉讼的,行政处罚不停止执行,法律另有规定的除外。

当事人对限制人身自由的行政处罚决定不服,申请行政复议或者提起行政诉讼的,可以向作出决定的机关提出暂缓执行申请。符合法律规定情形的,应当暂缓执行。

当事人申请行政复议或者提起行政诉讼的,加处罚款的数额在行政复议或者行政诉讼期间不予计算。

第七十四条 除依法应当予以销毁的物品外,依法没收的非法财物必须按照国家规定公开拍卖或者按照国家有关规定处理。

罚款、没收的违法所得或者没收非法财物拍卖的款项,必须全部上缴国库,任何行政机关或者个人不得以任何形式截留、私分或者变相私分。

罚款、没收的违法所得或者没收非法财物拍卖的款项,不得同作出行政处罚决定的行政机关及其工作人员的考核、考评直接或者变相挂钩。除依法应当退还、退赔的外,财政部门不得以任何形式向作出行政处罚决定的行政机关返还罚款、没收的违法所得或者没收非法财物拍卖的款项。

第七十五条 行政机关应当建立健全对行政处罚的监督制度。县级以上人民政府应当定期组织开展行政执法评议、考核,加强对行政处罚的监督检查,规范和保障行政处罚的实施。

行政机关实施行政处罚应当接受社会监督。公民、法人或者其他组织对行政机关实施行政处罚的行为,有权申诉或者检举;行政机关应当认真审查,发现有错误的,应当主动改正。

第七章 法律责任

第七十六条 行政机关实施行政处罚,有下列情形之一,由上级行政机关或者有关机关责令改正,对直接负责的主管人员和其他直接责任人员依法给予处分:
(一)没有法定的行政处罚依据的;
(二)擅自改变行政处罚种类、幅度的;
(三)违反法定的行政处罚程序的;
(四)违反本法第二十条关于委托处罚的规定的;
(五)执法人员未取得执法证件的。
行政机关对符合立案标准的案件不及时立案的,依照前款规定予以处理。

第七十七条 行政机关对当事人进行处罚不使用罚款、没收财物单据或者使用非法定部门制发的罚款、没收财物单据的,当事人有权拒绝,并有权予以检举,由上级行政机关或者有关机关对使用的非法单据予以收缴销毁,对直接负责的主管人员和其他直接责任人员依法给予处分。

第七十八条 行政机关违反本法第六十七条的规定自行收缴罚款的,财政部门违反本法第七十四条的规定向行政机关返还罚款、没收的违法所得或者拍卖款项的,由上级行政机关或者有关机关责令改正,对直接负责的主管人员和其他直接责任人员依法给予处分。

第七十九条 行政机关截留、私分或者变相私分罚款、没收的违法所得或者财物的,由财政部门或者有关机关予以追缴,对直接负责的主管人员和其他直接责任人员依法给予处分;情节严重构成犯罪的,依法追究刑事责任。

执法人员利用职务上的便利,索取或者收受他人财物、将收缴罚款据为己有,构成犯罪的,依法追究刑事责任;情节轻微不构成犯罪的,依法给予处分。

第八十条 行政机关使用或者损毁查封、扣押的财物,对当事人造成损失的,应当依法予以赔偿,对直接负责的主管人员和其他直接责任人员依法给予处分。

第八十一条 行政机关违法实施检查措施或者执行措施,给公民人身或者财产造成损害、给法人或者其他组织造成损失的,应当依法予以赔偿,对直接负责的主管人员和其他直接责任人员依法给予处分;情节严重构成犯罪的,依法追究刑事责任。

第八十二条 行政机关对应当依法移交司法机关追究刑事责任的案件不移交,以行政处罚代替刑事处罚,由上级行政机关或者有关机关责令改正,对直接负责的主管人员和其他直接责任人员依法给予处分;情节严重构成犯罪的,依法追究刑事责任。

第八十三条 行政机关对应当予以制止和处罚的违法行为不予制止、处罚,致使公民、法人或者其他组织的合法权益、公共利益和社会秩序遭受损害的,对直接负责的主管人员和其他直接责任人员依法给予处分;情节严重构成犯罪的,依法追究刑事责任。

第八章 附　　则

第八十四条 外国人、无国籍人、外国组织在中华人民共和国领域内有违法行为,应当给予行政处罚的,适用本法,法律另有规定的除外。

第八十五条 本法中"二日""三日""五日""七日"的规定是指工作日,不含法定节假日。

第八十六条 本法自2021年7月15日起施行。

中华人民共和国行政许可法

(2003年8月27日第十届全国人民代表大会常务委员会第四次会议通过 根据2019年4月23日第十三届全国人民代表大会常务委员会第十次会议《关于修改〈中华人民共和国建筑法〉等八部法律的决定》修正)

第一章 总 则

第一条 【立法目的】为了规范行政许可的设定和实施,保护公民、法人和其他组织的合法权益,维护公共利益和社会秩序,保障和监督行政机关有效实施行政管理,根据宪法,制定本法。

第二条 【行政许可的含义】本法所称行政许可,是指行政机关根据公民、法人或者其他组织的申请,经依法审查,准予其从事特定活动的行为。

第三条 【适用范围】行政许可的设定和实施,适用本法。

有关行政机关对其他机关或者对其直接管理的事业单位的人事、财务、外事等事项的审批,不适用本法。

第四条 【合法原则】设定和实施行政许可,应当依照法定的权限、范围、条件和程序。

第五条 【公开、公平、公正、非歧视原则】设定和实施行政许可,应当遵循公开、公平、公正、非歧视的原则。

有关行政许可的规定应当公布;未经公布的,不得作为实施行政许可的依据。行政许可的实施和结果,除涉及国家秘密、商业秘密或者个人隐私的外,应当公开。未经申请人同意,行政机关及其工作人员、参与专家评审等的人员不得披露申请人提交的商业秘密、未披露信息或者保密商务信息,法律另有规定或者涉及国家安全、重大社会公共利益的除外；行政机关依法公开申请人前述信息的，允许申请人在合理期限内提出异议。

符合法定条件、标准的，申请人有依法取得行政许可的平等权利，行政机关不得歧视任何人。

第六条 【便民原则】实施行政许可，应当遵循便民的原则，提高办事效率，提供优质服务。

第七条 【陈述权、申辩权和救济权】公民、法人或者其他组织对行政机关实施行政许可，享有陈述权、申辩权；有权依法申请行政复议或者提起行政诉讼；其合法权益因行政机关违法实施行政许可受到损害的，有权依法要求赔偿。

第八条 【信赖保护原则】公民、法人或者其他组织依法取得的行政许可受法律保护，行政机关不得擅自改变已经生效的行政许可。

行政许可所依据的法律、法规、规章修改或者废止，或者准予行政许可所依据的客观情况发生重大变化的，为了公共利益的需要，行政机关可以依法变更或者撤回已经生效的行政许可。由此给公民、法人或者其他组织造成财产损失的，行政机关应当依法给予补偿。

第九条 【行政许可的转让】依法取得的行政许可，除法律、法规规定依照法定条件和程序可以转让的外，不得转让。

第十条 【行政许可监督】县级以上人民政府应当建立健全对行政机关实施行政许可的监督制度，加强对行政机关实施行政许可的监督检查。

行政机关应当对公民、法人或者其他组织从事行政许可事项的活动实施有效监督。

第二章 行政许可的设定

第十一条 【行政许可设定原则】设定行政许可，应当遵循经济和社会发展规律，有利于发挥公民、法人或者其他组织的积极性、主动性，维护公共利益和社会秩序，促进经济、社会和生态环境协调发展。

第十二条 【行政许可的设定事项】下列事项可以设定行政许可：

（一）直接涉及国家安全、公共安全、经济宏观调控、生态环境保护以及直接关系人身健康、生命财产安全等特定活动，需要按照法定条件予以批准的事项；

（二）有限自然资源开发利用、公共资源配置以及直接关系公共利益的特定行业的市场准入等，需要赋予特定权利的事项；

（三）提供公众服务并且直接关系公共利益的职业、行业，需要确定具备特殊信誉、特殊条件或者特殊技能等资格、资质的事项；

（四）直接关系公共安全、人身健康、生命财产安全的重要设备、设施、产品、物品，需要按照技术标准、技术规范，通过检验、检测、检疫等方式进行审定的事项；

（五）企业或者其他组织的设立等，需要确定主体资格的事项；

（六）法律、行政法规规定可以设定行政许可的其他事项。

第十三条 【不设定行政许可的事项】本法第十二条所列事项，通过下列方式能够予以规范的，可以不设行政许可：

（一）公民、法人或者其他组织能够自主决定的；

（二）市场竞争机制能够有效调节的；

（三）行业组织或者中介机构能够自律管理的；

（四）行政机关采用事后监督等其他行政管理方式能够解决的。

第十四条 【法律、行政法规、国务院决定的行政许可设定权】本法第十二条所列事项，法律可以设定行政许可。尚未制定法律的，行政法规可以设定行政许可。

必要时，国务院可以采用发布决定的方式设定行政许可。实施后，除临时性行政许可事项外，国务院应当及时提请全国人民代表大会及其常务委员会制定法律，或者自行制定行政法规。

第十五条 【地方性法规、省级政府规章的行政许可设定权】本法第十二条所列事项，尚未制定法律、行政法规的，地方性法规可以设定行政许可；尚未制定法律、行政法规和地方性法规的，因行政管理的需要，确需立即实施行政许可的，省、自治区、直辖市人民政府规章可以设定临时性的行政许可。临时性的行政许可实施满一年需要继续实施的，应当提请本级人民代表大会及其常务委员会制定地方性法规。

地方性法规和省、自治区、直辖市人民政府规章，不得设定应当由国家统一确定的公民、法人或者其他组织的资格、资质的行政许可；不得设定企业或者其他组织的设立登记及其前置性行政许可。其设定的行政许可，不得限制其他地区的个人或者企业到本地区从事生产经营和提供服务，不得限制其他地区的商品进入本地区市场。

第十六条　【行政许可规定权】行政法规可以在法律设定的行政许可事项范围内，对实施该行政许可作出具体规定。

地方性法规可以在法律、行政法规设定的行政许可事项范围内，对实施该行政许可作出具体规定。

规章可以在上位法设定的行政许可事项范围内，对实施该行政许可作出具体规定。

法规、规章对实施上位法设定的行政许可作出的具体规定，不得增设行政许可；对行政许可条件作出的具体规定，不得增设违反上位法的其他条件。

第十七条　【行政许可设立禁止】除本法第十四条、第十五条规定的外，其他规范性文件一律不得设定行政许可。

第十八条　【行政许可应当明确规定的事项】设定行政许可，应当规定行政许可的实施机关、条件、程序、期限。

第十九条　【设定行政许可应当听取意见、说明理由】起草法律草案、法规草案和省、自治区、直辖市人民政府规章草案，拟设定行政许可的，起草单位应当采取听证会、论证会等形式听取意见，并向制定机关说明设定该行政许可的必要性、对经济和社会可能产生的影响以及听取和采纳意见的情况。

第二十条　【行政许可评价制度】行政许可的设定机关应当定

期对其设定的行政许可进行评价；对已设定的行政许可，认为通过本法第十三条所列方式能够解决的，应当对设定该行政许可的规定及时予以修改或者废止。

行政许可的实施机关可以对已设定的行政许可的实施情况及存在的必要性适时进行评价，并将意见报告该行政许可的设定机关。

公民、法人或者其他组织可以向行政许可的设定机关和实施机关就行政许可的设定和实施提出意见和建议。

第二十一条 【停止实施行政许可】省、自治区、直辖市人民政府对行政法规设定的有关经济事务的行政许可，根据本行政区域经济和社会发展情况，认为通过本法第十三条所列方式能够解决的，报国务院批准后，可以在本行政区域内停止实施该行政许可。

第三章 行政许可的实施机关

第二十二条 【行政许可实施主体的一般规定】行政许可由具有行政许可权的行政机关在其法定职权范围内实施。

第二十三条 【法律、法规授权组织实施行政许可】法律、法规授权的具有管理公共事务职能的组织，在法定授权范围内，以自己的名义实施行政许可。被授权的组织适用本法有关行政机关的规定。

第二十四条 【委托实施行政许可的主体】行政机关在其法定职权范围内，依照法律、法规、规章的规定，可以委托其他行政机关实施行政许可。委托机关应当将受委托行政机关和受委托实施行政许可的内容予以公告。

委托行政机关对受委托行政机关实施行政许可的行为应当负责监督，并对该行为的后果承担法律责任。

受委托行政机关在委托范围内，以委托行政机关名义实施行政许可；不得再委托其他组织或者个人实施行政许可。

第二十五条 【相对集中行政许可权】经国务院批准，省、自治区、直辖市人民政府根据精简、统一、效能的原则，可以决定一个行政机关行使有关行政机关的行政许可权。

第二十六条 【一个窗口对外、统一办理或者联合办理、集中办理】行政许可需要行政机关内设的多个机构办理的，该行政机关应当确定一个机构统一受理行政许可申请，统一送达行政许可决定。

行政许可依法由地方人民政府两个以上部门分别实施的，本级人民政府可以确定一个部门受理行政许可申请并转告有关部门分别提出意见后统一办理，或者组织有关部门联合办理、集中办理。

第二十七条 【行政机关及其工作人员的纪律约束】行政机关实施行政许可，不得向申请人提出购买指定商品、接受有偿服务等不正当要求。

行政机关工作人员办理行政许可，不得索取或者收受申请人的财物，不得谋取其他利益。

第二十八条 【授权专业组织实施的指导性规定】对直接关系公共安全、人身健康、生命财产安全的设备、设施、产品、物品的检验、检测、检疫，除法律、行政法规规定由行政机关实施的外，应当逐步由符合法定条件的专业技术组织实施。专业技术组织及其有关人员对所实施的检验、检测、检疫结论承担法律责任。

第四章 行政许可的实施程序

第一节 申请与受理

第二十九条 【行政许可申请】公民、法人或者其他组织从事特定活动，依法需要取得行政许可的，应当向行政机关提出申请。申请书需要采用格式文本的，行政机关应当向申请人提供行政许可申请书格式文本。申请书格式文本中不得包含与申请行政许可事项没有直接关系的内容。

申请人可以委托代理人提出行政许可申请。但是，依法应当由申请人到行政机关办公场所提出行政许可申请的除外。

行政许可申请可以通过信函、电报、电传、传真、电子数据交换和电子邮件等方式提出。

第三十条 【行政机关公示义务】行政机关应当将法律、法规、规章规定的有关行政许可的事项、依据、条件、数量、程序、期限以及需要提交的全部材料的目录和申请书示范文本等在办公场所公示。

申请人要求行政机关对公示内容予以说明、解释的,行政机关应当说明、解释,提供准确、可靠的信息。

第三十一条 【申请人提交有关材料、反映真实情况义务】申请人申请行政许可,应当如实向行政机关提交有关材料和反映真实情况,并对其申请材料实质内容的真实性负责。行政机关不得要求申请人提交与其申请的行政许可事项无关的技术资料和其他材料。

行政机关及其工作人员不得以转让技术作为取得行政许可的条件;不得在实施行政许可的过程中,直接或者间接地要求转让技术。

第三十二条 【行政许可申请的处理】行政机关对申请人提出的行政许可申请,应当根据下列情况分别作出处理:

(一)申请事项依法不需要取得行政许可的,应当即时告知申请人不受理;

(二)申请事项依法不属于本行政机关职权范围的,应当即时作出不予受理的决定,并告知申请人向有关行政机关申请;

(三)申请材料存在可以当场更正的错误的,应当允许申请人当场更正;

(四)申请材料不齐全或者不符合法定形式的,应当当场或者在5日内一次告知申请人需要补正的全部内容,逾期不告知的,自收到申请材料之日起即为受理;

(五)申请事项属于本行政机关职权范围,申请材料齐全、符合法定形式,或者申请人按照本行政机关的要求提交全部补正申请材料的,应当受理行政许可申请。

行政机关受理或者不予受理行政许可申请,应当出具加盖本行政机关专用印章和注明日期的书面凭证。

第三十三条 【鼓励行政机关发展电子政务实施行政许可】行政机关应当建立和完善有关制度,推行电子政务,在行政机关的网站上公布行政许可事项,方便申请人采取数据电文等方式提出行政许可申请;应当与其他行政机关共享有关行政许可信息,提高办事效率。

第二节 审查与决定

第三十四条 【审查行政许可材料】行政机关应当对申请人提交的申请材料进行审查。

申请人提交的申请材料齐全、符合法定形式,行政机关能够当场作出决定的,应当当场作出书面的行政许可决定。

根据法定条件和程序,需要对申请材料的实质内容进行核实的,行政机关应当指派两名以上工作人员进行核查。

第三十五条 【多层级行政机关实施行政许可的审查程序】依法应当先经下级行政机关审查后报上级行政机关决定的行政许可,下级行政机关应当在法定期限内将初步审查意见和全部申请材料直接报送上级行政机关。上级行政机关不得要求申请人重复提供申请材料。

第三十六条 【直接关系他人重大利益的行政许可审查程序】行政机关对行政许可申请进行审查时,发现行政许可事项直接关系他人重大利益的,应当告知该利害关系人。申请人、利害关系人有权进行陈述和申辩。行政机关应当听取申请人、利害关系人的意见。

第三十七条 【行政机关依法作出行政许可决定】行政机关对行政许可申请进行审查后,除当场作出行政许可决定的外,应当在法定期限内按照规定程序作出行政许可决定。

第三十八条 【行政机关许可和不予许可应当履行的义务】申请人的申请符合法定条件、标准的,行政机关应当依法作出准予行政许可的书面决定。

行政机关依法作出不予行政许可的书面决定的,应当说明理由,并告知申请人享有依法申请行政复议或者提起行政诉讼的权利。

第三十九条 【颁发行政许可证件】行政机关作出准予行政许可的决定，需要颁发行政许可证件的，应当向申请人颁发加盖本行政机关印章的下列行政许可证件：

（一）许可证、执照或者其他许可证书；

（二）资格证、资质证或者其他合格证书；

（三）行政机关的批准文件或者证明文件；

（四）法律、法规规定的其他行政许可证件。

行政机关实施检验、检测、检疫的，可以在检验、检测、检疫合格的设备、设施、产品、物品上加贴标签或者加盖检验、检测、检疫印章。

第四十条 【准予行政许可决定的公开义务】行政机关作出的准予行政许可决定，应当予以公开，公众有权查阅。

第四十一条 【行政许可的地域效力】法律、行政法规设定的行政许可，其适用范围没有地域限制的，申请人取得的行政许可在全国范围内有效。

第三节 期　　限

第四十二条 【行政许可一般期限】除可以当场作出行政许可决定的外，行政机关应当自受理行政许可申请之日起20日内作出行政许可决定。20日内不能作出决定的，经本行政机关负责人批准，可以延长10日，并应当将延长期限的理由告知申请人。但是，法律、法规另有规定的，依照其规定。

依照本法第二十六条的规定，行政许可采取统一办理或者联合办理、集中办理的，办理的时间不得超过45日；45日内不能办结的，经本级人民政府负责人批准，可以延长15日，并应当将延长期限的理由告知申请人。

第四十三条 【多层级许可的审查期限】依法应当先经下级行

政机关审查后报上级行政机关决定的行政许可，下级行政机关应当自其受理行政许可申请之日起20日内审查完毕。但是，法律、法规另有规定的，依照其规定。

第四十四条　【许可证章颁发期限】行政机关作出准予行政许可的决定，应当自作出决定之日起10日内向申请人颁发、送达行政许可证件，或者加贴标签、加盖检验、检测、检疫印章。

第四十五条　【不纳入许可期限的事项】行政机关作出行政许可决定，依法需要听证、招标、拍卖、检验、检测、检疫、鉴定和专家评审的，所需时间不计算在本节规定的期限内。行政机关应当将所需时间书面告知申请人。

第四节　听　证

第四十六条　【行政机关主动举行听证的行政许可事项】法律、法规、规章规定实施行政许可应当听证的事项，或者行政机关认为需要听证的其他涉及公共利益的重大行政许可事项，行政机关应当向社会公告，并举行听证。

第四十七条　【行政机关应申请举行听证的行政许可事项】行政许可直接涉及申请人与他人之间重大利益关系的，行政机关在作出行政许可决定前，应当告知申请人、利害关系人享有要求听证的权利；申请人、利害关系人在被告知听证权利之日起5日内提出听证申请的，行政机关应当在20日内组织听证。

申请人、利害关系人不承担行政机关组织听证的费用。

第四十八条　【行政许可听证程序规则】听证按照下列程序进行：

（一）行政机关应当于举行听证的7日前将举行听证的时间、地点通知申请人、利害关系人，必要时予以公告；

（二）听证应当公开举行；

（三）行政机关应当指定审查该行政许可申请的工作人员以外的人员为听证主持人，申请人、利害关系人认为主持人与该行政许可

155

事项有直接利害关系的,有权申请回避;

（四）举行听证时,审查该行政许可申请的工作人员应当提供审查意见的证据、理由,申请人、利害关系人可以提出证据,并进行申辩和质证;

（五）听证应当制作笔录,听证笔录应当交听证参加人确认无误后签字或者盖章。

行政机关应当根据听证笔录,作出行政许可决定。

第五节　变更与延续

第四十九条　【变更行政许可的程序】被许可人要求变更行政许可事项的,应当向作出行政许可决定的行政机关提出申请;符合法定条件、标准的,行政机关应当依法办理变更手续。

第五十条　【延续行政许可的程序】被许可人需要延续依法取得的行政许可的有效期的,应当在该行政许可有效期届满 30 日前向作出行政许可决定的行政机关提出申请。但是,法律、法规、规章另有规定的,依照其规定。

行政机关应当根据被许可人的申请,在该行政许可有效期届满前作出是否准予延续的决定;逾期未作决定的,视为准予延续。

第六节　特别规定

第五十一条　【其他规定适用规则】实施行政许可的程序,本节有规定的,适用本节规定;本节没有规定的,适用本章其他有关规定。

第五十二条　【国务院实施行政许可程序】国务院实施行政许可的程序,适用有关法律、行政法规的规定。

第五十三条　【通过招标拍卖作出行政许可决定】实施本法第十二条第二项所列事项的行政许可的,行政机关应当通过招标、拍卖等公平竞争的方式作出决定。但是,法律、行政法规另有规定的,依照其规定。

行政机关通过招标、拍卖等方式作出行政许可决定的具体程序，依照有关法律、行政法规的规定。

行政机关按照招标、拍卖程序确定中标人、买受人后，应当作出准予行政许可的决定，并依法向中标人、买受人颁发行政许可证件。

行政机关违反本条规定，不采用招标、拍卖方式，或者违反招标、拍卖程序，损害申请人合法权益的，申请人可以依法申请行政复议或者提起行政诉讼。

第五十四条 【通过考试考核方式作出行政许可决定】实施本法第十二条第三项所列事项的行政许可，赋予公民特定资格，依法应当举行国家考试的，行政机关根据考试成绩和其他法定条件作出行政许可决定；赋予法人或者其他组织特定的资格、资质的，行政机关根据申请人的专业人员构成、技术条件、经营业绩和管理水平等的考核结果作出行政许可决定。但是，法律、行政法规另有规定的，依照其规定。

公民特定资格的考试依法由行政机关或者行业组织实施，公开举行。行政机关或者行业组织应当事先公布资格考试的报名条件、报考办法、考试科目以及考试大纲。但是，不得组织强制性的资格考试的考前培训，不得指定教材或者其他助考材料。

第五十五条 【根据技术标准、技术规范作出行政许可决定】实施本法第十二条第四项所列事项的行政许可的，应当按照技术标准、技术规范依法进行检验、检测、检疫，行政机关根据检验、检测、检疫的结果作出行政许可决定。

行政机关实施检验、检测、检疫，应当自受理申请之日起5日内指派两名以上工作人员按照技术标准、技术规范进行检验、检测、检疫。不需要对检验、检测、检疫结果作进一步技术分析即可认定设备、设施、产品、物品是否符合技术标准、技术规范的，行政机关应当当场作出行政许可决定。

行政机关根据检验、检测、检疫结果，作出不予行政许可决定的，应当书面说明不予行政许可所依据的技术标准、技术规范。

第五十六条　【当场许可的特别规定】实施本法第十二条第五项所列事项的行政许可，申请人提交的申请材料齐全、符合法定形式的，行政机关应当当场予以登记。需要对申请材料的实质内容进行核实的，行政机关依照本法第三十四条第三款的规定办理。

第五十七条　【有数量限制的行政许可】有数量限制的行政许可，两个或者两个以上申请人的申请均符合法定条件、标准的，行政机关应当根据受理行政许可申请的先后顺序作出准予行政许可的决定。但是，法律、行政法规另有规定的，依照其规定。

第五章　行政许可的费用

第五十八条　【收费原则和经费保障】行政机关实施行政许可和对行政许可事项进行监督检查，不得收取任何费用。但是，法律、行政法规另有规定的，依照其规定。

行政机关提供行政许可申请书格式文本，不得收费。

行政机关实施行政许可所需经费应当列入本行政机关的预算，由本级财政予以保障，按照批准的预算予以核拨。

第五十九条　【收费规则以及对收费所得款项的处理】行政机关实施行政许可，依照法律、行政法规收取费用的，应当按照公布的法定项目和标准收费；所收取的费用必须全部上缴国库，任何机关或者个人不得以任何形式截留、挪用、私分或者变相私分。财政部门不得以任何形式向行政机关返还或者变相返还实施行政许可所收取的费用。

第六章　监督检查

第六十条　【行政许可层级监督】上级行政机关应当加强对下

级行政机关实施行政许可的监督检查，及时纠正行政许可实施中的违法行为。

第六十一条　【书面检查原则】行政机关应当建立健全监督制度，通过核查反映被许可人从事行政许可事项活动情况的有关材料，履行监督责任。

行政机关依法对被许可人从事行政许可事项的活动进行监督检查时，应当将监督检查的情况和处理结果予以记录，由监督检查人员签字后归档。公众有权查阅行政机关监督检查记录。

行政机关应当创造条件，实现与被许可人、其他有关行政机关的计算机档案系统互联，核查被许可人从事行政许可事项活动情况。

第六十二条　【抽样检查、检验、检测和实地检查、定期检验权适用的情形及程序】行政机关可以对被许可人生产经营的产品依法进行抽样检查、检验、检测，对其生产经营场所依法进行实地检查。检查时，行政机关可以依法查阅或者要求被许可人报送有关材料；被许可人应当如实提供有关情况和材料。

行政机关根据法律、行政法规的规定，对直接关系公共安全、人身健康、生命财产安全的重要设备、设施进行定期检验。对检验合格的，行政机关应当发给相应的证明文件。

第六十三条　【行政机关实施监督检查时应当遵守的纪律】行政机关实施监督检查，不得妨碍被许可人正常的生产经营活动，不得索取或者收受被许可人的财物，不得谋取其他利益。

第六十四条　【行政许可监督检查的属地管辖与协作】被许可人在作出行政许可决定的行政机关管辖区域外违法从事行政许可事项活动的，违法行为发生地的行政机关应当依法将被许可人的违法事实、处理结果抄告作出行政许可决定的行政机关。

第六十五条　【个人、组织对违法从事行政许可活动的监督】个人和组织发现违法从事行政许可事项的活动，有权向行政机关举报，行政机关应当及时核实、处理。

第六十六条　【依法开发利用资源】被许可人未依法履行开发

利用自然资源义务或者未依法履行利用公共资源义务的,行政机关应当责令限期改正;被许可人在规定期限内不改正的,行政机关应当依照有关法律、行政法规的规定予以处理。

第六十七条　【特定行业市场准入被许可人的义务和法律责任】取得直接关系公共利益的特定行业的市场准入行政许可的被许可人,应当按照国家规定的服务标准、资费标准和行政机关依法规定的条件,向用户提供安全、方便、稳定和价格合理的服务,并履行普遍服务的义务;未经作出行政许可决定的行政机关批准,不得擅自停业、歇业。

被许可人不履行前款规定的义务的,行政机关应当责令限期改正,或者依法采取有效措施督促其履行义务。

第六十八条　【自检制度】对直接关系公共安全、人身健康、生命财产安全的重要设备、设施,行政机关应当督促设计、建造、安装和使用单位建立相应的自检制度。

行政机关在监督检查时,发现直接关系公共安全、人身健康、生命财产安全的重要设备、设施存在安全隐患的,应当责令停止建造、安装和使用,并责令设计、建造、安装和使用单位立即改正。

第六十九条　【撤销行政许可的情形】有下列情形之一的,作出行政许可决定的行政机关或者其上级行政机关,根据利害关系人的请求或者依据职权,可以撤销行政许可:

(一)行政机关工作人员滥用职权、玩忽职守作出准予行政许可决定的;

(二)超越法定职权作出准予行政许可决定的;

(三)违反法定程序作出准予行政许可决定的;

(四)对不具备申请资格或者不符合法定条件的申请人准予行政许可的;

(五)依法可以撤销行政许可的其他情形。

被许可人以欺骗、贿赂等不正当手段取得行政许可的,应当予以撤销。

依照前两款的规定撤销行政许可，可能对公共利益造成重大损害的，不予撤销。

依照本条第一款的规定撤销行政许可，被许可人的合法权益受到损害的，行政机关应当依法给予赔偿。依照本条第二款的规定撤销行政许可的，被许可人基于行政许可取得的利益不受保护。

第七十条 【注销行政许可的情形】有下列情形之一的，行政机关应当依法办理有关行政许可的注销手续：

（一）行政许可有效期届满未延续的；

（二）赋予公民特定资格的行政许可，该公民死亡或者丧失行为能力的；

（三）法人或者其他组织依法终止的；

（四）行政许可依法被撤销、撤回，或者行政许可证件依法被吊销的；

（五）因不可抗力导致行政许可事项无法实施的；

（六）法律、法规规定的应当注销行政许可的其他情形。

第七章 法律责任

第七十一条 【规范性文件违法设定行政许可的法律责任】违反本法第十七条规定设定的行政许可，有关机关应当责令设定该行政许可的机关改正，或者依法予以撤销。

第七十二条 【行政机关及其工作人员违反行政许可程序应当承担的法律责任】行政机关及其工作人员违反本法的规定，有下列情形之一的，由其上级行政机关或者监察机关责令改正；情节严重的，对直接负责的主管人员和其他直接责任人员依法给予行政处分：

（一）对符合法定条件的行政许可申请不予受理的；

（二）不在办公场所公示依法应当公示的材料的；

（三）在受理、审查、决定行政许可过程中，未向申请人、利害关系人履行法定告知义务的；

（四）申请人提交的申请材料不齐全、不符合法定形式，不一次告知申请人必须补正的全部内容的；

（五）违法披露申请人提交的商业秘密、未披露信息或者保密商务信息的；

（六）以转让技术作为取得行政许可的条件，或者在实施行政许可的过程中直接或者间接地要求转让技术的；

（七）未依法说明不受理行政许可申请或者不予行政许可的理由的；

（八）依法应当举行听证而不举行听证的。

第七十三条　【行政机关工作人员索取或者收受他人财物及利益应当承担的法律责任】行政机关工作人员办理行政许可、实施监督检查，索取或者收受他人财物或者谋取其他利益，构成犯罪的，依法追究刑事责任；尚不构成犯罪的，依法给予行政处分。

第七十四条　【行政机关及其工作人员实体违法的法律责任】行政机关实施行政许可，有下列情形之一的，由其上级行政机关或者监察机关责令改正，对直接负责的主管人员和其他直接责任人员依法给予行政处分；构成犯罪的，依法追究刑事责任：

（一）对不符合法定条件的申请人准予行政许可或者超越法定职权作出准予行政许可决定的；

（二）对符合法定条件的申请人不予行政许可或者不在法定期限内作出准予行政许可决定的；

（三）依法应当根据招标、拍卖结果或者考试成绩择优作出准予行政许可决定，未经招标、拍卖或者考试，或者不根据招标、拍卖结果或者考试成绩择优作出准予行政许可决定的。

第七十五条　【行政机关及其工作人员违反收费规定的法律责任】行政机关实施行政许可，擅自收费或者不按照法定项目和标准收费的，由其上级行政机关或者监察机关责令退还非法收取的费用；对直接负责的主管人员和其他直接责任人员依法给予行政处分。

截留、挪用、私分或者变相私分实施行政许可依法收取的费用的，予以追缴；对直接负责的主管人员和其他直接责任人员依法给予行政处分；构成犯罪的，依法追究刑事责任。

第七十六条 【行政机关违法实施许可的赔偿责任】行政机关违法实施行政许可，给当事人的合法权益造成损害的，应当依照国家赔偿法的规定给予赔偿。

第七十七条 【行政机关不依法履行监督责任或者监督不力的法律责任】行政机关不依法履行监督职责或者监督不力，造成严重后果的，由其上级行政机关或者监察机关责令改正，对直接负责的主管人员和其他直接责任人员依法给予行政处分；构成犯罪的，依法追究刑事责任。

第七十八条 【申请人申请不实应承担的法律责任】行政许可申请人隐瞒有关情况或者提供虚假材料申请行政许可的，行政机关不予受理或者不予行政许可，并给予警告；行政许可申请属于直接关系公共安全、人身健康、生命财产安全事项的，申请人在一年内不得再次申请该行政许可。

第七十九条 【申请人以欺骗、贿赂等不正当手段取得行政许可应当承担的法律责任】被许可人以欺骗、贿赂等不正当手段取得行政许可的，行政机关应当依法给予行政处罚；取得的行政许可属于直接关系公共安全、人身健康、生命财产安全事项的，申请人在3年内不得再次申请该行政许可；构成犯罪的，依法追究刑事责任。

第八十条 【被许可人违法从事行政许可活动的法律责任】被许可人有下列行为之一的，行政机关应当依法给予行政处罚；构成犯罪的，依法追究刑事责任：

（一）涂改、倒卖、出租、出借行政许可证件，或者以其他形式非法转让行政许可的；

（二）超越行政许可范围进行活动的；

（三）向负责监督检查的行政机关隐瞒有关情况、提供虚假材料或者拒绝提供反映其活动情况的真实材料的；

（四）法律、法规、规章规定的其他违法行为。

第八十一条 【公民、法人或者其他组织未经行政许可从事应当取得行政许可活动的法律责任】公民、法人或者其他组织未经行政许可，擅自从事依法应当取得行政许可的活动的，行政机关应当依法采取措施予以制止，并依法给予行政处罚；构成犯罪的，依法追究刑事责任。

第八章 附 则

第八十二条 【行政许可的期限计算】本法规定的行政机关实施行政许可的期限以工作日计算，不含法定节假日。

第八十三条 【施行日期及对现行行政许可进行清理的规定】本法自2004年7月1日起施行。

本法施行前有关行政许可的规定，制定机关应当依照本法规定予以清理；不符合本法规定的，自本法施行之日起停止执行。

中华人民共和国行政强制法

（2011年6月30日第十一届全国人民代表大会常务委员会第二十一次会议通过 2011年6月30日中华人民共和国主席令第49号公布 自2012年1月1日起施行）

第一章 总 则

第一条 【立法目的】为了规范行政强制的设定和实施，保障和监督行政机关依法履行职责，维护公共利益和社会秩序，保护公民、法人和其他组织的合法权益，根据宪法，制定本法。

第二条 【行政强制的定义】本法所称行政强制，包括行政强制措施和行政强制执行。

行政强制措施,是指行政机关在行政管理过程中,为制止违法行为、防止证据损毁、避免危害发生、控制危险扩大等情形,依法对公民的人身自由实施暂时性限制,或者对公民、法人或者其他组织的财物实施暂时性控制的行为。

行政强制执行,是指行政机关或者行政机关申请人民法院,对不履行行政决定的公民、法人或者其他组织,依法强制履行义务的行为。

第三条 【适用范围】行政强制的设定和实施,适用本法。

发生或者即将发生自然灾害、事故灾难、公共卫生事件或者社会安全事件等突发事件,行政机关采取应急措施或者临时措施,依照有关法律、行政法规的规定执行。

行政机关采取金融业审慎监管措施、进出境货物强制性技术监控措施,依照有关法律、行政法规的规定执行。

第四条 【合法性原则】行政强制的设定和实施,应当依照法定的权限、范围、条件和程序。

第五条 【适当原则】行政强制的设定和实施,应当适当。采用非强制手段可以达到行政管理目的的,不得设定和实施行政强制。

第六条 【教育与强制相结合原则】实施行政强制,应当坚持教育与强制相结合。

第七条 【不得利用行政强制谋利】行政机关及其工作人员不得利用行政强制权为单位或者个人谋取利益。

第八条 【相对人的权利与救济】公民、法人或者其他组织对行政机关实施行政强制,享有陈述权、申辩权;有权依法申请行政复议或者提起行政诉讼;因行政机关违法实施行政强制受到损害的,有权依法要求赔偿。

公民、法人或者其他组织因人民法院在强制执行中有违法行为或者扩大强制执行范围受到损害的,有权依法要求赔偿。

第二章 行政强制的种类和设定

第九条 【行政强制措施种类】行政强制措施的种类:
(一) 限制公民人身自由;
(二) 查封场所、设施或者财物;
(三) 扣押财物;
(四) 冻结存款、汇款;
(五) 其他行政强制措施。

第十条 【行政强制措施设定权】行政强制措施由法律设定。

尚未制定法律,且属于国务院行政管理职权事项的,行政法规可以设定除本法第九条第一项、第四项和应当由法律规定的行政强制措施以外的其他行政强制措施。

尚未制定法律、行政法规,且属于地方性事务的,地方性法规可以设定本法第九条第二项、第三项的行政强制措施。

法律、法规以外的其他规范性文件不得设定行政强制措施。

第十一条 【行政强制措施设定的统一性】法律对行政强制措施的对象、条件、种类作了规定的,行政法规、地方性法规不得作出扩大规定。

法律中未设定行政强制措施的,行政法规、地方性法规不得设定行政强制措施。但是,法律规定特定事项由行政法规规定具体管理措施的,行政法规可以设定除本法第九条第一项、第四项和应当由法律规定的行政强制措施以外的其他行政强制措施。

第十二条 【行政强制执行方式】行政强制执行的方式:
(一) 加处罚款或者滞纳金;
(二) 划拨存款、汇款;
(三) 拍卖或者依法处理查封、扣押的场所、设施或者财物;
(四) 排除妨碍、恢复原状;

（五）代履行；

（六）其他强制执行方式。

第十三条　【行政强制执行设定权】行政强制执行由法律设定。法律没有规定行政机关强制执行的，作出行政决定的行政机关应当申请人民法院强制执行。

第十四条　【听取社会意见、说明必要性及影响】起草法律草案、法规草案，拟设定行政强制的，起草单位应当采取听证会、论证会等形式听取意见，并向制定机关说明设定该行政强制的必要性、可能产生的影响以及听取和采纳意见的情况。

第十五条　【已设定的行政强制的评价制度】行政强制的设定机关应当定期对其设定的行政强制进行评价，并对不适当的行政强制及时予以修改或者废止。

行政强制的实施机关可以对已设定的行政强制的实施情况及存在的必要性适时进行评价，并将意见报告该行政强制的设定机关。

公民、法人或者其他组织可以向行政强制的设定机关和实施机关就行政强制的设定和实施提出意见和建议。有关机关应当认真研究论证，并以适当方式予以反馈。

第三章　行政强制措施实施程序

第一节　一般规定

第十六条　【实施行政强制措施的条件】行政机关履行行政管理职责，依照法律、法规的规定，实施行政强制措施。

违法行为情节显著轻微或者没有明显社会危害的，可以不采取行政强制措施。

第十七条　【行政强制措施的实施主体】行政强制措施由法律、法规规定的行政机关在法定职权范围内实施。行政强制措施权不得委托。

依据《中华人民共和国行政处罚法》的规定行使相对集中行政

处罚权的行政机关，可以实施法律、法规规定的与行政处罚权有关的行政强制措施。

行政强制措施应当由行政机关具备资格的行政执法人员实施，其他人员不得实施。

第十八条　【一般程序】行政机关实施行政强制措施应当遵守下列规定：

（一）实施前须向行政机关负责人报告并经批准；

（二）由两名以上行政执法人员实施；

（三）出示执法身份证件；

（四）通知当事人到场；

（五）当场告知当事人采取行政强制措施的理由、依据以及当事人依法享有的权利、救济途径；

（六）听取当事人的陈述和申辩；

（七）制作现场笔录；

（八）现场笔录由当事人和行政执法人员签名或者盖章，当事人拒绝的，在笔录中予以注明；

（九）当事人不到场的，邀请见证人到场，由见证人和行政执法人员在现场笔录上签名或者盖章；

（十）法律、法规规定的其他程序。

第十九条　【情况紧急时的程序】情况紧急，需要当场实施行政强制措施的，行政执法人员应当在二十四小时内向行政机关负责人报告，并补办批准手续。行政机关负责人认为不应当采取行政强制措施的，应当立即解除。

第二十条　【限制人身自由行政强制措施的程序】依照法律规定实施限制公民人身自由的行政强制措施，除应当履行本法第十八条规定的程序外，还应当遵守下列规定：

（一）当场告知或者实施行政强制措施后立即通知当事人家属实施行政强制措施的行政机关、地点和期限；

（二）在紧急情况下当场实施行政强制措施的，在返回行政机关后，立即向行政机关负责人报告并补办批准手续；

（三）法律规定的其他程序。

实施限制人身自由的行政强制措施不得超过法定期限。实施行政强制措施的目的已经达到或者条件已经消失，应当立即解除。

第二十一条　【涉嫌犯罪案件的移送】违法行为涉嫌犯罪应当移送司法机关的，行政机关应当将查封、扣押、冻结的财物一并移送，并书面告知当事人。

第二节　查封、扣押

第二十二条　【查封、扣押实施主体】查封、扣押应当由法律、法规规定的行政机关实施，其他任何行政机关或者组织不得实施。

第二十三条　【查封、扣押对象】查封、扣押限于涉案的场所、设施或者财物，不得查封、扣押与违法行为无关的场所、设施或者财物；不得查封、扣押公民个人及其所扶养家属的生活必需品。

当事人的场所、设施或者财物已被其他国家机关依法查封的，不得重复查封。

第二十四条　【查封、扣押实施程序】行政机关决定实施查封、扣押的，应当履行本法第十八条规定的程序，制作并当场交付查封、扣押决定书和清单。

查封、扣押决定书应当载明下列事项：

（一）当事人的姓名或者名称、地址；

（二）查封、扣押的理由、依据和期限；

（三）查封、扣押场所、设施或者财物的名称、数量等；

（四）申请行政复议或者提起行政诉讼的途径和期限；

（五）行政机关的名称、印章和日期。

查封、扣押清单一式二份，由当事人和行政机关分别保存。

第二十五条　【查封、扣押期限】查封、扣押的期限不得超过三十日；情况复杂的，经行政机关负责人批准，可以延长，但是延长期限不得超过三十日。法律、行政法规另有规定的除外。

延长查封、扣押的决定应当及时书面告知当事人,并说明理由。

对物品需要进行检测、检验、检疫或者技术鉴定的,查封、扣押的期间不包括检测、检验、检疫或者技术鉴定的期间。检测、检验、检疫或者技术鉴定的期间应当明确,并书面告知当事人。检测、检验、检疫或者技术鉴定的费用由行政机关承担。

第二十六条 【对查封、扣押财产的保管】对查封、扣押的场所、设施或者财物,行政机关应当妥善保管,不得使用或者损毁;造成损失的,应当承担赔偿责任。

对查封的场所、设施或者财物,行政机关可以委托第三人保管,第三人不得损毁或者擅自转移、处置。因第三人的原因造成的损失,行政机关先行赔付后,有权向第三人追偿。

因查封、扣押发生的保管费用由行政机关承担。

第二十七条 【查封、扣押后的处理】行政机关采取查封、扣押措施后,应当及时查清事实,在本法第二十五条规定的期限内作出处理决定。对违法事实清楚,依法应当没收的非法财物予以没收;法律、行政法规规定应当销毁的,依法销毁;应当解除查封、扣押的,作出解除查封、扣押的决定。

第二十八条 【解除查封、扣押的情形】有下列情形之一的,行政机关应当及时作出解除查封、扣押决定:

(一)当事人没有违法行为;

(二)查封、扣押的场所、设施或者财物与违法行为无关;

(三)行政机关对违法行为已经作出处理决定,不再需要查封、扣押;

(四)查封、扣押期限已经届满;

(五)其他不再需要采取查封、扣押措施的情形。

解除查封、扣押应当立即退还财物;已将鲜活物品或者其他不易保管的财物拍卖或者变卖的,退还拍卖或者变卖所得款项。变卖价格明显低于市场价格,给当事人造成损失的,应当给予补偿。

第三节 冻　　结

第二十九条　【冻结的实施主体、数额限制、不得重复冻结】冻结存款、汇款应当由法律规定的行政机关实施，不得委托给其他行政机关或者组织；其他任何行政机关或者组织不得冻结存款、汇款。

冻结存款、汇款的数额应当与违法行为涉及的金额相当；已被其他国家机关依法冻结的，不得重复冻结。

第三十条　【冻结的程序、金融机构的配合义务】行政机关依照法律规定决定实施冻结存款、汇款的，应当履行本法第十八条第一项、第二项、第三项、第七项规定的程序，并向金融机构交付冻结通知书。

金融机构接到行政机关依法作出的冻结通知书后，应当立即予以冻结，不得拖延，不得在冻结前向当事人泄露信息。

法律规定以外的行政机关或者组织要求冻结当事人存款、汇款的，金融机构应当拒绝。

第三十一条　【冻结决定书交付期限及内容】依照法律规定冻结存款、汇款的，作出决定的行政机关应当在三日内向当事人交付冻结决定书。冻结决定书应当载明下列事项：

（一）当事人的姓名或者名称、地址；

（二）冻结的理由、依据和期限；

（三）冻结的账号和数额；

（四）申请行政复议或者提起行政诉讼的途径和期限；

（五）行政机关的名称、印章和日期。

第三十二条　【冻结期限及其延长】自冻结存款、汇款之日起三十日内，行政机关应当作出处理决定或者作出解除冻结决定；情况复杂的，经行政机关负责人批准，可以延长，但是延长期限不得超过三十日。法律另有规定的除外。

延长冻结的决定应当及时书面告知当事人，并说明理由。

第三十三条 【解除冻结的情形】有下列情形之一的,行政机关应当及时作出解除冻结决定:

(一)当事人没有违法行为;

(二)冻结的存款、汇款与违法行为无关;

(三)行政机关对违法行为已经作出处理决定,不再需要冻结;

(四)冻结期限已经届满;

(五)其他不再需要采取冻结措施的情形。

行政机关作出解除冻结决定的,应当及时通知金融机构和当事人。金融机构接到通知后,应当立即解除冻结。

行政机关逾期未作出处理决定或者解除冻结决定的,金融机构应当自冻结期满之日起解除冻结。

第四章 行政机关强制执行程序

第一节 一般规定

第三十四条 【行政机关强制执行】行政机关依法作出行政决定后,当事人在行政机关决定的期限内不履行义务的,具有行政强制执行权的行政机关依照本章规定强制执行。

第三十五条 【催告】行政机关作出强制执行决定前,应当事先催告当事人履行义务。催告应当以书面形式作出,并载明下列事项:

(一)履行义务的期限;

(二)履行义务的方式;

(三)涉及金钱给付的,应当有明确的金额和给付方式;

(四)当事人依法享有的陈述权和申辩权。

第三十六条 【陈述、申辩权】当事人收到催告书后有权进行陈述和申辩。行政机关应当充分听取当事人的意见,对当事人提出的事实、理由和证据,应当进行记录、复核。当事人提出的事实、理由或者证据成立的,行政机关应当采纳。

第三十七条 【强制执行决定】经催告，当事人逾期仍不履行行政决定，且无正当理由的，行政机关可以作出强制执行决定。

强制执行决定应当以书面形式作出，并载明下列事项：

（一）当事人的姓名或者名称、地址；

（二）强制执行的理由和依据；

（三）强制执行的方式和时间；

（四）申请行政复议或者提起行政诉讼的途径和期限；

（五）行政机关的名称、印章和日期。

在催告期间，对有证据证明有转移或者隐匿财物迹象的，行政机关可以作出立即强制执行决定。

第三十八条 【催告书、行政强制决定书送达】催告书、行政强制执行决定书应当直接送达当事人。当事人拒绝接收或者无法直接送达当事人的，应当依照《中华人民共和国民事诉讼法》的有关规定送达。

第三十九条 【中止执行】有下列情形之一的，中止执行：

（一）当事人履行行政决定确有困难或者暂无履行能力的；

（二）第三人对执行标的主张权利，确有理由的；

（三）执行可能造成难以弥补的损失，且中止执行不损害公共利益的；

（四）行政机关认为需要中止执行的其他情形。

中止执行的情形消失后，行政机关应当恢复执行。对没有明显社会危害，当事人确无能力履行，中止执行满三年未恢复执行的，行政机关不再执行。

第四十条 【终结执行】有下列情形之一的，终结执行：

（一）公民死亡，无遗产可供执行，又无义务承受人的；

（二）法人或者其他组织终止，无财产可供执行，又无义务承受人的；

（三）执行标的灭失的；

（四）据以执行的行政决定被撤销的；

（五）行政机关认为需要终结执行的其他情形。

第四十一条 【执行回转】在执行中或者执行完毕后，据以执行的行政决定被撤销、变更，或者执行错误的，应当恢复原状或者退还财物；不能恢复原状或者退还财物的，依法给予赔偿。

第四十二条 【执行和解】实施行政强制执行，行政机关可以在不损害公共利益和他人合法权益的情况下，与当事人达成执行协议。执行协议可以约定分阶段履行；当事人采取补救措施的，可以减免加处的罚款或者滞纳金。

执行协议应当履行。当事人不履行执行协议的，行政机关应当恢复强制执行。

第四十三条 【文明执法】行政机关不得在夜间或者法定节假日实施行政强制执行。但是，情况紧急的除外。

行政机关不得对居民生活采取停止供水、供电、供热、供燃气等方式迫使当事人履行相关行政决定。

第四十四条 【强制拆除】对违法的建筑物、构筑物、设施等需要强制拆除的，应当由行政机关予以公告，限期当事人自行拆除。当事人在法定期限内不申请行政复议或者提起行政诉讼，又不拆除的，行政机关可以依法强制拆除。

第二节 金钱给付义务的执行

第四十五条 【加处罚款或滞纳金】行政机关依法作出金钱给付义务的行政决定，当事人逾期不履行的，行政机关可以依法加处罚款或者滞纳金。加处罚款或者滞纳金的标准应当告知当事人。

加处罚款或者滞纳金的数额不得超出金钱给付义务的数额。

第四十六条 【金钱给付义务的直接强制执行】行政机关依照本法第四十五条规定实施加处罚款或者滞纳金超过三十日，经催告当事人仍不履行的，具有行政强制执行权的行政机关可以强制执行。

行政机关实施强制执行前，需要采取查封、扣押、冻结措施的，依照本法第三章规定办理。

没有行政强制执行权的行政机关应当申请人民法院强制执行。但是，当事人在法定期限内不申请行政复议或者提起行政诉讼，经催告仍不履行的，在实施行政管理过程中已经采取查封、扣押措施的行政机关，可以将查封、扣押的财物依法拍卖抵缴罚款。

第四十七条 【划拨存款、汇款】划拨存款、汇款应当由法律规定的行政机关决定，并书面通知金融机构。金融机构接到行政机关依法作出划拨存款、汇款的决定后，应当立即划拨。

法律规定以外的行政机关或者组织要求划拨当事人存款、汇款的，金融机构应当拒绝。

第四十八条 【委托拍卖】依法拍卖财物，由行政机关委托拍卖机构依照《中华人民共和国拍卖法》的规定办理。

第四十九条 【划拨的存款、汇款的管理】划拨的存款、汇款以及拍卖和依法处理所得的款项应当上缴国库或者划入财政专户。任何行政机关或者个人不得以任何形式截留、私分或者变相私分。

第三节 代 履 行

第五十条 【代履行】行政机关依法作出要求当事人履行排除妨碍、恢复原状等义务的行政决定，当事人逾期不履行，经催告仍不履行，其后果已经或者将危害交通安全、造成环境污染或者破坏自然资源的，行政机关可以代履行，或者委托没有利害关系的第三人代履行。

第五十一条 【实施程序、费用、手段】代履行应当遵守下列规定：

（一）代履行前送达决定书，代履行决定书应当载明当事人的姓名或者名称、地址，代履行的理由和依据、方式和时间、标的、费用预算以及代履行人；

（二）代履行三日前，催告当事人履行，当事人履行的，停止代履行；

（三）代履行时，作出决定的行政机关应当派员到场监督；

（四）代履行完毕，行政机关到场监督的工作人员、代履行人和当事人或者见证人应当在执行文书上签名或者盖章。

代履行的费用按照成本合理确定，由当事人承担。但是，法律另有规定的除外。

代履行不得采用暴力、胁迫以及其他非法方式。

第五十二条　【立即实施代履行】需要立即清除道路、河道、航道或者公共场所的遗洒物、障碍物或者污染物，当事人不能清除的，行政机关可以决定立即实施代履行；当事人不在场的，行政机关应当在事后立即通知当事人，并依法作出处理。

第五章　申请人民法院强制执行

第五十三条　【非诉行政执行】当事人在法定期限内不申请行政复议或者提起行政诉讼，又不履行行政决定的，没有行政强制执行权的行政机关可以自期限届满之日起三个月内，依照本章规定申请人民法院强制执行。

第五十四条　【催告与执行管辖】行政机关申请人民法院强制执行前，应当催告当事人履行义务。催告书送达十日后当事人仍未履行义务的，行政机关可以向所在地有管辖权的人民法院申请强制执行；执行对象是不动产的，向不动产所在地有管辖权的人民法院申请强制执行。

第五十五条　【申请执行的材料】行政机关向人民法院申请强制执行，应当提供下列材料：

（一）强制执行申请书；

（二）行政决定书及作出决定的事实、理由和依据；

（三）当事人的意见及行政机关催告情况；

（四）申请强制执行标的情况；

（五）法律、行政法规规定的其他材料。

强制执行申请书应当由行政机关负责人签名，加盖行政机关的印章，并注明日期。

第五十六条　【申请受理与救济】人民法院接到行政机关强制执行的申请，应当在五日内受理。

行政机关对人民法院不予受理的裁定有异议的，可以在十五日内向上一级人民法院申请复议，上一级人民法院应当自收到复议申请之日起十五日内作出是否受理的裁定。

第五十七条　【书面审查】人民法院对行政机关强制执行的申请进行书面审查，对符合本法第五十五条规定，且行政决定具备法定执行效力的，除本法第五十八条规定的情形外，人民法院应当自受理之日起七日内作出执行裁定。

第五十八条　【实质审查】人民法院发现有下列情形之一的，在作出裁定前可以听取被执行人和行政机关的意见：

（一）明显缺乏事实根据的；

（二）明显缺乏法律、法规依据的；

（三）其他明显违法并损害被执行人合法权益的。

人民法院应当自受理之日起三十日内作出是否执行的裁定。裁定不予执行的，应当说明理由，并在五日内将不予执行的裁定送达行政机关。

行政机关对人民法院不予执行的裁定有异议的，可以自收到裁定之日起十五日内向上一级人民法院申请复议，上一级人民法院应当自收到复议申请之日起三十日内作出是否执行的裁定。

第五十九条　【申请立即执行】因情况紧急，为保障公共安全，行政机关可以申请人民法院立即执行。经人民法院院长批准，人民法院应当自作出执行裁定之日起五日内执行。

第六十条　【执行费用】行政机关申请人民法院强制执行，不缴纳申请费。强制执行的费用由被执行人承担。

人民法院以划拨、拍卖方式强制执行的，可以在划拨、拍卖后将强制执行的费用扣除。

依法拍卖财物,由人民法院委托拍卖机构依照《中华人民共和国拍卖法》的规定办理。

划拨的存款、汇款以及拍卖和依法处理所得的款项应当上缴国库或者划入财政专户,不得以任何形式截留、私分或者变相私分。

第六章 法律责任

第六十一条 【实施行政强制违法责任】行政机关实施行政强制,有下列情形之一的,由上级行政机关或者有关部门责令改正,对直接负责的主管人员和其他直接责任人员依法给予处分:

(一)没有法律、法规依据的;

(二)改变行政强制对象、条件、方式的;

(三)违反法定程序实施行政强制的;

(四)违反本法规定,在夜间或者法定节假日实施行政强制执行的;

(五)对居民生活采取停止供水、供电、供热、供燃气等方式迫使当事人履行相关行政决定的;

(六)有其他违法实施行政强制情形的。

第六十二条 【违法查封、扣押、冻结的责任】违反本法规定,行政机关有下列情形之一的,由上级行政机关或者有关部门责令改正,对直接负责的主管人员和其他直接责任人员依法给予处分:

(一)扩大查封、扣押、冻结范围的;

(二)使用或者损毁查封、扣押场所、设施或者财物的;

(三)在查封、扣押法定期间不作出处理决定或者未依法及时解除查封、扣押的;

(四)在冻结存款、汇款法定期间不作出处理决定或者未依法及时解除冻结的。

第六十三条 【截留、私分或变相私分查封、扣押的财物、划拨的存款、汇款和拍卖、依法处理所得款项的法律责任】行政机关将查封、扣押的财物或者划拨的存款、汇款以及拍卖和依法处理所得的款项，截留、私分或者变相私分的，由财政部门或者有关部门予以追缴；对直接负责的主管人员和其他直接责任人员依法给予记大过、降级、撤职或者开除的处分。

行政机关工作人员利用职务上的便利，将查封、扣押的场所、设施或者财物据为己有的，由上级行政机关或者有关部门责令改正，依法给予记大过、降级、撤职或者开除的处分。

第六十四条 【利用行政强制权谋利的法律责任】行政机关及其工作人员利用行政强制权为单位或者个人谋取利益的，由上级行政机关或者有关部门责令改正，对直接负责的主管人员和其他直接责任人员依法给予处分。

第六十五条 【金融机构违反冻结、划拨规定的法律责任】违反本法规定，金融机构有下列行为之一的，由金融业监督管理机构责令改正，对直接负责的主管人员和其他直接责任人员依法给予处分：

（一）在冻结前向当事人泄露信息的；

（二）对应当立即冻结、划拨的存款、汇款不冻结或者不划拨，致使存款、汇款转移的；

（三）将不应当冻结、划拨的存款、汇款予以冻结或者划拨的；

（四）未及时解除冻结存款、汇款的。

第六十六条 【执行款项未划入规定账户的法律责任】违反本法规定，金融机构将款项划入国库或者财政专户以外的其他账户的，由金融业监督管理机构责令改正，并处以违法划拨款项二倍的罚款；对直接负责的主管人员和其他直接责任人员依法给予处分。

违反本法规定，行政机关、人民法院指令金融机构将款项划入国库或者财政专户以外的其他账户的，对直接负责的主管人员和其他直接责任人员依法给予处分。

第六十七条 【人民法院及其工作人员强制执行违法的责任】人民法院及其工作人员在强制执行中有违法行为或者扩大强制执行范

围的，对直接负责的主管人员和其他直接责任人员依法给予处分。

第六十八条 【赔偿和刑事责任】违反本法规定，给公民、法人或者其他组织造成损失的，依法给予赔偿。

违反本法规定，构成犯罪的，依法追究刑事责任。

第七章 附 则

第六十九条 【期限的界定】本法中十日以内期限的规定是指工作日，不含法定节假日。

第七十条 【法律、行政法规授权的组织实施行政强制受本法调整】法律、行政法规授权的具有管理公共事务职能的组织在法定授权范围内，以自己的名义实施行政强制，适用本法有关行政机关的规定。

第七十一条 【施行时间】本法自2012年1月1日起施行。

全国人大常委会法制工作委员会关于行政复议机关能否加重对申请人处罚问题的答复意见

(2001年9月6日 法工委复字〔2001〕21号)

国家环境保护总局：

你局2001年6月14日来函（环函〔2001〕121号）收悉，现答复如下：

同意国家环境保护总局的意见。

行政复议机关在对被申请人作出的行政处罚决定或者其他具体行政行为进行复议时，作出的行政复议决定不得对该行政处罚或者该具体行政行为增加处罚种类或加重对申请人的处罚。

中华人民共和国国家赔偿法

（1994年5月12日第八届全国人民代表大会常务委员会第七次会议通过　根据2010年4月29日第十一届全国人民代表大会常务委员会第十四次会议《关于修改〈中华人民共和国国家赔偿法〉的决定》第一次修正　根据2012年10月26日第十一届全国人民代表大会常务委员会第二十九次会议《关于修改〈中华人民共和国国家赔偿法〉的决定》第二次修正）

第一章　总　　则

第一条　【立法目的】为保障公民、法人和其他组织享有依法取得国家赔偿的权利，促进国家机关依法行使职权，根据宪法，制定本法。

第二条　【依法赔偿】国家机关和国家机关工作人员行使职权，有本法规定的侵犯公民、法人和其他组织合法权益的情形，造成损害的，受害人有依照本法取得国家赔偿的权利。

本法规定的赔偿义务机关，应当依照本法及时履行赔偿义务。

第二章　行政赔偿

第一节　赔偿范围

第三条　【侵犯人身权的行政赔偿范围】行政机关及其工作人员在行使行政职权时有下列侵犯人身权情形之一的，受害人有取得赔偿的权利：

（一）违法拘留或者违法采取限制公民人身自由的行政强制措施的；

（二）非法拘禁或者以其他方法非法剥夺公民人身自由的；

（三）以殴打、虐待等行为或者唆使、放纵他人以殴打、虐待等行为造成公民身体伤害或者死亡的；

（四）违法使用武器、警械造成公民身体伤害或者死亡的；

（五）造成公民身体伤害或者死亡的其他违法行为。

第四条 【侵犯财产权的行政赔偿范围】行政机关及其工作人员在行使行政职权时有下列侵犯财产权情形之一的，受害人有取得赔偿的权利：

（一）违法实施罚款、吊销许可证和执照、责令停产停业、没收财物等行政处罚的；

（二）违法对财产采取查封、扣押、冻结等行政强制措施的；

（三）违法征收、征用财产的；

（四）造成财产损害的其他违法行为。

第五条 【行政侵权中的免责情形】属于下列情形之一的，国家不承担赔偿责任：

（一）行政机关工作人员与行使职权无关的个人行为；

（二）因公民、法人和其他组织自己的行为致使损害发生的；

（三）法律规定的其他情形。

第二节 赔偿请求人和赔偿义务机关

第六条 【行政赔偿请求人】受害的公民、法人和其他组织有权要求赔偿。

受害的公民死亡，其继承人和其他有扶养关系的亲属有权要求赔偿。

受害的法人或者其他组织终止的，其权利承受人有权要求赔偿。

第七条 【行政赔偿义务机关】行政机关及其工作人员行使行

政职权侵犯公民、法人和其他组织的合法权益造成损害的，该行政机关为赔偿义务机关。

两个以上行政机关共同行使行政职权时侵犯公民、法人和其他组织的合法权益造成损害的，共同行使行政职权的行政机关为共同赔偿义务机关。

法律、法规授权的组织在行使授予的行政权力时侵犯公民、法人和其他组织的合法权益造成损害的，被授权的组织为赔偿义务机关。

受行政机关委托的组织或者个人在行使受委托的行政权力时侵犯公民、法人和其他组织的合法权益造成损害的，委托的行政机关为赔偿义务机关。

赔偿义务机关被撤销的，继续行使其职权的行政机关为赔偿义务机关；没有继续行使其职权的行政机关的，撤销该赔偿义务机关的行政机关为赔偿义务机关。

第八条　【经过行政复议的赔偿义务机关】经复议机关复议的，最初造成侵权行为的行政机关为赔偿义务机关，但复议机关的复议决定加重损害的，复议机关对加重的部分履行赔偿义务。

第三节　赔　偿　程　序

第九条　【赔偿请求人要求行政赔偿的途径】赔偿义务机关有本法第三条、第四条规定情形之一的，应当给予赔偿。

赔偿请求人要求赔偿，应当先向赔偿义务机关提出，也可以在申请行政复议或者提起行政诉讼时一并提出。

第十条　【行政赔偿的共同赔偿义务机关】赔偿请求人可以向共同赔偿义务机关中的任何一个赔偿义务机关要求赔偿，该赔偿义务机关应当先予赔偿。

第十一条　【根据损害提出数项赔偿要求】赔偿请求人根据受到的不同损害，可以同时提出数项赔偿要求。

第十二条 【赔偿请求人递交赔偿申请书】要求赔偿应当递交申请书，申请书应当载明下列事项：

（一）受害人的姓名、性别、年龄、工作单位和住所，法人或者其他组织的名称、住所和法定代表人或者主要负责人的姓名、职务；

（二）具体的要求、事实根据和理由；

（三）申请的年、月、日。

赔偿请求人书写申请书确有困难的，可以委托他人代书；也可以口头申请，由赔偿义务机关记入笔录。

赔偿请求人不是受害人本人的，应当说明与受害人的关系，并提供相应证明。

赔偿请求人当面递交申请书的，赔偿义务机关应当当场出具加盖本行政机关专用印章并注明收讫日期的书面凭证。申请材料不齐全的，赔偿义务机关应当当场或者在五日内一次性告知赔偿请求人需要补正的全部内容。

第十三条 【行政赔偿义务机关作出赔偿决定】赔偿义务机关应当自收到申请之日起两个月内，作出是否赔偿的决定。赔偿义务机关作出赔偿决定，应当充分听取赔偿请求人的意见，并可以与赔偿请求人就赔偿方式、赔偿项目和赔偿数额依照本法第四章的规定进行协商。

赔偿义务机关决定赔偿的，应当制作赔偿决定书，并自作出决定之日起十日内送达赔偿请求人。

赔偿义务机关决定不予赔偿的，应当自作出决定之日起十日内书面通知赔偿请求人，并说明不予赔偿的理由。

第十四条 【赔偿请求人向法院提起诉讼】赔偿义务机关在规定期限内未作出是否赔偿的决定，赔偿请求人可以自期限届满之日起三个月内，向人民法院提起诉讼。

赔偿请求人对赔偿的方式、项目、数额有异议的，或者赔偿义务机关作出不予赔偿决定的，赔偿请求人可以自赔偿义务机关作出赔偿或者不予赔偿决定之日起三个月内，向人民法院提起诉讼。

第十五条 【举证责任】人民法院审理行政赔偿案件,赔偿请求人和赔偿义务机关对自己提出的主张,应当提供证据。

赔偿义务机关采取行政拘留或者限制人身自由的强制措施期间,被限制人身自由的人死亡或者丧失行为能力的,赔偿义务机关的行为与被限制人身自由的人的死亡或者丧失行为能力是否存在因果关系,赔偿义务机关应当提供证据。

第十六条 【行政追偿】赔偿义务机关赔偿损失后,应当责令有故意或者重大过失的工作人员或者受委托的组织或者个人承担部分或者全部赔偿费用。

对有故意或者重大过失的责任人员,有关机关应当依法给予处分;构成犯罪的,应当依法追究刑事责任。

第三章 刑事赔偿

第一节 赔偿范围

第十七条 【侵犯人身权的刑事赔偿范围】行使侦查、检察、审判职权的机关以及看守所、监狱管理机关及其工作人员在行使职权时有下列侵犯人身权情形之一的,受害人有取得赔偿的权利:

(一)违反刑事诉讼法的规定对公民采取拘留措施的,或者依照刑事诉讼法规定的条件和程序对公民采取拘留措施,但是拘留时间超过刑事诉讼法规定的时限,其后决定撤销案件、不起诉或者判决宣告无罪终止追究刑事责任的;

(二)对公民采取逮捕措施后,决定撤销案件、不起诉或者判决宣告无罪终止追究刑事责任的;

(三)依照审判监督程序再审改判无罪,原判刑罚已经执行的;

(四)刑讯逼供或者以殴打、虐待等行为或者唆使、放纵他人以殴打、虐待等行为造成公民身体伤害或者死亡的;

（五）违法使用武器、警械造成公民身体伤害或者死亡的。

第十八条 【侵犯财产权的刑事赔偿范围】行使侦查、检察、审判职权的机关以及看守所、监狱管理机关及其工作人员在行使职权时有下列侵犯财产权情形之一的，受害人有取得赔偿的权利：

（一）违法对财产采取查封、扣押、冻结、追缴等措施的；

（二）依照审判监督程序再审改判无罪，原判罚金、没收财产已经执行的。

第十九条 【刑事赔偿免责情形】属于下列情形之一的，国家不承担赔偿责任：

（一）因公民自己故意作虚伪供述，或者伪造其他有罪证据被羁押或者被判处刑罚的；

（二）依照刑法第十七条、第十八条规定不负刑事责任的人被羁押的；

（三）依照刑事诉讼法第十五条、第一百七十三条第二款、第二百七十三条第二款、第二百七十九条规定不追究刑事责任的人被羁押的；

（四）行使侦查、检察、审判职权的机关以及看守所、监狱管理机关的工作人员与行使职权无关的个人行为；

（五）因公民自伤、自残等故意行为致使损害发生的；

（六）法律规定的其他情形。

第二节 赔偿请求人和赔偿义务机关

第二十条 【刑事赔偿请求人】赔偿请求人的确定依照本法第六条的规定。

第二十一条 【刑事赔偿义务机关】行使侦查、检察、审判职权的机关以及看守所、监狱管理机关及其工作人员在行使职权时侵犯公民、法人和其他组织的合法权益造成损害的，该机关为赔偿义务机关。

对公民采取拘留措施,依照本法的规定应当给予国家赔偿的,作出拘留决定的机关为赔偿义务机关。

对公民采取逮捕措施后决定撤销案件、不起诉或者判决宣告无罪的,作出逮捕决定的机关为赔偿义务机关。

再审改判无罪的,作出原生效判决的人民法院为赔偿义务机关。二审改判无罪,以及二审发回重审后作无罪处理的,作出一审有罪判决的人民法院为赔偿义务机关。

第三节 赔偿程序

第二十二条 【刑事赔偿的提出和赔偿义务机关先行处理】 赔偿义务机关有本法第十七条、第十八条规定情形之一的,应当给予赔偿。

赔偿请求人要求赔偿,应当先向赔偿义务机关提出。

赔偿请求人提出赔偿请求,适用本法第十一条、第十二条的规定。

第二十三条 【刑事赔偿义务机关赔偿决定的作出】 赔偿义务机关应当自收到申请之日起两个月内,作出是否赔偿的决定。赔偿义务机关作出赔偿决定,应当充分听取赔偿请求人的意见,并可以与赔偿请求人就赔偿方式、赔偿项目和赔偿数额依照本法第四章的规定进行协商。

赔偿义务机关决定赔偿的,应当制作赔偿决定书,并自作出决定之日起十日内送达赔偿请求人。

赔偿义务机关决定不予赔偿的,应当自作出决定之日起十日内书面通知赔偿请求人,并说明不予赔偿的理由。

第二十四条 【刑事赔偿复议申请的提出】 赔偿义务机关在规定期限内未作出是否赔偿的决定,赔偿请求人可以自期限届满之日起三十日内向赔偿义务机关的上一级机关申请复议。

赔偿请求人对赔偿的方式、项目、数额有异议的,或者赔偿义务机关作出不予赔偿决定的，赔偿请求人可以自赔偿义务机关作出赔偿或者不予赔偿决定之日起三十日内，向赔偿义务机关的上一级机关申请复议。

赔偿义务机关是人民法院的，赔偿请求人可以依照本条规定向其上一级人民法院赔偿委员会申请作出赔偿决定。

第二十五条 【刑事赔偿复议的处理和对复议决定的救济】复议机关应当自收到申请之日起两个月内作出决定。

赔偿请求人不服复议决定的，可以在收到复议决定之日起三十日内向复议机关所在地的同级人民法院赔偿委员会申请作出赔偿决定；复议机关逾期不作决定的，赔偿请求人可以自期限届满之日起三十日内向复议机关所在地的同级人民法院赔偿委员会申请作出赔偿决定。

第二十六条 【举证责任分配】人民法院赔偿委员会处理赔偿请求，赔偿请求人和赔偿义务机关对自己提出的主张，应当提供证据。

被羁押人在羁押期间死亡或者丧失行为能力的，赔偿义务机关的行为与被羁押人的死亡或者丧失行为能力是否存在因果关系，赔偿义务机关应当提供证据。

第二十七条 【赔偿委员会办理案件程序】人民法院赔偿委员会处理赔偿请求，采取书面审查的办法。必要时，可以向有关单位和人员调查情况、收集证据。赔偿请求人与赔偿义务机关对损害事实及因果关系有争议的，赔偿委员会可以听取赔偿请求人和赔偿义务机关的陈述和申辩，并可以进行质证。

第二十八条 【赔偿委员会办理案件期限】人民法院赔偿委员会应当自收到赔偿申请之日起三个月内作出决定；属于疑难、复杂、重大案件的，经本院院长批准，可以延长三个月。

第二十九条 【赔偿委员会的组成】中级以上的人民法院设立赔偿委员会，由人民法院三名以上审判员组成，组成人员的人数应当为单数。

赔偿委员会作赔偿决定,实行少数服从多数的原则。

赔偿委员会作出的赔偿决定,是发生法律效力的决定,必须执行。

第三十条　【赔偿委员会重新审查程序】赔偿请求人或者赔偿义务机关对赔偿委员会作出的决定,认为确有错误的,可以向上一级人民法院赔偿委员会提出申诉。

赔偿委员会作出的赔偿决定生效后,如发现赔偿决定违反本法规定的,经本院院长决定或者上级人民法院指令,赔偿委员会应当在两个月内重新审查并依法作出决定,上一级人民法院赔偿委员会也可以直接审查并作出决定。

最高人民检察院对各级人民法院赔偿委员会作出的决定,上级人民检察院对下级人民法院赔偿委员会作出的决定,发现违反本法规定的,应当向同级人民法院赔偿委员会提出意见,同级人民法院赔偿委员会应当在两个月内重新审查并依法作出决定。

第三十一条　【刑事赔偿的追偿】赔偿义务机关赔偿后,应当向有下列情形之一的工作人员追偿部分或者全部赔偿费用:

(一)有本法第十七条第四项、第五项规定情形的;

(二)在处理案件中有贪污受贿,徇私舞弊,枉法裁判行为的。

对有前款规定情形的责任人员,有关机关应当依法给予处分;构成犯罪的,应当依法追究刑事责任。

第四章　赔偿方式和计算标准

第三十二条　【赔偿方式】国家赔偿以支付赔偿金为主要方式。能够返还财产或者恢复原状的,予以返还财产或者恢复原状。

第三十三条　【人身自由的国家赔偿标准】侵犯公民人身自由的,每日赔偿金按照国家上年度职工日平均工资计算。

第三十四条　【生命健康权的国家赔偿标准】侵犯公民生命健

189

康权的，赔偿金按照下列规定计算：

（一）造成身体伤害的，应当支付医疗费、护理费，以及赔偿因误工减少的收入。减少的收入每日的赔偿金按照国家上年度职工日平均工资计算，最高额为国家上年度职工年平均工资的五倍；

（二）造成部分或者全部丧失劳动能力的，应当支付医疗费、护理费、残疾生活辅助具费、康复费等因残疾而增加的必要支出和继续治疗所必需的费用，以及残疾赔偿金。残疾赔偿金根据丧失劳动能力的程度，按照国家规定的伤残等级确定，最高不超过国家上年度职工年平均工资的二十倍。造成全部丧失劳动能力的，对其扶养的无劳动能力的人，还应当支付生活费；

（三）造成死亡的，应当支付死亡赔偿金、丧葬费，总额为国家上年度职工年平均工资的二十倍。对死者生前扶养的无劳动能力的人，还应当支付生活费。

前款第二项、第三项规定的生活费的发放标准，参照当地最低生活保障标准执行。被扶养的人是未成年人的，生活费给付至十八周岁止；其他无劳动能力的人，生活费给付至死亡时止。

第三十五条　【精神损害的国家赔偿标准】有本法第三条或者第十七条规定情形之一，致人精神损害的，应当在侵权行为影响的范围内，为受害人消除影响，恢复名誉，赔礼道歉；造成严重后果的，应当支付相应的精神损害抚慰金。

第三十六条　【财产权的国家赔偿标准】侵犯公民、法人和其他组织的财产权造成损害的，按照下列规定处理：

（一）处罚款、罚金、追缴、没收财产或者违法征收、征用财产的，返还财产；

（二）查封、扣押、冻结财产的，解除对财产的查封、扣押、冻结，造成财产损坏或者灭失的，依照本条第三项、第四项的规定赔偿；

（三）应当返还的财产损坏的，能够恢复原状的恢复原状，不能恢复原状的，按照损害程度给付相应的赔偿金；

（四）应当返还的财产灭失的，给付相应的赔偿金；

（五）财产已经拍卖或者变卖的，给付拍卖或者变卖所得的价款；变卖的价款明显低于财产价值的，应当支付相应的赔偿金；

（六）吊销许可证和执照、责令停产停业的，赔偿停产停业期间必要的经常性费用开支；

（七）返还执行的罚款或者罚金、追缴或者没收的金钱，解除冻结的存款或者汇款的，应当支付银行同期存款利息；

（八）对财产权造成其他损害的，按照直接损失给予赔偿。

第三十七条　【国家赔偿费用】赔偿费用列入各级财政预算。

赔偿请求人凭生效的判决书、复议决定书、赔偿决定书或者调解书，向赔偿义务机关申请支付赔偿金。

赔偿义务机关应当自收到支付赔偿金申请之日起七日内，依照预算管理权限向有关的财政部门提出支付申请。财政部门应当自收到支付申请之日起十五日内支付赔偿金。

赔偿费用预算与支付管理的具体办法由国务院规定。

第五章　其他规定

第三十八条　【民事、行政诉讼中的司法赔偿】人民法院在民事诉讼、行政诉讼过程中，违法采取对妨害诉讼的强制措施、保全措施或者对判决、裁定及其他生效法律文书执行错误，造成损害的，赔偿请求人要求赔偿的程序，适用本法刑事赔偿程序的规定。

第三十九条　【国家赔偿请求时效】赔偿请求人请求国家赔偿的时效为两年，自其知道或者应当知道国家机关及其工作人员行使职权时的行为侵犯其人身权、财产权之日起计算，但被羁押等限制人身自由期间不计算在内。在申请行政复议或者提起行政诉讼时一并提出赔偿请求的，适用行政复议法、行政诉讼法有关时效的规定。

赔偿请求人在赔偿请求时效的最后六个月内，因不可抗力或者其他障碍不能行使请求权的,时效中止。从中止时效的原因消除之日起,赔偿请求时效期间继续计算。

第四十条 【对等原则】外国人、外国企业和组织在中华人民共和国领域内要求中华人民共和国国家赔偿的,适用本法。

外国人、外国企业和组织的所属国对中华人民共和国公民、法人和其他组织要求该国国家赔偿的权利不予保护或者限制的,中华人民共和国与该外国人、外国企业和组织的所属国实行对等原则。

第六章 附 则

第四十一条 【不得收费和征税】赔偿请求人要求国家赔偿的,赔偿义务机关、复议机关和人民法院不得向赔偿请求人收取任何费用。

对赔偿请求人取得的赔偿金不予征税。

第四十二条 【施行时间】本法自1995年1月1日起施行。

公安机关办理行政复议案件程序规定

(2002年11月2日公安部令第65号公布 自2003年1月1日起施行)

第一章 总 则

第一条 为了规范公安机关行政复议案件的办理程序,防止和纠正违法的或者不当的具体行政行为,保护公民、法人和其他组织的合法权益,保障和监督公安机关依法行使职权,根据《中华人民共和国行政复议法》(以下简称行政复议法)以及其他有关法律、法规,结合公安工作实际,制定本规定。

第二条 本规定所称公安行政复议机关,是指县级以上地方各级人民政府公安机关,新疆生产建设兵团公安机关,公安交通管理机构、公安边防部门、出入境边防检查总站。

铁路、交通、民航、森林公安机关办理行政复议案件,适用本规定。

第三条 本规定所称公安行政复议机构,是指公安行政复议机关负责法制工作的机构。

公安行政复议机构具体办理行政复议案件,公安机关业务部门内设的法制机构不办理行政复议案件。

第四条 公安行政复议机构接受口头行政复议申请,向有关组织和人员调查情况,听取申请人、被申请人和第三人的意见时,办案人员不得少于二人。

第五条 公安行政复议机构办理行政复议案件所需经费应当在本级公安业务费中列支;办理公安行政复议事项必需的设备、工作条件,公安行政复议机关应当予以保障。

第六条 公安行政复议机关办理行政复议案件,应当遵循合法、公正、公开、及时、便民的原则,坚持有错必纠,确保国家法律、法规的正确实施。

第七条 公民、法人或者其他组织对公安机关的具体行政行为不服的,依法可以向该公安机关的本级人民政府申请行政复议,也可以向上一级主管公安机关申请行政复议。法律、法规另有规定的除外。

第二章 复议机关

第八条 对县级以上各级人民政府公安机关作出的具体行政行为不服的,按照下列规定提出行政复议申请:

(一)对公安部、省(自治区、直辖市)公安厅(局)、新疆生产建设兵团公安局作出的具体行政行为不服的，向公安部申请行政复议；

（二）对市（地、州、盟）公安局（处）作出的具体行政行为不服的，向省（自治区、直辖市）公安厅（局）申请行政复议；

（三）对县（市、旗）公安局作出的具体行政行为不服的，向市（地、州、盟）公安局（处）申请行政复议；

（四）对城市公安分局作出的具体行政行为不服的，向市公安局申请行政复议。

第九条 对省（自治区、直辖市）公安厅（局）直属的公安局、市（地、州、盟）公安局（处）直属的公安分局作出的具体行政行为不服的，向设立该直属公安局、公安分局的省（自治区、直辖市）公安厅（局）、市（地、州、盟）局（处）申请行政复议。

第十条 对县级以上地方各级人民政府公安机关内设的公安消防机构作出的具体行政行为不服的，向该公安机关申请行政复议。

第十一条 对县级以上地方各级人民政府公安机关内设的公安交通管理机构作出的具体行政行为不服的，向该公安机关申请行政复议。

对公安交通管理机构下设的公安交通警察支队、大队（队）作出的具体行政行为不服的，可以向其上一级公安交通管理机构申请行政复议。

第十二条 对出入境边防检查站作出的具体行政行为不服的，向出入境边防检查总站申请行政复议。

第十三条 对公安边防部门以自己名义作出的具体行政行为不服的，向其上一级公安边防部门申请行政复议；对公安边防部门以地方公安机关名义作出的具体行政行为不服的，向其所在地的县级以上地方人民政府公安机关申请行政复议。

第十四条 对公安派出所依法作出的具体行政行为不服的，向设立该公安派出所的公安机关申请行政复议。

第十五条 对法律、法规授权的公安机关内设机构或者派出机构超出法定授权范围作出的具体行政行为不服的,向该内设机构所属的公安机关或者设立该派出机构的公安机关申请行政复议。

对没有法律、法规授权的公安机关的内设机构或者派出机构以自己的名义作出的具体行政行为不服的,向该内设机构所属的公安机关或者设立该派出机构的公安机关的上一级公安机关申请行政复议。

第十六条 对经上级公安机关批准的具体行政行为不服的,向在对外发生法律效力的文书上加盖印章的公安机关的上一级公安机关申请行政复议。

第三章 申 请

第十七条 申请行政复议,可以书面申请,也可以口头申请。

第十八条 书面申请的,应当提交《行政复议申请书》,载明以下内容:

(一)申请人及其代理人的姓名、性别、出生年月日、工作单位、住所、联系方式,法人或者其他组织的名称、地址、法定代表人或者主要负责人的姓名、职务、住所、联系方式;

(二)被申请人的名称、地址、法定代表人的姓名;

(三)行政复议请求;

(四)申请行政复议的事实和理由;

(五)申请行政复议的日期。

《行政复议申请书》应当由申请人签名或者捺手印。

第十九条 口头申请的,公安行政复议机构应当当场记录申请人的基本情况、行政复议请求、申请行政复议的主要事实、理由和时间,经申请人核对或者向申请人宣读并确认无误后,由申请人签名或者捺指印。

第二十条 申请人因不可抗力以外的其他正当理由耽误法定申

请期限的，应当提交相应的证明材料，由公安行政复议机构认定。

前款规定中的其他正当理由包括：

（一）申请人因严重疾病不能在法定申请期限内申请行政复议的；

（二）申请人为无行为能力人或者限制行为能力人，其法定代理人在法定申请期限内不能确定的；

（三）法人或者其他组织合并、分立或者终止，承受其权利的法人或者其他组织在法定申请期限内不能确定的；

（四）公安行政复议机构认定的其他耽误法定申请期限的正当理由。

第二十一条 公安机关作出具体行政行为时，未告知公民、法人或者其他组织行政复议权或者申请行政复议期限的，申请行政复议期限从公民、法人或者其他组织知道或者应当知道行政复议权或者申请行政复议期限之日起计算。

公安机关作出具体行政行为时，未制作或者未送达法律文书，公民、法人或者其他组织不服申请行政复议的，只要能够证明具体行政行为存在，公安行政复议机关应当受理。申请行政复议期限从证明具体行政行为存在之日起计算。

第二十二条 下列时间可以认定为申请人知道具体行政行为的时间：

（一）当场作出具体行政行为的，具体行政行为作出时间为知道的时间；

（二）作出具体行政行为的法律文书直接送交受送达人的，受送达人签收的时间为知道的时间；送达时本人不在的，与其共同居住的有民事行为能力的亲属签收的时间为知道的时间；本人指定代收人的，代收人签收的时间为知道的时间；受送达人为法人或者其他组织的，其收发部门签收的时间为知道的时间；

（三）受送达人拒绝接收作出具体行政行为的法律文书，有送达人、见证人在送达回证上签名或者盖章的，送达回证上签署的时间

为知道的时间;

（四）通过邮寄方式送达当事人的,当事人签收邮件的时间为知道的时间;

（五）通过公告形式告知当事人的,公告规定的时间届满之日的次日为知道的时间;

（六）法律、法规、规章和其他规范性文件未规定履行期限的,公安机关收到履行法定职责申请之日起 60 日的次日为申请人知道的时间;法律、法规、规章和其他规范性文件规定了履行期限的,期限届满之日的次日为知道的时间。

第二十三条 公民、法人或者其他组织申请公安机关履行法定职责,法律、法规、规章和其他规范性文件未规定履行期限的,公安机关在接到申请之日起 60 日内不履行,公民、法人或者其他组织可以依法申请行政复议。法律、法规、规章和其他规范性文件规定了履行期限的,从其规定。

申请人的合法权益正在受到侵犯或者处于其他紧急情况下请求公安机关履行法定职责,公安机关不履行的,申请人从即日起可以申请行政复议。

第二十四条 申请人在被限制人身自由期间申请行政复议的,执行场所应当登记并在 3 日内将其行政复议申请书转交公安行政复议机关。

转交行政复议申请的时间,不计入行政复议申请审查期限。

第四章 受 理

第二十五条 公安行政复议机构负责接受公民、法人和其他组织提出的行政复议申请。

公安行政复议机关的其他内设机构收到《行政复议申请书》的,应当登记并于当日转送公安行政复议机构;口头申请行政复议的,其他内设机构应当告知其依法向公安行政复议机构提出申请。

第二十六条 公安行政复议机构收到行政复议申请后，应当对该申请是否符合下列条件进行初步审查：

（一）提出申请的公民、法人和其他组织是否具备申请人资格；

（二）是否有明确的被申请人和行政复议请求；

（三）是否符合行政复议范围；

（四）是否超过行政复议期限；

（五）是否属于本机关受理。

第二十七条 公安行政复议机构自收到行政复议申请之日起5日内应当分别作出以下处理：

（一）符合行政复议法规定的，予以受理；

（二）不符合行政复议法规定的，决定不予受理，并制发《行政复议申请不予受理决定书》；

（三）符合行政复议法规定，但不属于本机关受理的，应当告知申请人向有权受理的行政复议机关提出。

第二十八条 下列情形不属于公安行政复议范围：

（一）对办理刑事案件中依法采取的刑事强制措施、刑事侦查措施等刑事司法行为不服的；

（二）对公安机关依法调解不服的；

（三）对处理火灾事故、交通事故以及办理其他行政案件中作出的鉴定结论等不服的；

（四）对申诉被驳回不服的；

（五）其他依法不应当受理的行政复议申请。

申请人认为公安机关的刑事司法行为属于滥用职权、超越职权插手经济纠纷的，公安行政复议机关应当在作出不予受理决定之前，及时报上一级公安行政复议机关。

第二十九条 公安行政复议机构在审查行政复议申请时，对与申请行政复议的具体行政行为有利害关系的公民、法人或者其他组织，可以告知其作为第三人参加行政复议。

第三十条　公民、法人或者其他组织认为申请行政复议的具体行政行为与自己有利害关系的，可以向公安行政复议机关申请作为第三人参加行政复议。

第三十一条　与申请行政复议的具体行政行为有利害关系的公民、法人或者其他组织被告知参加行政复议或者申请参加行政复议被许可后，无正当理由不参加的，不影响行政复议进行。

第三十二条　申请人、第三人委托代理人代为参加行政复议的，应当向公安行政复议机构提交由委托人签名或者盖章的委托书，委托书应当载明委托事项和具体权限。

申请人、第三人解除或者变更委托的，应当书面通知公安行政复议机构。

第三十三条　公安行政复议机关因行政复议申请的受理发生争议，争议双方应当协商解决。协商不成的，由争议双方的共同上一级公安机关指定受理。

第三十四条　申请人依法提出行政复议申请，公安行政复议机关无正当理由拖延或者拒绝受理的，上级公安机关应当责令其受理。

第三十五条　上级公安机关责令下级公安机关受理行政复议申请的，应当制作《行政复议申请责令受理通知书》，送被责令机关，并通知申请人。

被责令受理行政复议申请的公安机关收到《行政复议申请责令受理通知书》，即视为受理；行政复议决定作出后，应当将《行政复议决定书》及时报送责令机关备案。

第三十六条　上级公安机关认为责令下级公安机关受理行政复议申请不利于合法、公正处理的，上级公安机关可以直接受理。

第五章　审　　查

第三十七条　公安行政复议机构应当对被申请人作出的具体行

政行为的下列事项进行全面审查：

（一）主要事实是否清楚，证据是否确凿；

（二）适用依据是否正确；

（三）是否符合法定程序；

（四）是否超越或者滥用职权；

（五）是否存在明显不当；

（六）是否属于不履行法定职责。

第三十八条 公安行政复议机构在对本规定第三十七条规定的事项进行审查的同时，应当对下列事项进行审查：

（一）具体行政行为是否应当停止执行；

（二）是否需要通知第三人参加行政复议；

（三）是否需要提交公安行政复议机关集体讨论；

（四）是否需要当面听取当事人意见。

第三十九条 公安行政复议机构对行政处罚决定应当重点审查下列事项：

（一）被申请人是否具有法定职权；

（二）事实是否清楚，证据是否确凿；

（三）适用依据是否正确；

（四）量罚是否存在明显不当；

（五）是否符合法定程序。

第四十条 公安行政复议机构对行政强制措施决定应当重点审查下列事项：

（一）被申请人是否具有法定职权；

（二）是否符合法定条件；

（三）是否符合法定范围和期限；

（四）适用依据是否正确；

（五）是否符合法定程序。

第四十一条 公安行政复议机构对行政许可应当重点审查下列事项：

（一）许可事项是否属于被申请人的法定职责；
（二）不予许可理由是否正当；
（三）是否符合法定许可范围；
（四）是否符合法定程序。

第四十二条 公安行政复议机构对申请人认为被申请人不履行法定职责的行政复议案件，应当重点审查下列事项：

（一）是否属于被申请人的法定职责；
（二）被申请人是否明确表示拒绝履行或者不予答复；
（三）是否超过法定履行期限；
（四）被申请人提出不能在法定期限内履行或者不能及时履行的理由是否正当。

前款规定的不履行法定职责，是指被申请人对申请人依法提出的申请，应当在法定的期限或者相当的期限内履行其法定职责，而拒绝履行或者没有正当理由延迟履行。

被申请人已经实际履行，但因不可抗力或者非因被申请人自身原因没有继续履行必要或者致使履行不充分的，不属于不履行法定职责。

第四十三条 公安行政复议机关对行政复议法第二十六条、第二十七条中规定的"规定"、"依据"，应当从以下几个方面进行审查：

（一）是否与上位阶的规范性文件相抵触；
（二）是否与同位阶的规范性文件相矛盾；
（三）是否属于制定机关的法定职权范围。

第四十四条 公安行政复议机关依法有权对下列规范性文件进行审查：

（一）本级公安机关制定的规范性文件；
（二）下级公安机关制定的规范性文件。

第四十五条 公安行政复议机关对认定为不合法的规范性文件，按以下原则处理：

（一）属于本级公安机关制定的，应当在 30 日内予以废止或者作出修订；

（二）属于下级公安机关制定的，应当在 30 日内予以撤销或者责令下级公安机关在 30 日内予以废止或者作出修订。

第四十六条 公安行政复议机构对行政复议中需审查的下列规范性文件，应当制作《规范性文件提请审查函》，按程序予以转送：

（一）公安行政复议机关的上级行政机关制定的规范性文件；

（二）公安行政复议机关无权处理的其他规范性文件。

第四十七条 规范性文件的转送，按以下规定办理：

（一）对上级行政机关制定的规范性文件，按程序转送至制定该规范性文件的机关；

（二）对与公安行政复议机关同级的其他行政机关或该行政机关的下级机关制定的规范性文件，转送至该行政机关。

第四十八条 对公安行政复议机关与其他行政机关联合制定的规范性文件，商联合制定规范性文件的行政机关办理。

第四十九条 依照行政复议法第二十六条、第二十七条对有关规范性文件作出处理的机关，应当将处理结论书面告知制定机关和公安行政复议机关。前款规定中的处理结论包括：

（一）规范性文件合法的，决定予以维持；

（二）规范性文件不合法的，根据情况，予以撤销或者废止，或者提出修订意见，并责令制定机关限期修订。

第五十条 规范性文件审查期间，公安行政复议机关应当中止对具体行政行为的审查，必要时可以决定停止具体行政行为的执行。

第五十一条 重大、复杂的行政复议案件，应当提交公安行政复议机关集体讨论。

前款所称重大、复杂的行政复议案件是指：

（一）涉及国家利益、公共利益以及有重大影响的案件；

（二）重大涉外或者涉及香港特别行政区、澳门特别行政区、台湾地区的案件；

（三）公安行政复议机构认为重大、复杂的其他行政复议案件。

第五十二条　有下列情形之一的，公安行政复议机构可以向有关组织和人员调查取证：

（一）申请人对案件主要事实有异议的；

（二）被申请人提供的证据相互矛盾的；

（三）申请人或者第三人提出新的证据，可能否定被申请人认定的案件主要事实的；

（四）其他需要调查取证的情形。

公安行政复议机构在行政复议过程中收集和补充的证据，不能作为公安行政复议机关维持原具体行政行为的根据。

第五十三条　行政复议原则上采取书面审查的办法，但是有下列情形之一的，公安行政复议机构可以当面听取申请人、被申请人和第三人的意见：

（一）当事人要求当面听取意见的；

（二）案情复杂，需要当事人当面说明情况的；

（三）涉及行政赔偿的；

（四）其他需要当面听取意见的情形。

当面听取意见，应当保障当事人平等陈述、质证和辩论的权利。

第五十四条　当面听取意见应当制作笔录并载明以下内容：

（一）时间、地点及办案人员姓名；

（二）申请人、被申请人、第三人的基本情况；

（三）案由；

（四）申请人、被申请人陈述的事实、理由、法律依据、各自的请求以及辩论的焦点；

（五）证人证言等证据材料。

当面听取意见笔录应当经参加人核实并签名或者捺指印。

第五十五条　被申请人在提交当初作出具体行政行为的证据、依据和其他有关材料的同时，应当以原作出具体行政行为的机关名义提出书面答复，载明下列主要内容：

（一）案件的基本情况；

（二）具体行政行为认定的事实和依据；

（三）对行政复议申请事项的意见；

（四）被申请人的请求。

第五十六条 在行政复议过程中，被申请人不得自行向申请人和其他组织或者个人收集证据。

有下列情形之一的，经公安行政复议机关准许，被申请人可以补充相关证据：

（一）在作出具体行政行为时已经收集证据，但因不可抗力等正当理由不能提供的；

（二）申请人或者第三人在行政复议过程中，提出了其在公安机关实施具体行政行为过程中没有提出的反驳理由或者证据的。

第五十七条 申请人、第三人对申请行政复议的具体行政行为的下列事实，应当提供相应证据材料：

（一）证明申请行政复议符合法定条件的，但被申请人认为申请人申请行政复议超过法定期限的除外；

（二）被申请人不履行法定职责的行政复议申请案件中，证明其已提出申请要求被申请人履行职责的；

（三）申请人在申请行政复议时一并提出的行政赔偿中，证明其因受具体行政行为侵害而造成损失的；

（四）其他应当提供证据材料的。

第五十八条 行政复议期间，申请人、被申请人、第三人对鉴定结论有异议的，可以依法进行重新鉴定。

第五十九条 申请人、第三人及其代理人参加行政复议的，可以查阅被申请人提出的书面答复、作出具体行政行为的证据、依据和其他有关材料，但涉及国家秘密、商业秘密或者个人隐私的除外。

申请人、第三人及其代理人需要查阅被申请人的答复及作出的具体行政行为的证据、依据和其他材料的，应当在行政复议决定作出前向公安行政复议机构提出。

第六十条 行政复议决定作出前，申请人要求撤回行政复议申请的，经说明理由，可以撤回。

公安行政复议机关允许申请人撤回行政复议申请后，申请人以同一事实和理由重新提出行政复议申请的，公安行政复议机关不予受理。

第六十一条 有下列情形之一的，不允许申请人撤回行政复议申请：

（一）撤回行政复议申请可能损害国家利益、公共利益或者他人合法权益的；

（二）撤回行政复议申请不是出于申请人自愿的；

（三）其他不允许撤回行政复议申请的情形。

第六十二条 行政复议期间，除行政复议法第二十六条、第二十七条规定外，有下列情形之一的，行政复议中止：

（一）申请人或者第三人死亡，需要等待其近亲属参加行政复议的；

（二）申请人或者第三人丧失行为能力，其代理人尚未确定的；

（三）作为申请人的法人或者其他组织终止后，其权利承继尚未确定的；

（四）申请人因公安机关作出具体行政行为的同一违法事实，被采取刑事强制措施的；

（五）申请人、被申请人或者第三人因不可抗力或者其他正当理由，不能参加行政复议的；

（六）需要等待鉴定结论的；

（七）案件涉及法律适用问题，需要请有关机关作出解释或者确认的；

（八）其他应当中止行政复议的情形。

行政复议中止的，公安行政复议机关应当制作《行政复议中止决定书》，送达申请人、第三人和被申请人。

行政复议中止的原因消除后，应当及时恢复行政复议。

第六十三条　行政复议期间,除行政复议法第二十五条规定外,有下列情形之一的,行政复议终止:

(一)被申请人撤销其作出的具体行政行为,且申请人依法撤回行政复议申请的;

(二)受理行政复议申请后,发现该申请不符合行政复议法规定的;

(三)申请行政复议的公民死亡而且没有近亲属,或者近亲属自愿放弃申请行政复议的;

(四)申请行政复议的法人或者其他组织终止后,没有承继其权利的法人或者其他组织,或者承继其权利的法人或者其他组织放弃申请行政复议的;

(五)申请人因公安机关作出具体行政行为的同一违法事实被判处刑罚的。

行政复议终止的,公安行政复议机关应当制作《行政复议终止通知书》,送达申请人、被申请人或者第三人。

第六十四条　具体行政行为需要停止执行的,公安行政复议机关应当制作《具体行政行为决定停止执行通知书》,送达被申请人,并告知申请人和第三人。

第六章　决　　定

第六十五条　有下列情形之一的,应当决定被申请人在一定期限内履行法定职责:

(一)属于被申请人的法定职责,被申请人明确表示拒绝履行或者不予答复的;

(二)属于被申请人的法定职责,并有法定履行时限,被申请人逾期未履行或者未予答复的。

对没有规定法定履行期限的,公安行政复议机关可以根据案件的具体情况和履行的实际可能确定履行的期限或者责令其采取相应措施。

第六十六条 有下列情形之一的,应当确认该具体行政行为违法:

(一)被申请人不履行法定职责,但决定其履行法定职责已无实际意义的;

(二)具体行政行为不具有可撤销、变更内容的;

(三)具体行政行为依法不能成立或者无效的。

第六十七条 公安行政复议机关决定撤销具体行政行为或者确认具体行政行为违法,并责令被申请人重新作出具体行政行为,必要时可以一并限定重新作出具体行政行为的期限;限定重新作出具体行政行为的期限最长不超过60日。

被申请人重新作出具体行政行为,应当书面报公安行政复议机关备案。

公民、法人或者其他组织对重新作出的具体行政行为不服,可以依法申请行政复议或者提起行政诉讼。

第六十八条 有下列情形之一的,应当认定该具体行政行为适用依据错误:

(一)适用的依据已经失效、废止的;

(二)适用的依据尚未生效的;

(三)适用的依据不当的;

(四)其他适用依据错误的情形。

第六十九条 有下列情形之一的,应当认定该具体行政行为违反法定程序:

(一)依法应当回避而未回避的;

(二)在作出行政处罚决定之前,没有依法履行告知义务的;

(三)拒绝听取当事人陈述、申辩的;

(四)应当听证而未听证的;

(五)其他违反法律、法规、规章规定程序的情形。

第七十条 有下列情形之一的,应当认定该具体行政行为超越职权:

(一) 超越地域管辖范围的;

(二) 超越执法权限的;

(三) 其他超越职权的情形。

第七十一条 被申请人在法定职权范围内故意作出不适当的具体行政行为,侵犯申请人合法权益的,可以认定该具体行政行为滥用职权。

第七十二条 被申请人作出的具体行政行为与其他同类性质、情节的具体行政行为存在明显差别的,公安行政复议机关可以认定该具体行政行为明显不当。

第七十三条 公安行政复议机关对情况复杂,不能在规定期限内作出行政复议决定,需要延长行政复议期限的案件,应当制作《行政复议期限延长通知书》,送达申请人和被申请人。

前款规定中的情况复杂包括:

(一) 需要对申请人、第三人在行政复议过程中提出的新的证据重新鉴定、勘验或补充,不能在法定的行政复议期限内办结的;

(二) 需要对被申请人作出的具体行政行为所认定的事实作进一步的调查核实,或者申请人、第三人要求作进一步的调查核实,不能在法定的行政复议期限内调查核实完毕的;

(三) 行政复议案件涉及较多的当事人、不同地区,不能在法定的行政复议期限内办结的;

(四) 其他不能在法定的行政复议期限内作出行政复议决定的复杂情况。

第七十四条 公安行政复议机关作出行政复议决定,应当制作《行政复议决定书》,载明以下内容:

(一) 申请人、第三人及其代理人的姓名、性别、年龄、职业、住址等,法人或者其他组织的名称、地址、法定代表人等;

(二) 被申请人的名称、住址、法定代表人等;

（三）申请人的行政复议请求；

（四）申请人提出的事实和理由；

（五）被申请人答复的事实和理由；

（六）公安行政复议机关认定的事实、理由和适用的依据；

（七）行政复议结论；

（八）不服行政复议决定向人民法院提起行政诉讼的期限，或者最终裁决的履行期限；

（九）作出行政复议决定的日期。

《行政复议决定书》应当加盖公安行政复议机关印章或者公安行政复议专用章。

第七章　附　　则

第七十五条　公安机关建立公安行政复议决定书备案制度。

第七十六条　本规定中的送达，包括直接送达、留置送达、邮寄送达和公告送达。

送达有关法律文书，应当使用《送达回执》。

通过邮寄送达的，应当使用挂号信。

第七十七条　本规定自 2003 年 1 月 1 日起实施。本规定发布前公安部制定的有关规定与本规定不一致的，以本规定为准。

人力资源社会保障行政复议办法

（2010 年 3 月 16 日人力资源和社会保障部令第 6 号公布　自公布之日起施行）

第一章　总　　则

第一条　为了规范人力资源社会保障行政复议工作，根据《中华人民共和国行政复议法》（以下简称行政复议法）和《中华人民共和国行政复议法实施条例》（以下简称行政复议法实施条例），制定本办法。

第二条 公民、法人或者其他组织认为人力资源社会保障部门作出的具体行政行为侵犯其合法权益，向人力资源社会保障行政部门申请行政复议，人力资源社会保障行政部门及其法制工作机构开展行政复议相关工作，适用本办法。

第三条 各级人力资源社会保障行政部门是人力资源社会保障行政复议机关（以下简称行政复议机关），应当认真履行行政复议职责，遵循合法、公正、公开、及时、便民的原则，坚持有错必纠，保障法律、法规和人力资源社会保障规章的正确实施。

行政复议机关应当依照有关规定配备专职行政复议人员，为行政复议工作提供财政保障。

第四条 行政复议机关负责法制工作的机构（以下简称行政复议机构）具体办理行政复议事项，履行下列职责：

（一）处理行政复议申请；

（二）向有关组织和人员调查取证，查阅文件和资料，组织行政复议听证；

（三）依照行政复议法实施条例第九条的规定，办理第三人参加行政复议事项；

（四）依照行政复议法实施条例第四十一条的规定，决定行政复议中止、恢复行政复议审理事项；

（五）依照行政复议法实施条例第四十二条的规定，拟订行政复议终止决定；

（六）审查申请行政复议的具体行政行为是否合法与适当，提出处理建议，拟订行政复议决定，主持行政复议调解，审查和准许行政复议和解协议；

（七）处理或者转送对行政复议法第七条所列有关规定的审查申请；

（八）依照行政复议法第二十九条的规定，办理行政赔偿等事项；

（九）依照行政复议法实施条例第三十七条的规定，办理鉴定事项；

（十）按照职责权限，督促行政复议申请的受理和行政复议决定的履行；

（十一）对人力资源社会保障部门及其工作人员违反行政复议法、行政复议法实施条例和本办法规定的行为依照规定的权限和程序提出处理建议；

（十二）研究行政复议过程中发现的问题，及时向有关机关和部门提出建议，重大问题及时向行政复议机关报告；

（十三）办理因不服行政复议决定提起行政诉讼的行政应诉事项；

（十四）办理或者组织办理未经行政复议直接提起行政诉讼的行政应诉事项；

（十五）办理行政复议、行政应诉案件统计和重大行政复议决定备案事项；

（十六）组织培训；

（十七）法律、法规规定的其他职责。

第五条 专职行政复议人员应当具备与履行行政复议职责相适应的品行、专业知识和业务能力，并取得相应资格。各级人力资源社会保障部门应当保障行政复议人员参加培训的权利，应当为行政复议人员参加法律类资格考试提供必要的帮助。

第六条 行政复议人员享有下列权利：

（一）依法履行行政复议职责的行为受法律保护；

（二）获得履行行政复议职责相应的物质条件；

（三）对行政复议工作提出建议；

（四）参加培训；

（五）法律、法规和规章规定的其他权利。

行政复议人员应当履行下列义务：

（一）严格遵守宪法和法律；

（二）以事实为根据，以法律为准绳审理行政复议案件；

（三）忠于职守，尽职尽责，清正廉洁，秉公执法；

（四）依法保障行政复议参加人的合法权益；

（五）保守国家秘密、商业秘密和个人隐私；

（六）维护国家利益、社会公共利益，维护公民、法人或者其他组织的合法权益；

（七）法律、法规和规章规定的其他义务。

第二章　行政复议范围

第七条　有下列情形之一的，公民、法人或者其他组织可以依法申请行政复议：

（一）对人力资源社会保障部门作出的警告、罚款、没收违法所得、依法予以关闭、吊销许可证等行政处罚决定不服的；

（二）对人力资源社会保障部门作出的行政处理决定不服的；

（三）对人力资源社会保障部门作出的行政许可、行政审批不服的；

（四）对人力资源社会保障部门作出的行政确认不服的；

（五）认为人力资源社会保障部门不履行法定职责的；

（六）认为人力资源社会保障部门违法收费或者违法要求履行义务的；

（七）认为人力资源社会保障部门作出的其他具体行政行为侵犯其合法权益的。

第八条　公民、法人或者其他组织对下列事项，不能申请行政复议：

（一）人力资源社会保障部门作出的行政处分或者其他人事处理

决定；

（二）劳动者与用人单位之间发生的劳动人事争议；

（三）劳动能力鉴定委员会的行为；

（四）劳动人事争议仲裁委员会的仲裁、调解等行为；

（五）已就同一事项向其他有权受理的行政机关申请行政复议的；

（六）向人民法院提起行政诉讼，人民法院已经依法受理的；

（七）法律、行政法规规定的其他情形。

第三章 行政复议申请

第一节 申 请 人

第九条 依照本办法规定申请行政复议的公民、法人或者其他组织为人力资源社会保障行政复议申请人。

第十条 同一行政复议案件申请人超过5人的，推选1至5名代表参加行政复议，并提交全体行政复议申请人签字的授权委托书以及全体行政复议申请人的身份证复印件。

第十一条 依照行政复议法实施条例第九条的规定，公民、法人或者其他组织申请作为第三人参加行政复议，应当提交《第三人参加行政复议申请书》，该申请书应当列明其参加行政复议的事实和理由。

申请作为第三人参加行政复议的，应当对其与被审查的具体行政行为有利害关系负举证责任。

行政复议机构通知或者同意第三人参加行政复议的，应当制作《第三人参加行政复议通知书》，送达第三人，并注明第三人参加行政复议的日期。

第十二条 申请人、第三人可以委托1至2名代理人参加行政复议。

申请人、第三人委托代理人参加行政复议的,应当向行政复议机构提交授权委托书。授权委托书应当载明下列事项:

(一)委托人姓名或者名称,委托人为法人或者其他组织的,还应当载明法定代表人或者主要负责人的姓名、职务;

(二)代理人姓名、性别、职业、住所以及邮政编码;

(三)委托事项、权限和期限;

(四)委托日期以及委托人签字或者盖章。

申请人、第三人解除或者变更委托的,应当书面报告行政复议机构。

第二节 被申请人

第十三条 公民、法人或者其他组织对人力资源社会保障部门作出的具体行政行为不服,依照本办法规定申请行政复议的,作出该具体行政行为的人力资源社会保障部门为被申请人。

第十四条 对县级以上人力资源社会保障行政部门的具体行政行为不服的,可以向上一级人力资源社会保障行政部门申请复议,也可以向该人力资源社会保障行政部门的本级人民政府申请行政复议。

对人力资源社会保障部作出的具体行政行为不服的,向人力资源社会保障部申请行政复议。

第十五条 对人力资源社会保障行政部门按照国务院规定设立的社会保险经办机构(以下简称社会保险经办机构)依照法律、法规规定作出的具体行政行为不服,可以向直接管理该社会保险经办机构的人力资源社会保障行政部门申请行政复议。

第十六条 对依法受委托的属于事业组织的公共就业服务机构、职业技能考核鉴定机构以及街道、乡镇人力资源社会保障工作机构等作出的具体行政行为不服的,可以向委托其行使行政管理职能的人力资源社会保障行政部门的上一级人力资源社会保障行政部门申请复议，也可以向该人力资源社会保障行政部门的本级人民政府申请行政复议。委托的人力资源社会保障行政部门为被申请人。

第十七条　对人力资源社会保障部门和政府其他部门以共同名义作出的具体行政行为不服的，可以向其共同的上一级行政部门申请复议。共同作出具体行政行为的人力资源社会保障部门为共同被申请人之一。

第十八条　人力资源社会保障部门设立的派出机构、内设机构或者其他组织，未经法律、法规授权，对外以自己名义作出具体行政行为的，该人力资源社会保障部门为被申请人。

第三节　行政复议申请期限

第十九条　公民、法人或者其他组织认为人力资源社会保障部门作出的具体行政行为侵犯其合法权益的，可以自知道该具体行政行为之日起60日内提出行政复议申请。

前款规定的行政复议申请期限依照下列规定计算：

（一）当场作出具体行政行为的，自具体行政行为作出之日起计算；

（二）载明具体行政行为的法律文书直接送达的，自受送达人签收之日起计算；

（三）载明具体行政行为的法律文书依法留置送达的，自送达人和见证人在送达回证上签注的留置送达之日起计算；

（四）载明具体行政行为的法律文书邮寄送达的，自受送达人在邮件签收单上签收之日起计算；没有邮件签收单的，自受送达人在送达回执上签名之日起计算；

（五）具体行政行为依法通过公告形式告知受送达人的，自公告规定的期限届满之日起计算；

（六）被申请人作出具体行政行为时未告知公民、法人或者其他组织，事后补充告知的，自该公民、法人或者其他组织收到补充告知的通知之日起计算；

（七）被申请人有证据材料能够证明公民、法人或者其他组织知道该具体行政行为的，自证据材料证明其知道具体行政行为之日起计算。

人力资源社会保障部门作出具体行政行为，依法应当向有关公民、法人或者其他组织送达法律文书而未送达的，视为该公民、法人或者其他组织不知道该具体行政行为。

申请人因不可抗力或者其他正当理由耽误法定申请期限的，申请期限自原因消除之日起继续计算。

第二十条　人力资源社会保障部门对公民、法人或者其他组织作出具体行政行为，应当告知其申请行政复议的权利、行政复议机关和行政复议申请期限。

第四节　行政复议申请的提出

第二十一条　申请人书面申请行政复议的，可以采取当面递交、邮寄或者传真等方式递交行政复议申请书。

有条件的行政复议机构可以接受以电子邮件形式提出的行政复议申请。

对采取传真、电子邮件方式提出的行政复议申请，行政复议机构应当告知申请人补充提交证明其身份以及确认申请书真实性的相关书面材料。

第二十二条　申请人书面申请行政复议的，应当在行政复议申请书中载明下列事项：

（一）申请人基本情况：申请人是公民的，包括姓名、性别、年龄、身份证号码、工作单位、住所、邮政编码；申请人是法人或者其他组织的，包括名称、住所、邮政编码和法定代表人或者主要负责人的姓名、职务；

（二）被申请人的名称；

（三）申请行政复议的具体行政行为、行政复议请求、申请行政复议的主要事实和理由；

（四）申请人签名或者盖章；

（五）日期。

申请人口头申请行政复议的，行政复议机构应当依照前款规定内容，当场制作行政复议申请笔录交申请人核对或者向申请人宣读，并由申请人签字确认。

第二十三条 有下列情形之一的，申请人应当提供相应的证明材料：

（一）认为被申请人不履行法定职责的，提供曾经申请被申请人履行法定职责的证明材料；

（二）申请行政复议时一并提出行政赔偿申请的，提供受具体行政行为侵害而造成损害的证明材料；

（三）属于本办法第十九条第四款情形的，提供发生不可抗力或者有其他正当理由的证明材料；

（四）需要申请人提供证据材料的其他情形。

第二十四条 申请人提出行政复议申请时错列被申请人的，行政复议机构应当告知申请人变更被申请人。

申请人变更被申请人的期间，不计入行政复议审理期限。

第二十五条 依照行政复议法第七条的规定，申请人认为具体行政行为所依据的规定不合法的，可以在对具体行政行为申请行政复议的同时一并提出对该规定的审查申请；申请人在对具体行政行为提出行政复议申请时尚不知道该具体行政行为所依据的规定的，可以在行政复议机关作出行政复议决定前向行政复议机关提出对该规定的审查申请。

第四章 行政复议受理

第二十六条 行政复议机构收到行政复议申请后，应当在5日内进行审查，按照下列情况分别作出处理：

（一）对符合行政复议法实施条例第二十八条规定条件的，依法予以受理，制作《行政复议受理通知书》和《行政复议提出答复通知书》，送达申请人和被申请人；

（二）对符合本办法第七条规定的行政复议范围，但不属于本机关受理范围的，应当书面告知申请人向有关行政复议机关提出；

（三）对不符合法定受理条件的，应当作出不予受理决定，制作《行政复议不予受理决定书》，送达申请人，该决定书中应当说明不予受理的理由和依据。

对不符合前款规定的行政复议申请，行政复议机构应当将有关处理情况告知申请人。

第二十七条 人力资源社会保障行政部门的其他工作机构收到复议申请的，应当及时转送行政复议机构。

除不符合行政复议法定条件或者不属于本机关受理的行政复议申请外，行政复议申请自行政复议机构收到之日起即为受理。

第二十八条 依照行政复议法实施条例第二十九条的规定，行政复议申请材料不齐全或者表述不清楚的，行政复议机构可以向申请人发出补正通知，一次性告知申请人需要补正的事项。

补正通知应当载明下列事项：

（一）行政复议申请书中需要修改、补充的具体内容；

（二）需要补正的证明材料；

（三）合理的补正期限；

（四）逾期未补正的法律后果。

补正期限从申请人收到补正通知之日起计算。

无正当理由逾期不补正的，视为申请人放弃行政复议申请。

申请人应当在补正期限内向行政复议机构提交需要补正的材料。补正申请材料所用时间不计入行政复议审理期限。

第二十九条 申请人依法提出行政复议申请，行政复议机关无正当理由不予受理的，上一级人力资源社会保障行政部门可以根据申请人的申请或者依职权先行督促其受理；经督促仍不受理的，应当责令其限期受理，并且制作《责令受理行政复议申请通知书》；必要时，上一级人力资源社会保障行政部门也可以直接受理。

上一级人力资源社会保障行政部门经审查认为行政复议申请不符合法定受理条件的，应当告知申请人。

第三十条 劳动者与用人单位因工伤保险待遇发生争议，向劳动人事争议仲裁委员会申请仲裁期间，又对人力资源社会保障行政部门作出的工伤认定结论不服向行政复议机关申请行政复议的，如果符合法定条件，应当予以受理。

第五章 行政复议审理和决定

第三十一条 行政复议原则上采取书面审查的办法，但是申请人提出要求或者行政复议机构认为有必要的，可以向有关组织和人员调查情况，听取申请人、被申请人和第三人的意见。

第三十二条 行政复议机构应当自行政复议申请受理之日起7日内，将行政复议申请书副本或者行政复议申请笔录复印件发送被申请人。被申请人应当自收到申请书副本或者申请笔录复印件之日起10日内，提交行政复议答复书，并提交当初作出具体行政行为的证据、依据和其他有关材料。

行政复议答复书应当载明下列事项，并加盖被申请人印章：

（一）被申请人的名称、地址、法定代表人的姓名、职务；

（二）作出具体行政行为的事实和有关证据材料；

（三）作出具体行政行为依据的法律、法规、规章和规范性文件的具体条款和内容；

（四）对申请人行政复议请求的意见和理由；

（五）日期。

被申请人应当对其提交的证据材料分类编号，对证据材料的来源、证明对象和内容作简要说明。

因不可抗力或者其他正当理由,被申请人不能在法定期限内提出书面答复、提交当初作出具体行政行为的证据、依据和其他有关材料的,可以向行政复议机关提出延期答复和举证的书面申请。

第三十三条 有下列情形之一的,行政复议机构可以实地调查核实证据:

(一)申请人或者被申请人对于案件事实的陈述有争议的;

(二)被申请人提供的证据材料之间相互矛盾的;

(三)第三人提出新的证据材料,足以推翻被申请人认定的事实的;

(四)行政复议机构认为确有必要的其他情形。

调查取证时,行政复议人员不得少于2人,并应当向当事人或者有关人员出示证件。

第三十四条 对重大、复杂的案件,申请人提出要求或行政复议机构认为必要时,可以采取听证的方式审理。

有下列情形之一的,属于重大、复杂的案件:

(一)涉及人数众多或者群体利益的案件;

(二)具有涉外因素的案件;

(三)社会影响较大的案件;

(四)案件事实和法律关系复杂的案件;

(五)行政复议机构认为其他重大、复杂的案件。

第三十五条 公民、法人或者其他组织对人力资源社会保障部门行使法律、法规规定的自由裁量权作出的具体行政行为不服申请行政复议,在行政复议机关作出行政复议决定之前,申请人和被申请人可以在自愿、合法基础上达成和解。申请人和被申请人达成和解的,应当向行政复议机构提交书面和解协议。

书面和解协议应当载明行政复议请求、事实、理由和达成和解的结果,并且由申请人和被申请人签字或者盖章。

行政复议机构应当对申请人和被申请人提交的和解协议进行审

查。和解确属申请人和被申请人的真实意思表示，和解内容不违反法律、法规的强制性规定，不损害国家利益、社会公共利益和他人合法权益的，行政复议机构应当准许和解，并终止行政复议案件的审理。

第三十六条 依照行政复议法实施条例第四十一条的规定，行政复议机构中止、恢复行政复议案件的审理，应当分别制发《行政复议中止通知书》和《行政复议恢复审理通知书》，并通知申请人、被申请人和第三人。

第三十七条 依照行政复议法实施条例第四十二条的规定，行政复议机关终止行政复议的，应当制发《行政复议终止通知书》，并通知申请人、被申请人和第三人。

第三十八条 依照行政复议法第二十八条第一款第一项规定，具体行政行为认定事实清楚，证据确凿，适用依据正确，程序合法，内容适当的，行政复议机关应当决定维持。

第三十九条 依照行政复议法第二十八条第一款第二项规定，被申请人不履行法定职责的，行政复议机关应当决定其在一定期限内履行法定职责。

第四十条 具体行政行为有行政复议法第二十八条第一款第三项规定情形之一的，行政复议机关应当决定撤销、变更该具体行政行为或者确认该具体行政行为违法；决定撤销该具体行政行为或者确认该具体行政行为违法的，可以责令被申请人在一定期限内重新作出具体行政行为。

第四十一条 被申请人未依照行政复议法第二十三条的规定提出书面答复、提交当初作出具体行政行为的证据、依据和其他有关材料的，视为该具体行政行为没有证据、依据，行政复议机关应当决定撤销该具体行政行为。

第四十二条 具体行政行为有行政复议法实施条例第四十七条规定情形之一的，行政复议机关可以作出变更决定。

第四十三条 依照行政复议法实施条例第四十八条第一款的规

定,行政复议机关决定驳回行政复议申请的,应当制发《驳回行政复议申请决定书》,并通知申请人、被申请人和第三人。

第四十四条 行政复议机关依照行政复议法第二十八条的规定责令被申请人重新作出具体行政行为的,被申请人应当在法律、法规、规章规定的期限内重新作出具体行政行为;法律、法规、规章未规定期限的,重新作出具体行政行为的期限为60日。

公民、法人或者其他组织对被申请人重新作出的具体行政行为不服,可以依法申请行政复议或者提起行政诉讼。

第四十五条 有下列情形之一的,行政复议机关可以按照自愿、合法的原则进行调解:

(一)公民、法人或者其他组织对人力资源社会保障部门行使法律、法规规定的自由裁量权作出的具体行政行为不服申请行政复议的;

(二)当事人之间的行政赔偿或者行政补偿纠纷;

(三)其他适于调解的。

第四十六条 行政复议机关进行调解应当符合下列要求:

(一)在查明案件事实的基础上进行;

(二)充分尊重申请人和被申请人的意愿;

(三)遵循公正、合理原则;

(四)调解结果应当符合有关法律、法规的规定;

(五)调解结果不得损害国家利益、社会公共利益或者他人合法权益。

第四十七条 申请人和被申请人经调解达成协议的,行政复议机关应当制作《行政复议调解书》。《行政复议调解书》应当载明下列内容:

(一)申请人姓名、性别、年龄、住所(法人或者其他组织的名称、地址、法定代表人或者主要负责人的姓名、职务);

(二)被申请人的名称;

(三)申请人申请行政复议的请求、事实和理由;

（四）被申请人答复的事实、理由、证据和依据；

（五）进行调解的基本情况；

（六）调解结果；

（七）日期。

《行政复议调解书》应当加盖行政复议机关印章。《行政复议调解书》经申请人、被申请人签字或者盖章，即具有法律效力。

调解未达成协议或者调解书生效前一方反悔的，行政复议机关应当及时作出行政复议决定。

第四十八条 行政复议机关在审查申请人一并提出的作出具体行政行为所依据的规定的合法性时，应当根据具体情况，分别作出下列处理：

（一）如果该规定是由本行政机关制定的，应当在30日内对该规定依法作出处理结论；

（二）如果该规定是由其他人力资源社会保障行政部门制定的，应当在7日内按照法定程序转送制定该规定的人力资源社会保障行政部门，请其在60日内依法处理；

（三）如果该规定是由人民政府制定的，应当在7日内按照法定程序转送有权处理的国家机关依法处理。

对该规定进行审查期间，中止对具体行政行为的审查；审查结束后，行政复议机关再继续对具体行政行为的审查。

第四十九条 行政复议机关对决定撤销、变更具体行政行为或者确认具体行政行为违法并且申请人提出行政赔偿请求的下列具体行政行为，应当在行政复议决定中同时作出被申请人依法给予赔偿的决定：

（一）被申请人违法实施罚款、没收违法所得、依法予以关闭、吊销许可证等行政处罚的；

（二）被申请人造成申请人财产损失的其他违法行为。

第五十条 行政复议机关作出行政复议决定，应当制作《行政复议决定书》，载明下列事项：

223

（一）申请人的姓名、性别、年龄、住所（法人或者其他组织的名称、地址、法定代表人或者主要负责人的姓名、职务）；

（二）被申请人的名称、住所；

（三）申请人的行政复议请求和理由；

（四）第三人的意见；

（五）被申请人答复意见；

（六）行政复议机关认定的事实、理由，适用的法律、法规、规章以及其他规范性文件；

（七）复议决定；

（八）申请人不服行政复议决定向人民法院起诉的期限；

（九）日期。

《行政复议决定书》应当加盖行政复议机关印章。

第五十一条 行政复议机关应当根据《中华人民共和国民事诉讼法》的规定，采用直接送达、邮寄送达或者委托送达等方式，将行政复议决定送达申请人、被申请人和第三人。

第五十二条 下级行政复议机关应当及时将重大行政复议决定报上级行政复议机关备案。

第五十三条 案件审查结束后，办案人员应当及时将案卷进行整理归档。案卷保存期不少于10年，国家另有规定的从其规定。保存期满后的案卷，应当按照国家有关档案管理的规定处理。

案卷归档材料应当包括：

（一）行政复议申请的处理

1. 行政复议申请书或者行政复议申请笔录、申请人提交的证据材料；

2. 授权委托书、申请人身份证复印件、法定代表人或者主要负责人身份证明书；

3. 行政复议补正通知书；

4. 行政复议受理通知书和行政复议提出答复通知书；

5. 行政复议不予受理决定书；

6. 行政复议告知书；

7. 行政复议答复书、被申请人提交的证据材料；

8. 第三人参加行政复议申请书、第三人参加行政复议通知书；

9. 责令限期受理行政复议申请通知书。

（二）案件审理

1. 行政复议调查笔录；

2. 行政复议听证记录；

3. 行政复议中止通知书、行政复议恢复审理通知书；

4. 行政复议和解协议；

5. 行政复议延期处理通知书；

6. 撤回行政复议申请书；

7. 规范性文件转送函。

（三）处理结果

1. 行政复议决定书；

2. 行政复议调解书；

3. 行政复议终止书；

4. 驳回行政复议申请决定书。

（四）其他

1. 行政复议文书送达回证；

2. 行政复议意见书；

3. 行政复议建议书；

4. 其他。

第五十四条 案卷装订、归档应当达到下列要求：

（一）案卷装订整齐；

（二）案卷目录用钢笔或者签字笔填写，字迹工整；

（三）案卷材料不得涂改；

（四）卷内材料每页下方应当居中标注页码。

第六章　附　　则

第五十五条　本办法所称人力资源社会保障部门包括人力资源社会保障行政部门、社会保险经办机构、公共就业服务机构等具有行政职能的机构。

第五十六条　人力资源社会保障行政复议活动所需经费、办公用房以及交通、通讯、摄像、录音等设备由各级人力资源社会保障部门予以保障。

第五十七条　行政复议机关可以使用行政复议专用章。在人力资源社会保障行政复议活动中，行政复议专用章和行政复议机关印章具有同等效力。

第五十八条　本办法未规定事项，依照行政复议法、行政复议法实施条例规定执行。

第五十九条　本办法自发布之日起施行。劳动和社会保障部1999年11月23日发布的《劳动和社会保障行政复议办法》（劳动和社会保障部令第5号）同时废止。

中华人民共和国海关行政复议办法

（2007年9月24日海关总署令第166号公布　根据2014年3月13日《海关总署关于修改部分规章的决定》修订）

第一章　总　　则

第一条　为了规范海关行政复议，发挥行政复议制度在解决行政争议、建设法治海关、构建社会主义和谐社会中的作用，根据

《中华人民共和国行政复议法》(以下简称行政复议法)、《中华人民共和国海关法》(以下简称海关法)和《中华人民共和国行政复议法实施条例》(以下简称行政复议法实施条例)的规定,制定本办法。

第二条 公民、法人或者其他组织认为海关具体行政行为侵犯其合法权益向海关提出行政复议申请,海关办理行政复议事项,适用本办法。

第三条 各级海关行政复议机关应当认真履行行政复议职责,领导并且支持本海关负责法制工作的机构(以下简称海关行政复议机构)依法办理行政复议事项,依照有关规定配备、充实、调剂专职行政复议人员,为行政复议工作提供财政保障,保证海关行政复议机构的办案能力与工作任务相适应。

第四条 海关行政复议机构履行下列职责:

(一)受理行政复议申请;

(二)向有关组织和人员调查取证,查阅文件和资料,组织行政复议听证;

(三)审查被申请行政复议的具体行政行为是否合法与适当,拟定行政复议决定,主持行政复议调解,审查和准许行政复议和解;

(四)办理海关行政赔偿事项;

(五)依照行政复议法第三十三条的规定,办理海关行政复议决定的依法强制执行或者申请人民法院强制执行事项;

(六)处理或者转送申请人依照本办法第三十一条提出的对有关规定的审查申请;

(七)指导、监督下级海关的行政复议工作,依照规定提出复议意见;

(八)对下级海关及其部门和工作人员违反行政复议法、行政复议法实施条例和本办法规定的行为依照规定的权限和程序提出处理建议;

(九)办理或者组织办理不服海关具体行政行为提起行政诉讼的

应诉事项；

（十）办理行政复议、行政应诉、行政赔偿案件统计和备案事项；

（十一）研究行政复议过程中发现的问题，及时向有关机关和部门提出建议，重大问题及时向行政复议机关报告；

（十二）其他与行政复议工作有关的事项。

第五条 专职从事海关行政复议工作的人员（以下简称行政复议人员）应当具备下列条件：

（一）具有国家公务员身份；

（二）有良好的政治、业务素质；

（三）高等院校法律专业毕业或者高等院校非法律专业毕业具有法律专业知识；

（四）从事海关工作2年以上；

（五）经考试考核合格取得海关总署颁发的调查证。

各级海关行政复议机关应当支持并且鼓励行政复议人员参加国家司法考试；取得律师资格或者法律职业资格的海关工作人员可以优先成为行政复议人员。

第六条 行政复议人员享有下列权利：

（一）依法履行行政复议职责的行为受法律保护；

（二）获得履行职责应当具有的工作条件；

（三）对行政复议工作提出建议；

（四）参加培训；

（五）法律、行政法规和海关规章规定的其他权利。

行政复议人员应当履行下列义务：

（一）严格遵守宪法和法律；

（二）以事实为根据，以法律为准绳审理行政复议案件；

（三）忠于职守，尽职尽责，清正廉洁，秉公执法；

（四）依法保障行政复议参加人的合法权益；

（五）保守国家秘密、商业秘密、海关工作秘密和个人隐私；

（六）维护国家利益、社会公共利益，维护公民、法人或者其他组织的合法权益；

（七）法律、行政法规和海关规章规定的其他义务。

第七条 海关行政复议机关履行行政复议职责，应当遵循合法、公正、公开、及时、便民的原则，坚持依法行政、有错必纠，保障法律、行政法规和海关规章的正确实施。

第八条 海关行政复议机关应当通过宣传栏、公告栏、海关门户网站等方便查阅的形式，公布本海关管辖的行政复议案件受案范围、受理条件、行政复议申请书样式、行政复议案件审理程序和行政复议决定执行程序等事项。

海关行政复议机关应当建立和公布行政复议案件办理情况查询机制，方便申请人、第三人及时了解与其行政复议权利、义务相关的信息。

海关行政复议机构应当对申请人、第三人就有关行政复议受理条件、审理方式和期限、作出行政复议处理决定的理由和依据、行政复议决定的执行等行政复议事项提出的疑问予以解释说明。

第二章　海关行政复议范围

第九条 有下列情形之一的，公民、法人或者其他组织可以向海关申请行政复议：

（一）对海关作出的警告，罚款，没收货物、物品、运输工具和特制设备，追缴无法没收的货物、物品、运输工具的等值价款，没收违法所得，暂停从事有关业务，撤销注册登记及其他行政处罚决定不服的；

（二）对海关作出的收缴有关货物、物品、违法所得、运输工具、特制设备决定不服的；

（三）对海关作出的限制人身自由的行政强制措施不服的；

（四）对海关作出的扣留有关货物、物品、运输工具、账册、单证或者其他财产，封存有关进出口货物、账簿、单证等行政强制措施不服的；

（五）对海关收取担保的具体行政行为不服的；

（六）对海关采取的强制执行措施不服的；

（七）对海关确定纳税义务人、确定完税价格、商品归类、确定原产地、适用税率或者汇率、减征或者免征税款、补税、退税、征收滞纳金、确定计征方式以及确定纳税地点等其他涉及税款征收的具体行政行为有异议的（以下简称纳税争议）；

（八）认为符合法定条件，申请海关办理行政许可事项或者行政审批事项，海关未依法办理的；

（九）对海关检查运输工具和场所，查验货物、物品或者采取其他监管措施不服的；

（十）对海关作出的责令退运、不予放行、责令改正、责令拆毁和变卖等行政决定不服的；

（十一）对海关稽查决定或者其他稽查具体行政行为不服的；

（十二）对海关作出的企业分类决定以及按照该分类决定进行管理的措施不服的；

（十三）认为海关未依法采取知识产权保护措施，或者对海关采取的知识产权保护措施不服的；

（十四）认为海关未依法办理接受报关、放行等海关手续的；

（十五）认为海关违法收取滞报金或者其他费用，违法要求履行其他义务的；

（十六）认为海关没有依法履行保护人身权利、财产权利的法定职责的；

（十七）认为海关在政府信息公开工作中的具体行政行为侵犯其合法权益的；

（十八）认为海关的其他具体行政行为侵犯其合法权益的。

前款第（七）项规定的纳税争议事项，公民、法人或者其他组织应当依据海关法的规定先向海关行政复议机关申请行政复议，对海关行政复议决定不服的，再向人民法院提起行政诉讼。

第十条 海关工作人员不服海关作出的处分或者其他人事处理决定，依照有关法律、行政法规的规定提出申诉的，不适用本办法。

第三章 海关行政复议申请

第一节 申请人和第三人

第十一条 依照本办法规定申请行政复议的公民、法人或者其他组织是海关行政复议申请人。

第十二条 有权申请行政复议的公民死亡的，其近亲属可以申请行政复议。

第十三条 有权申请行政复议的法人或者其他组织终止的，承受其权利的公民、法人或者其他组织可以申请行政复议。

法人或者其他组织实施违反海关法的行为后，有合并、分立或者其他资产重组情形，海关以原法人、组织作为当事人予以行政处罚并且以承受其权利义务的法人、组织作为被执行人的，被执行人可以以自己的名义申请行政复议。

第十四条 行政复议期间，海关行政复议机构认为申请人以外的公民、法人或者其他组织与被审查的具体行政行为有利害关系的，应当通知其作为第三人参加行政复议。

行政复议期间，申请人以外的公民、法人或者其他组织认为与被审查的海关具体行政行为有利害关系的，可以向海关行政复议机构申请作为第三人参加行政复议。申请作为第三人参加行政复议的，应当对其与被审查的海关具体行政行为有利害关系负举证责任。

通知或者同意第三人参加行政复议的，应当制作《第三人参加行政复议通知书》，送达第三人。

第三人不参加行政复议,不影响行政复议案件的审理。

第十五条 申请人、第三人可以委托1至2名代理人参加行政复议。

委托代理人参加行政复议的,应当向海关行政复议机构提交授权委托书。授权委托书应当载明下列事项:

(一)委托人姓名或者名称,委托人为法人或者其他组织的,还应当载明法定代表人或者主要负责人的姓名、职务;

(二)代理人姓名、性别、年龄、职业、地址及邮政编码;

(三)委托事项和代理期间;

(四)代理人代为提起、变更、撤回行政复议申请、参加行政复议调解、达成行政复议和解、参加行政复议听证、递交证据材料、收受行政复议法律文书等代理权限;

(五)委托日期及委托人签章。

公民在特殊情况下无法书面委托的,可以口头委托。公民口头委托的,海关行政复议机构应当核实并且记录在卷。

申请人、第三人解除或者变更委托的,应当书面报告海关行政复议机构。

第二节 被申请人和行政复议机关

第十六条 公民、法人或者其他组织对海关作出的具体行政行为不服,依照本办法规定申请行政复议的,作出该具体行政行为的海关是被申请人。

第十七条 对海关具体行政行为不服的,向作出该具体行政行为的海关的上一级海关提出行政复议申请。

对海关总署作出的具体行政行为不服的,向海关总署提出行政复议申请。

第十八条 两个以上海关以共同的名义作出具体行政行为的,以作出具体行政行为的海关为共同被申请人,向其共同的上一级海关申请行政复议。

第十九条　海关与其他行政机关以共同的名义作出具体行政行为的，海关和其他行政机关为共同被申请人，向海关和其他行政机关的共同上一级行政机关申请行政复议。

申请人对海关总署与国务院其他部门共同作出的具体行政行为不服，向海关总署或者国务院其他部门提出行政复议申请，由海关总署、国务院其他部门共同作出处理决定。

第二十条　依照法律、行政法规或者海关规章的规定，下级海关经上级海关批准后以自己的名义作出具体行政行为的，以作出批准的上级海关为被申请人。

根据海关法和有关行政法规、海关规章的规定，经直属海关关长或者其授权的隶属海关关长批准后作出的具体行政行为，以直属海关为被申请人。

第二十一条　海关设立的派出机构、内设机构或者其他组织，未经法律、行政法规授权，对外以自己名义作出具体行政行为的，以该海关为被申请人，向该海关的上一级海关申请行政复议。

第三节　行政复议申请期限

第二十二条　海关对公民、法人或者其他组织作出具体行政行为，应当告知其申请行政复议的权利、行政复议机关和行政复议申请期限。

对于依照法律、行政法规或者海关规章的规定，下级海关经上级海关批准后以自己的名义作出的具体行政行为，应当告知以作出批准的上级海关为被申请人以及相应的行政复议机关。

第二十三条　公民、法人或者其他组织认为海关具体行政行为侵犯其合法权益的，可以自知道该具体行政行为之日起60日内提出行政复议申请。

前款规定的行政复议申请期限依照下列规定计算：

（一）当场作出具体行政行为的，自具体行政行为作出之日起计算；

（二）载明具体行政行为的法律文书直接送达的，自受送达人签收之日起计算；

（三）载明具体行政行为的法律文书依法留置送达的，自送达人和见证人在送达回证上签注的留置送达之日起计算；

（四）载明具体行政行为的法律文书邮寄送达的，自受送达人在邮政签收单上签收之日起计算；没有邮政签收单的，自受送达人在送达回执上签名之日起计算；

（五）具体行政行为依法通过公告形式告知受送达人的，自公告规定的期限届满之日起计算；

（六）被申请人作出具体行政行为时未告知有关公民、法人或者其他组织，事后补充告知的，自公民、法人或者其他组织收到补充告知的通知之日起计算；

（七）被申请人作出具体行政行为时未告知有关公民、法人或者其他组织，但是有证据材料能够证明有关公民、法人或者其他组织知道该具体行政行为的，自证据材料证明其知道具体行政行为之日起计算。

具体行政行为具有持续状态的，自该具体行政行为终了之日起计算。

海关作出具体行政行为，依法应当向有关公民、法人或者其他组织送达法律文书而未送达的，视为该有关公民、法人或者其他组织不知道该具体行政行为。

申请人因不可抗力或者其他正当理由耽误法定申请期限的，申请期限自障碍消除之日起继续计算。

第二十四条 公民、法人或者其他组织认为海关未依法履行法定职责，依照本办法第九条第一款第（八）项、第（十六）项的规定申请行政复议的，行政复议申请期限依照下列规定计算：

（一）履行职责的期限有法律、行政法规或者海关规章的明确规

定的,自规定的履行期限届满之日起计算;

(二)履行职责的期限没有明确规定的,自海关收到公民、法人或者其他组织要求履行职责的申请满 60 日起计算。

公民、法人或者其他组织在紧急情况下请求海关履行保护人身权、财产权的法定职责,海关不及时履行的,行政复议申请期限不受前款规定的限制。

第二十五条 本办法第九条第一款第(七)项规定的纳税争议事项,申请人未经行政复议直接向人民法院提起行政诉讼的,人民法院依法驳回后申请人再向海关申请行政复议的,从申请人起诉之日起至人民法院驳回的法律文书生效之日止的期间不计算在申请行政复议的期限内,但是海关作出有关具体行政行为时已经告知申请人应当先经海关行政复议的除外。

第四节 行政复议申请的提出

第二十六条 申请人书面申请行政复议的,可以采取当面递交、邮寄、传真、电子邮件等方式递交行政复议申请书。

海关行政复议机关应当通过海关公告栏、互联网门户网站公开接受行政复议申请书的地址、传真号码、互联网邮箱地址等,方便申请人选择不同的书面申请方式。

第二十七条 申请人书面申请行政复议的,应当在行政复议申请书中载明下列内容:

(一)申请人基本情况,包括:公民的姓名、性别、年龄、工作单位、住所、身份证号码、邮政编码;法人或者其他组织的名称、住所、邮政编码和法定代表人或者主要负责人的姓名、职务;

(二)被申请人的名称;

(三)行政复议请求、申请行政复议的主要事实和理由;

(四)申请人签名或者盖章;

(五)申请行政复议的日期。

第二十八条 申请人口头申请行政复议的,海关行政复议机构应当依照本办法第二十七条规定的内容,当场制作《行政复议申请笔录》交申请人核对或者向申请人宣读,并且由其签字确认。

第二十九条 有下列情形之一的,申请人应当提供相应的证明材料:

(一)认为被申请人不履行法定职责的,提供曾经申请被申请人履行法定职责的证明材料;

(二)申请行政复议时一并提出行政赔偿申请的,提供受具体行政行为侵害而造成损害的证明材料;

(三)属于本办法第二十三条第五款情形的,提供发生不可抗力或者有其他正当理由的证明材料;

(四)法律、行政法规规定需要申请人提供证据材料的其他情形。

第三十条 申请人提出行政复议申请时错列被申请人的,海关行政复议机构应当告知申请人变更被申请人。

申请人变更被申请人的期间不计入行政复议审理期限。

第三十一条 申请人认为海关的具体行政行为所依据的规定不合法,可以依据行政复议法第七条的规定,在对具体行政行为申请行政复议时一并提出对该规定的审查申请。

申请人在对具体行政行为提起行政复议申请时尚不知道该具体行政行为所依据的规定的,可以在海关行政复议机关作出行政复议决定前提出。

第四章 海关行政复议受理

第三十二条 海关行政复议机关收到行政复议申请后,应当在5日内进行审查。行政复议申请符合下列规定的,应当予以受理:

(一)有明确的申请人和符合规定的被申请人;

（二）申请人与具体行政行为有利害关系；

（三）有具体的行政复议请求和理由；

（四）在法定申请期限内提出；

（五）属于本办法第九条第一款规定的行政复议范围；

（六）属于收到行政复议申请的海关行政复议机构的职责范围；

（七）其他行政复议机关尚未受理同一行政复议申请，人民法院尚未受理同一主体就同一事实提起的行政诉讼。

对符合前款规定决定受理行政复议申请的，应当制作《行政复议申请受理通知书》和《行政复议答复通知书》分别送达申请人和被申请人。《行政复议申请受理通知书》应当载明受理日期、合议人员或者案件审理人员，告知申请人申请回避和申请举行听证的权利。《行政复议答复通知书》应当载明受理日期、提交答复的要求和合议人员或者案件审理人员，告知被申请人申请回避的权利。

对不符合本条第一款规定决定不予受理的，应当制作《行政复议申请不予受理决定书》，并且送达申请人。《行政复议申请不予受理决定书》应当载明不予受理的理由和法律依据，告知申请人主张权利的其他途径。

第三十三条 行政复议申请材料不齐全或者表述不清楚的，海关行政复议机构可以自收到该行政复议申请之日起5日内书面通知申请人补正。补正通知应当载明以下事项：

（一）行政复议申请书中需要修改、补充的具体内容；

（二）需要补正的有关证明材料的具体类型及其证明对象；

（三）补正期限。

申请人应当在收到补正通知之日起10日内向海关行政复议机构提交需要补正的材料。补正申请材料所用时间不计入行政复议审理期限。

申请人无正当理由逾期不补正的，视为其放弃行政复议申请。申请人有权在本办法第二十三条规定的期限内重新提出行政复议申请。

第三十四条 申请人以传真、电子邮件方式递交行政复议申请书、证明材料的，海关行政复议机构不得以其未递交原件为由拒绝受理。

海关行政复议机构受理申请人以传真、电子邮件方式提出的行政复议申请后，应当告知申请人自收到《行政复议申请受理通知书》之日起10日内提交有关材料的原件。

第三十五条 对符合本办法规定，且属于本海关受理的行政复议申请，自海关行政复议机构收到之日起即为受理。

海关行政复议机构收到行政复议申请的日期，属于申请人当面递交的，由海关行政复议机构经办人在申请书上注明收到日期，并且由递交人签字确认；属于直接从邮递渠道收取或者其他单位、部门转来的，由海关行政复议机构签收确认；属于申请人以传真或者电子邮件方式提交的，以海关行政复议机构接收传真之日或者海关互联网电子邮件系统记载的收件日期为准。

第三十六条 对符合本办法规定，但是不属于本海关管辖的行政复议申请，应当在审查期限内转送有管辖权的海关行政复议机关，并且告知申请人。口头告知的，应当记录告知的有关内容，并且当场交由申请人签字或者盖章确认；书面告知的，应当制作《行政复议告知书》，并且送达申请人。

第三十七条 申请人就同一事项向两个或者两个以上有权受理的海关申请行政复议的，由最先收到行政复议申请的海关受理；同时收到行政复议申请的，由收到行政复议申请的海关在10日内协商确定；协商不成的，由其共同上一级海关在10日内指定受理海关。协商确定或者指定受理海关所用时间不计入行政复议审理期限。

第三十八条 申请人依法提出行政复议申请，海关行政复议机关无正当理由不予受理的，上一级海关可以根据申请人的申请或者依职权先行督促其受理；经督促仍不受理的，应当责令其限期受理，并且制作《责令受理行政复议申请通知书》；必要时，上一级海关也可以直接受理，并且制作《直接受理行政复议申请通知书》，送达申请人和原海关行政复议机关。上一级海关经审查认为海关行政复议机关不予受理行政复议申请的决定符合本办法规定的,应当向申请人做好说明解释工作。

第三十九条 下列情形不视为申请行政复议,海关行政复议机关应当给予答复,或者转由其他机关处理并且告知申请人:

(一)对海关工作人员的个人违法违纪行为进行举报、控告或者对海关工作人员的态度作风提出异议的;

(二)对海关的业务政策、作业制度、作业方式和程序提出异议的;

(三)对海关工作效率提出异议的;

(四)对行政处罚认定的事实、适用的法律及处罚决定没有异议,仅因经济上不能承受而请求减免处罚的;

(五)不涉及海关具体行政行为,只对海关规章或者其他规范性文件有异议的;

(六)请求解答法律、行政法规、规章的。

第四十条 行政复议期间海关具体行政行为不停止执行;但是有行政复议法第二十一条规定情形之一的,可以停止执行。决定停止执行的,应当制作《具体行政行为停止执行决定书》,并且送达申请人、被申请人和第三人。

第四十一条 有下列情形之一的,海关行政复议机关可以决定合并审理,并且以后一个申请行政复议的日期为正式受理的日期:

(一)两个以上的申请人对同一海关具体行政行为分别向海关行政复议机关申请行政复议的;

(二)同一申请人对同一海关的数个相同类型或者具有关联性的具体行政行为分别向海关行政复议机关申请行政复议的。

第五章 海关行政复议审理与决定

第一节 行政复议答复

第四十二条 海关行政复议机构应当自受理行政复议申请之日

起 7 日内，将行政复议申请书副本或者行政复议申请笔录复印件以及申请人提交的证据、有关材料的副本发送被申请人。

第四十三条 被申请人应当自收到申请书副本或者行政复议申请笔录复印件之日起 10 日内，向海关行政复议机构提交《行政复议答复书》，并且提交当初作出具体行政行为的证据、依据和其他有关材料。

《行政复议答复书》应当载明下列内容：

（一）被申请人名称、地址、法定代表人姓名及职务；

（二）被申请人作出具体行政行为的事实、证据、理由及法律依据；

（三）对申请人的行政复议申请要求、事实、理由逐条进行答辩和必要的举证；

（四）对有关具体行政行为建议维持、变更、撤销或者确认违法，建议驳回行政复议申请，进行行政复议调解等答复意见；

（五）作出答复的时间。

《行政复议答复书》应当加盖被申请人印章。

被申请人提交的有关证据、依据和其他有关材料应当按照规定装订成卷。

第四十四条 海关行政复议机构应当在收到被申请人提交的《行政复议答复书》之日起 7 日内，将《行政复议答复书》副本发送申请人。

第四十五条 行政复议案件的答复工作由被申请人负责法制工作的机构具体负责。

对海关总署作出的具体行政行为不服向海关总署申请行政复议的，由原承办具体行政行为有关事项的部门或者机构具体负责提出书面答复，并且提交当初作出具体行政行为的证据、依据和其他有关材料。

第二节 行政复议审理

第四十六条 海关行政复议案件实行合议制审理。合议人员为不得少于3人的单数。合议人员由海关行政复议机构负责人指定的行政复议人员或者海关行政复议机构聘任或者特邀的其他具有专业知识的人员担任。

被申请人所属人员不得担任合议人员。对海关总署作出的具体行政行为不服向海关总署申请行政复议的,原具体行政行为经办部门的人员不得担任合议人员。

对于事实清楚、案情简单、争议不大的海关行政复议案件,也可以不适用合议制,但是应当由2名以上行政复议人员参加审理。

第四十七条 海关行政复议机构负责人应当指定一名行政复议人员担任主审,具体负责对行政复议案件事实的审查,并且对所认定案件事实的真实性和适用法律的准确性承担主要责任。

合议人员应当根据复议查明的事实,依据有关法律、行政法规和海关规章的规定,提出合议意见,并且对提出的合议意见的正确性负责。

第四十八条 申请人、被申请人或者第三人认为合议人员或者案件审理人员与本案有利害关系或者有其他关系可能影响公正审理行政复议案件的,可以申请合议人员或者案件审理人员回避,同时应当说明理由。

合议人员或者案件审理人员认为自己与本案有利害关系或者有其他关系的,应当主动申请回避。海关行政复议机构负责人也可以指令合议人员或者案件审理人员回避。

行政复议人员的回避由海关行政复议机构负责人决定。海关行政复议机构负责人的回避由海关行政复议机关负责人决定。

第四十九条 海关行政复议机构审理行政复议案件应当向有关组织和人员调查情况,听取申请人、被申请人和第三人的意见;海关行政复议机构认为必要时可以实地调查核实证据;对于事实清楚、案情简单、争议不大的案件,可以采取书面审查的方式进行审理。

第五十条 海关行政复议机构向有关组织和人员调查取证时,可以查阅、复制、调取有关文件和资料,向有关人员进行询问。

调查取证时，行政复议人员不得少于2人，并且应当主动向有关人员出示调查证。被调查单位和人员应当配合行政复议人员的工作，不得拒绝或者阻挠。

调查情况、听取意见应当制作笔录，由被调查人员和行政复议人员共同签字确认。

第五十一条 行政复议期间涉及专门事项需要鉴定的，申请人、第三人可以自行委托鉴定机构进行鉴定，也可以申请行政复议机构委托鉴定机构进行鉴定。鉴定费用由申请人、第三人承担。鉴定所用时间不计入行政复议审理期限。

海关行政复议机构认为必要时也可以委托鉴定机构进行鉴定。

鉴定应当委托国家认可的鉴定机构进行。

第五十二条 需要现场勘验的，现场勘验所用时间不计入行政复议审理期限。

第五十三条 申请人、第三人可以查阅被申请人提出的书面答复、提交的作出具体行政行为的证据、依据和其他有关材料，除涉及国家秘密、商业秘密、海关工作秘密或者个人隐私外，海关行政复议机关不得拒绝，并且应当为申请人、第三人查阅有关材料提供必要条件。

有条件的海关行政复议机关应当设立专门的行政复议接待室或者案卷查阅室，配备相应的监控设备。

第五十四条 申请人、第三人查阅有关材料依照下列规定办理：

（一）申请人、第三人向海关行政复议机构提出阅卷要求；

（二）海关行政复议机构确定查阅时间后提前通知申请人或者第三人；

（三）查阅时，申请人、第三人应当出示身份证件；

（四）查阅时，海关行政复议机构工作人员应当在场；

（五）申请人、第三人可以摘抄查阅材料的内容；

（六）申请人、第三人不得涂改、毁损、拆换、取走、增添查阅的材料。

第五十五条 行政复议期间有下列情形之一，影响行政复议案件审理的，行政复议中止，海关行政复议机构应当制作《行政复议中止决定书》，并且送达申请人、被申请人和第三人：

（一）作为申请人的自然人死亡，其近亲属尚未确定是否参加行政复议的；

（二）作为申请人的自然人丧失参加行政复议的能力，尚未确定法定代理人参加行政复议的；

（三）作为申请人的法人或者其他组织终止，尚未确定权利义务承受人的；

（四）作为申请人的自然人下落不明或者被宣告失踪的；

（五）申请人、被申请人因不可抗力，不能参加行政复议的；

（六）案件涉及法律适用问题，需要有权机关作出解释或者确认的；

（七）案件审理需要以其他案件的审理结果为依据，而其他案件尚未审结的；

（八）申请人依照本办法第三十一条提出对有关规定的审查申请，有权处理的海关、行政机关正在依法处理期间的；

（九）其他需要中止行政复议的情形。

行政复议中止的原因消除后，海关行政复议机构应当及时恢复行政复议案件的审理，制作《行政复议恢复审理通知书》，并且送达申请人、被申请人和第三人。

第三节 行政复议听证

第五十六条 有下列情形之一的，海关行政复议机构可以采取听证的方式审理：

（一）申请人提出听证要求的；

（二）申请人、被申请人对事实争议较大的；

（三）申请人对具体行政行为适用依据有异议的；

（四）案件重大、复杂或者争议的标的价值较大的；

（五）海关行政复议机构认为有必要听证的其他情形。

第五十七条 海关行政复议机构决定举行听证的，应当制发《行政复议听证通知书》，将举行听证的时间、地点、具体要求等事项事先通知申请人、被申请人和第三人。

第三人不参加听证的，不影响听证的举行。

第五十八条 听证可以在海关行政复议机构所在地举行，也可以在被申请人或者申请人所在地举行。

第五十九条 行政复议听证应当公开举行，涉及国家秘密、商业秘密、海关工作秘密或者个人隐私的除外。

公开举行的行政复议听证，因听证场所等原因需要限制旁听人员数量的，海关行政复议机构应当作出说明。

对人民群众广泛关注、有较大社会影响或者有利于法制宣传教育的行政复议案件的公开听证，海关行政复议机构可以有计划地组织群众旁听，也可以邀请有关立法机关、司法机关、监察部门、审计部门、新闻单位以及其他有关单位的人员参加旁听。

第六十条 行政复议听证人员为不得少于3人的单数，由海关行政复议机构负责人确定，并且指定其中一人为听证主持人。听证可以另指定专人为记录员。

第六十一条 行政复议听证应当按照以下程序进行：

（一）由主持人宣布听证开始、核对听证参加人身份、告知听证参加人的权利和义务；

（二）询问听证参加人是否申请听证人员以及记录员回避，申请回避的，按照本办法第四十八条的规定办理；

（三）申请人宣读复议申请并且阐述主要理由；

（四）被申请人针对行政复议申请进行答辩，就作出原具体行政行为依据的事实、理由和法律依据进行阐述，并且进行举证；

（五）第三人可以阐述意见；

（六）申请人、第三人对被申请人的举证可以进行质证或者举证反驳，被申请人对申请人、第三人的反证也可以进行质证和举证反驳；

（七）要求证人到场作证的，应当事先经海关行政复议机构同意并且提供证人身份等基本情况；

（八）听证主持人和其他听证人员进行询问；

（九）申请人、被申请人和第三人没有异议的证据和证明的事实，由主持人当场予以认定；有异议的并且与案件处理结果有关的事实和证据，由主持人当场或者事后经合议予以认定；

（十）申请人、被申请人和第三人可以对案件事实、证据、适用法律等进行辩论；

（十一）申请人、被申请人和第三人进行最后陈述；

（十二）由申请人、被申请人和第三人对听证笔录内容进行确认，并且当场签名或者盖章；对听证笔录内容有异议的，可以当场更正并且签名或者盖章。

行政复议听证笔录和听证认定的事实应当作为海关行政复议机关作出行政复议决定的依据。

第六十二条　行政复议参加人无法在举行听证时当场提交有关证据的，由主持人根据具体情况限定时间事后提交并且另行进行调查、质证或者再次进行听证；行政复议参加人提出的证据无法当场质证的，由主持人当场宣布事后进行调查、质证或者再次进行听证。

行政复议参加人在听证后的举证未经质证或者未经海关行政复议机构重新调查认可的，不得作为作出行政复议决定的证据。

第四节　行政复议附带抽象行政行为审查

第六十三条　申请人依照本办法第三十一条提出对有关规定的审查申请的，海关行政复议机关对该规定有权处理的，应当在30日内依照下列程序处理：

（一）依法确认该规定是否与法律、行政法规、规章相抵触；

（二）依法确认该规定能否作为被申请人作出具体行政行为的依据；

（三）书面告知申请人对该规定的审查结果。

海关行政复议机关应当制作《抽象行政行为审查告知书》，并且送达申请人、被申请人。

第六十四条　海关行政复议机关对申请人申请审查的有关规定无权处理的，应当在7日内按照下列程序转送有权处理的上级海关或者其他行政机关依法处理：

（一）转送有权处理的上级海关的，应当报告行政复议有关情况、执行该规定的有关情况、对该规定适用的意见；

（二）转送有权处理的其他行政机关的，在转送函中应当说明行政复议的有关情况、请求确认该规定是否合法。

第六十五条　有权处理的上级海关应当在60日内依照下列程序处理：

（一）依法确认该规定是否合法、有效；

（二）依法确认该规定能否作为被申请人作出具体行政行为的依据；

（三）制作《抽象行政行为审查告知书》，并且送达海关行政复议机关、申请人和被申请人。

第六十六条　海关行政复议机关在对被申请人作出的具体行政行为进行审查时，认为需对该具体行政行为所依据的有关规定进行审查的，依照本办法第六十三条、第六十四条、第六十五条的规定办理。

第五节　行政复议决定

第六十七条　海关行政复议机构提出案件处理意见，经海关行政复议机关负责人审查批准后，作出行政复议决定。

第六十八条　海关行政复议机关应当自受理申请之日起60日内

作出行政复议决定。但是有下列情况之一的，经海关行政复议机关负责人批准，可以延长30日：

（一）行政复议案件案情重大、复杂、疑难的；

（二）决定举行行政复议听证的；

（三）经申请人同意的；

（四）有第三人参加行政复议的；

（五）申请人、第三人提出新的事实或者证据需进一步调查的。

海关行政复议机关延长复议期限，应当制作《延长行政复议审查期限通知书》，并且送达申请人、被申请人和第三人。

第六十九条 具体行政行为认定事实清楚，证据确凿，适用依据正确，程序合法，内容适当的，海关行政复议机关应当决定维持。

第七十条 被申请人不履行法定职责的，海关行政复议机关应当决定其在一定期限内履行法定职责。

第七十一条 具体行政行为有下列情形之一的，海关行政复议机关应当决定撤销、变更或者确认该具体行政行为违法：

（一）主要事实不清、证据不足的；

（二）适用依据错误的；

（三）违反法定程序的；

（四）超越或者滥用职权的；

（五）具体行政行为明显不当的。

第七十二条 海关行政复议机关决定撤销或者确认具体行政行为违法的，可以责令被申请人在一定期限内重新作出具体行政行为。

被申请人应当在法律、行政法规、海关规章规定的期限内重新作出具体行政行为；法律、行政法规、海关规章未规定期限的，重新作出具体行政行为的期限为60日。

公民、法人或者其他组织对被申请人重新作出的具体行政行为不服，可以依法申请行政复议或者提起行政诉讼。

第七十三条 被申请人未按照本办法第四十三条的规定提出书面答复、提交当初作出具体行政行为的证据、依据和其他有关材料的，视为该具体行政行为没有证据、依据，海关行政复议机关应当决定撤销该具体行政行为。

第七十四条 具体行政行为有下列情形之一，海关行政复议机关可以决定变更：

（一）认定事实清楚，证据确凿，程序合法，但是明显不当或者适用依据错误的；

（二）认定事实不清，证据不足，但是经海关行政复议机关审理查明事实清楚，证据确凿的。

第七十五条 海关行政复议机关在申请人的行政复议请求范围内，不得作出对申请人更为不利的行政复议决定。

第七十六条 海关行政复议机关依据本办法第七十二条规定责令被申请人重新作出具体行政行为的，除以下情形外，被申请人不得作出对申请人更为不利的具体行政行为：

（一）不作出对申请人更为不利的具体行政行为将损害国家利益、社会公共利益或者他人合法权益的；

（二）原具体行政行为适用法律依据错误，适用正确的法律依据需要依法作出对申请人更为不利的具体行政行为的；

（三）被申请人查明新的事实，根据新的事实和有关法律、行政法规、海关规章的强制性规定，需要作出对申请人更为不利的具体行政行为的；

（四）其他依照法律、行政法规或者海关规章规定应当作出对申请人更为不利的具体行政行为的。

第七十七条 海关行政复议机关作出行政复议决定，应当制作《行政复议决定书》，送达申请人、被申请人和第三人。

《行政复议决定书》应当载明下列内容：

（一）申请人姓名、性别、年龄、职业、住址（法人或者其他组织的名称、地址、法定代表人或者主要负责人的姓名、职务）；

（二）第三人姓名、性别、年龄、职业、住址（法人或者其他组织的名称、地址、法定代表人或者主要负责人的姓名、职务）；

（三）被申请人名称、地址、法定代表人姓名；
（四）申请人申请复议的请求、事实和理由；
（五）被申请人答复的事实、理由、证据和依据；
（六）行政复议认定的事实和相应的证据；
（七）作出行政复议决定的具体理由和法律依据；
（八）行政复议决定的具体内容；
（九）不服行政复议决定向人民法院起诉的期限和具体管辖法院；
（十）作出行政复议决定的日期。

《行政复议决定书》应当加盖海关行政复议机关的印章。

《行政复议决定书》一经送达，即发生法律效力。

《行政复议决定书》直接送达的，行政复议人员应当就行政复议认定的事实、证据、作出行政复议决定的理由、依据向申请人、被申请人和第三人作出说明；申请人、被申请人和第三人对《行政复议决定书》提出异议的，除告知其向人民法院起诉的权利外，应当就有关异议作出解答。《行政复议决定书》以其他方式送达的，申请人、被申请人和第三人就《行政复议决定书》有关内容向海关行政复议机构提出异议的，行政复议人员应当向申请人、被申请人和第三人作出说明。

经申请人和第三人同意，海关行政复议机关可以通过出版物、海关门户网站、海关公告栏等方式公布生效的行政复议法律文书。

第七十八条 《行政复议决定书》送达申请人、被申请人和第三人后，海关行政复议机关发现《行政复议决定书》有需要补充、更正的内容，但是不影响行政复议决定的实质内容的，应当制发《行政复议决定补正通知书》，并且送达申请人、被申请人和第三人。

第七十九条 有下列情形之一的，海关行政复议机关应当决定驳回行政复议申请：

（一）申请人认为海关不履行法定职责申请行政复议，海关行政复议机关受理后发现被申请人没有相应法定职责或者被申请人在海

关行政复议机关受理该行政复议申请之前已经履行法定职责的;

（二）海关行政复议机关受理行政复议申请后,发现该行政复议申请不符合受理条件的。

海关行政复议机关的上一级海关认为该行政复议机关驳回行政复议申请的理由不成立的,应当责令其恢复审理。

第八十条 申请人在行政复议决定作出前自愿撤回行政复议申请的,经海关行政复议机构同意,可以撤回。

申请人撤回行政复议申请的,不得再以同一事实和理由提出行政复议申请。但是,申请人能够证明撤回行政复议申请违背其真实意思表示的除外。

第八十一条 行政复议期间被申请人改变原具体行政行为,但是申请人未依法撤回行政复议申请的,不影响行政复议案件的审理。

第八十二条 行政复议期间有下列情形之一的,行政复议终止:

（一）申请人要求撤回行政复议申请,海关行政复议机构准予撤回的;

（二）作为申请人的自然人死亡,没有近亲属或者其近亲属放弃行政复议权利的;

（三）作为申请人的法人或者其他组织终止,其权利义务的承受人放弃行政复议权利的;

（四）申请人与被申请人达成和解,并且经海关行政复议机构准许的;

（五）申请人对海关限制人身自由的行政强制措施不服申请行政复议后,因申请人同一违法行为涉嫌犯罪,该限制人身自由的行政强制措施变更为刑事拘留的,或者申请人对海关扣留财产的行政强制措施不服申请行政复议后,因申请人同一违法行为涉嫌犯罪,该扣留财产的行政强制措施变更为刑事扣押的;

（六）依照本办法第五十五条第一款第（一）项、第（二）项、第（三）项规定中止行政复议,满60日行政复议中止的原因仍未消除的;

（七）申请人以传真、电子邮件形式递交行政复议申请书后未在规定期限内提交有关材料的原件的。

行政复议终止，海关行政复议机关应当制作《行政复议终止决定书》，并且送达申请人、被申请人和第三人。

第六节 行政复议和解和调解

第八十三条 公民、法人或者其他组织对海关行使法律、行政法规或者海关规章规定的自由裁量权作出的具体行政行为不服申请行政复议，在海关行政复议机关作出行政复议决定之前，申请人和被申请人可以在自愿、合法基础上达成和解。

第八十四条 申请人和被申请人达成和解的，应当向海关行政复议机构提交书面和解协议。和解协议应当载明行政复议请求、事实、理由和达成和解的结果，并且由申请人和被申请人签字或者盖章。

第八十五条 海关行政复议机构应当对申请人和被申请人提交的和解协议进行审查，和解确属申请人和被申请人的真实意思表示，和解内容不违反法律、行政法规或者海关规章的强制性规定，不损害国家利益、社会公共利益和他人合法权益的，应当准许和解，并且终止行政复议案件的审理。

准许和解并且终止行政复议的，应当在《行政复议终止决定书》中载明和解的内容。

第八十六条 经海关行政复议机关准许和解的，申请人和被申请人应当履行和解协议。

第八十七条 经海关行政复议机关准许和解并且终止行政复议的，申请人以同一事实和理由再次申请行政复议的，不予受理。但是，申请人提出证据证明和解违反自愿原则或者和解内容违反法律、行政法规或者海关规章的强制性规定的除外。

第八十八条 有下列情形之一的，海关行政复议机关可以按照自愿、合法的原则进行调解：

（一）公民、法人或者其他组织对海关行使法律、行政法规或者海关规章规定的自由裁量权作出的具体行政行为不服申请行政复议的；

（二）行政赔偿、查验赔偿或者行政补偿纠纷。

第八十九条 海关行政复议机关主持调解应当符合以下要求：

（一）调解应当在查明案件事实的基础上进行；

（二）海关行政复议机关应当充分尊重申请人和被申请人的意愿；

（三）组织调解应当遵循公正、合理原则；

（四）调解结果应当符合有关法律、行政法规和海关规章的规定，不得违背法律精神和原则；

（五）调解结果不得损害国家利益、社会公共利益或者他人合法权益。

第九十条 海关行政复议机关主持调解应当按照下列程序进行：

（一）征求申请人和被申请人是否同意进行调解的意愿；

（二）经申请人和被申请人同意后开始调解；

（三）听取申请人和被申请人的意见；

（四）提出调解方案；

（五）达成调解协议。

调解期间申请人或者被申请人明确提出不进行调解的，应当终止调解。终止调解后，申请人、被申请人再次请求海关行政复议机关主持调解的，应当准许。

第九十一条 申请人和被申请人经调解达成协议的，海关行政复议机关应当制作《行政复议调解书》。《行政复议调解书》应当载明下列内容：

（一）申请人姓名、性别、年龄、职业、住址（法人或者其他组织的名称、地址、法定代表人或者主要负责人的姓名、职务）；

（二）被申请人名称、地址、法定代表人姓名；

（三）申请人申请行政复议的请求、事实和理由；

（四）被申请人答复的事实、理由、证据和依据；

（五）行政复议认定的事实和相应的证据；

（六）进行调解的基本情况；

（七）调解结果；

（八）申请人、被申请人履行调解书的义务；

（九）日期。

《行政复议调解书》应当加盖海关行政复议机关的印章。《行政复议调解书》经申请人、被申请人签字或者盖章，即具有法律效力。

第九十二条　申请人和被申请人提交书面和解协议，并且要求海关行政复议机关按照和解协议内容制作《行政复议调解书》的，行政复议机关应当进行审查，申请人和被申请人达成的和解协议符合本办法第八十九条第（四）项、第（五）项规定的，海关行政复议机关可以根据和解协议的内容按照本办法第九十一条的规定制作《行政复议调解书》。

第九十三条　调解未达成协议或者行政复议调解书生效前一方反悔的，海关行政复议机关应当及时作出行政复议决定。

第七节　行政复议决定的执行

第九十四条　申请人认为被申请人不履行或者无正当理由拖延履行行政复议决定书、行政复议调解书的，可以申请海关行政复议机关责令被申请人履行。

海关行政复议机关发现被申请人不履行或者无正当理由拖延履行行政复议决定书、行政复议调解书的，应当责令其限期履行，并且制作《责令限期履行行政复议决定通知书》，送达被申请人。

第九十五条　申请人在法定期限内未提起行政诉讼又不履行海关行政复议决定的，按照下列规定分别处理：

（一）维持具体行政行为的海关行政复议决定，由作出具体行政行为的海关依法强制执行或者申请人民法院强制执行；

(二)变更具体行政行为的海关行政复议决定,由海关行政复议机关依法强制执行或者申请人民法院强制执行。海关行政复议机关也可以指定作出具体行政行为的海关依法强制执行,被指定的海关应当及时将执行情况上报海关行政复议机关。

第九十六条 申请人不履行行政复议调解书的,由作出具体行政行为的海关依法强制执行或者申请人民法院强制执行。

第六章 海关行政复议指导和监督

第九十七条 海关行政复议机关应当加强对行政复议工作的领导。

海关行政复议机构按照职责权限对行政复议工作进行督促、指导。

第九十八条 上级海关应当加强对下级海关履行行政复议职责的监督,通过定期检查、抽查等方式,对下级海关的行政复议工作进行检查,并且及时反馈检查结果。

海关发现本海关或者下级海关作出的行政复议决定有错误的,应当予以纠正。

第九十九条 海关行政复议机关在行政复议期间发现被申请人的具体行政行为违法或者需要做好善后工作的,可以制作《行政复议意见书》,对被申请人纠正执法行为、改进执法工作提出具体意见。

被申请人应当自收到《行政复议意见书》之日起60日内将纠正相关行政违法行为或者做好善后工作的情况报告海关行政复议机构。

第一百条 海关行政复议机构在行政复议期间发现法律、行政法规、规章的实施中带有普遍性的问题,可以向有关机关提出完善立法的建议。

海关行政复议机构在行政复议期间发现海关执法中存在的普遍

性问题，可以制作《行政复议建议书》，向本海关有关业务部门提出改进执法的建议；对于可能对本海关行政决策产生重大影响的问题，海关行政复议机构应当将《行政复议建议书》报送本级海关行政首长；属于上一级海关处理权限的问题，海关行政复议机关可以向上一级海关提出完善制度和改进执法的建议。

第一百零一条　各级海关行政复议机关办理的行政复议案件中，申请人与被申请人达成和解协议后海关行政复议机关终止行政复议，或者申请人与被申请人经调解达成协议，海关行政复议机关制作行政复议调解书的，应当向海关总署行政复议机构报告，并且将有关法律文书报该部门备案。

第一百零二条　海关行政复议机构在办理行政复议案件的过程中，应当及时将制发的有关法律文书在海关行政复议信息系统中备案。

第一百零三条　海关行政复议机构应当每半年向本海关和上一级海关行政复议机构提交行政复议工作状况分析报告。

第一百零四条　海关总署行政复议机构应当每半年组织一次对行政复议人员的业务培训，提高行政复议人员的专业素质。

其他海关行政复议机构可以根据工作需要定期组织对本海关行政复议人员的培训。

第一百零五条　海关行政复议机关对于在办理行政复议案件中依法保障国家利益、维护公民、法人或者其他组织的合法权益、促进海关依法行政和社会和谐、成绩显著的单位和人员，应当依照《海关系统奖励规定》给予表彰和奖励。

海关行政复议机关应当定期总结行政复议工作，对在行政复议工作中做出显著成绩的单位和个人，应当依照《海关系统奖励规定》给予表彰和奖励。

第七章　法律责任

第一百零六条　海关行政复议机关、海关行政复议机构、行政复议人员有行政复议法第三十四条、第三十五条、行政复议法实施条例第六十四条规定情形的,依照行政复议法、行政复议法实施条例的有关规定处理。

第一百零七条 被申请人有行政复议法第三十六条、第三十七条、行政复议法实施条例第六十二条规定情形的,依照行政复议法、行政复议法实施条例的有关规定处理。

第一百零八条 上级海关发现下级海关及有关工作人员有违反行政复议法、行政复议法实施条例和本办法规定的,应当制作《处理违法行为建议书》,向有关海关提出建议,该海关应当依照行政复议法和有关法律、行政法规的规定作出处理,并且将处理结果报告上级海关。

海关行政复议机构发现有关海关及其工作人员有违反行政复议法、行政复议法实施条例和本办法规定的,应当制作《处理违法行为建议书》,向人事、监察部门提出对有关责任人员的处分建议,也可以将有关人员违法的事实材料直接转送人事、监察部门处理;接受转送的人事、监察部门应当依法处理,并且将处理结果通报转送的海关行政复议机构。

第八章 附 则

第一百零九条 海关行政复议期间的计算和行政复议法律文书的送达,依照民事诉讼法关于期间、送达的规定执行。

本办法关于行政复议期间有关"5日"、"7日"的规定是指工作日,不含节假日。

第一百一十条 海关行政复议机关受理行政复议申请,不得向申请人收取任何费用。

海关行政复议活动所需经费、办公用房以及交通、通讯、监控等设备由各级海关予以保障。

第一百一十一条 外国人、无国籍人、外国组织在中华人民共和国境内向海关申请行政复议，适用本办法。

第一百一十二条 海关行政复议机关可以使用行政复议专用章。在海关行政复议活动中，行政复议专用章和行政复议机关的印章具有同等法律效力。

第一百一十三条 海关行政复议机关办理行政复议案件、海关作为被申请人参加行政复议活动，该海关行政复议机构应当对有关案件材料进行整理，按照规定立卷归档。

第一百一十四条 本办法由海关总署负责解释。

第一百一十五条 本办法自 2007 年 11 月 1 日起施行。1999 年 8 月 30 日海关总署令第 78 号发布的《中华人民共和国海关实施〈行政复议法〉办法》同时废止。

税务行政复议规则

（2010 年 2 月 10 日国家税务总局令第 21 号公布 根据 2015 年 12 月 28 日《国家税务总局关于修改〈税务行政复议规则〉的决定》第一次修正 根据 2018 年 6 月 15 日《国家税务总局关于修改部分税务部门规章的决定》第二次修正）

第一章 总 则

第一条 为了进一步发挥行政复议解决税务行政争议的作用，保护公民、法人和其他组织的合法权益，监督和保障税务机关依法行使职权，根据《中华人民共和国行政复议法》（以下简称行政复议法）、《中华人民共和国税收征收管理法》和《中华人民共和国行政复议法实施条例》（以下简称行政复议法实施条例），结合税收工作实际,制定本规则。

第二条　公民、法人和其他组织(以下简称申请人)认为税务机关的具体行政行为侵犯其合法权益,向税务行政复议机关申请行政复议,税务行政复议机关办理行政复议事项,适用本规则。

第三条　本规则所称税务行政复议机关(以下简称行政复议机关),指依法受理行政复议申请、对具体行政行为进行审查并作出行政复议决定的税务机关。

第四条　行政复议应当遵循合法、公正、公开、及时和便民的原则。

行政复议机关应当树立依法行政观念,强化责任意识和服务意识,认真履行行政复议职责,坚持有错必纠,确保法律正确实施。

第五条　行政复议机关在申请人的行政复议请求范围内,不得作出对申请人更为不利的行政复议决定。

第六条　申请人对行政复议决定不服的,可以依法向人民法院提起行政诉讼。

第七条　行政复议机关受理行政复议申请,不得向申请人收取任何费用。

第八条　各级税务机关行政首长是行政复议工作第一责任人,应当切实履行职责,加强对行政复议工作的组织领导。

第九条　行政复议机关应当为申请人、第三人查阅案卷资料、接受询问、调解、听证等提供专门场所和其他必要条件。

第十条　各级税务机关应当加大对行政复议工作的基础投入,推进行政复议工作信息化建设,配备调查取证所需的照相、录音、录像和办案所需的电脑、扫描、投影、传真、复印等设备,保障办案交通工具和相应经费。

第二章　税务行政复议机构和人员

第十一条　各级行政复议机关负责法制工作的机构(以下简称

行政复议机构）依法办理行政复议事项，履行下列职责：

（一）受理行政复议申请。

（二）向有关组织和人员调查取证，查阅文件和资料。

（三）审查申请行政复议的具体行政行为是否合法和适当，起草行政复议决定。

（四）处理或者转送对本规则第十五条所列有关规定的审查申请。

（五）对被申请人违反行政复议法及其实施条例和本规则规定的行为，依照规定的权限和程序向相关部门提出处理建议。

（六）研究行政复议工作中发现的问题，及时向有关机关或者部门提出改进建议，重大问题及时向行政复议机关报告。

（七）指导和监督下级税务机关的行政复议工作。

（八）办理或者组织办理行政诉讼案件应诉事项。

（九）办理行政复议案件的赔偿事项。

（十）办理行政复议、诉讼、赔偿等案件的统计、报告、归档工作和重大行政复议决定备案事项。

（十一）其他与行政复议工作有关的事项。

第十二条 各级行政复议机关可以成立行政复议委员会，研究重大、疑难案件，提出处理建议。

行政复议委员会可以邀请本机关以外的具有相关专业知识的人员参加。

第十三条 行政复议工作人员应当具备与履行行政复议职责相适应的品行、专业知识和业务能力。

税务机关中初次从事行政复议的人员，应当通过国家统一法律职业资格考试取得法律职业资格。

第三章 税务行政复议范围

第十四条 行政复议机关受理申请人对税务机关下列具体行政

行为不服提出的行政复议申请：

（一）征税行为，包括确认纳税主体、征税对象、征税范围、减税、免税、退税、抵扣税款、适用税率、计税依据、纳税环节、纳税期限、纳税地点和税款征收方式等具体行政行为，征收税款、加收滞纳金，扣缴义务人、受税务机关委托的单位和个人作出的代扣代缴、代收代缴、代征行为等。

（二）行政许可、行政审批行为。

（三）发票管理行为，包括发售、收缴、代开发票等。

（四）税收保全措施、强制执行措施。

（五）行政处罚行为：

1. 罚款；

2. 没收财物和违法所得；

3. 停止出口退税权。

（六）不依法履行下列职责的行为：

1. 颁发税务登记；

2. 开具、出具完税凭证、外出经营活动税收管理证明；

3. 行政赔偿；

4. 行政奖励；

5. 其他不依法履行职责的行为。

（七）资格认定行为。

（八）不依法确认纳税担保行为。

（九）政府信息公开工作中的具体行政行为。

（十）纳税信用等级评定行为。

（十一）通知出入境管理机关阻止出境行为。

（十二）其他具体行政行为。

第十五条　申请人认为税务机关的具体行政行为所依据的下列规定不合法，对具体行政行为申请行政复议时，可以一并向行政复议机关提出对有关规定的审查申请；申请人对具体行政行为提出行政复议申请时不知道该具体行政行为所依据的规定的，可以在行政复议机关作出行政复议决定以前提出对该规定的审查申请：

（一）国家税务总局和国务院其他部门的规定。

（二）其他各级税务机关的规定。

（三）地方各级人民政府的规定。

（四）地方人民政府工作部门的规定。

前款中的规定不包括规章。

第四章　税务行政复议管辖

第十六条　对各级税务局的具体行政行为不服的，向其上一级税务局申请行政复议。

对计划单列市税务局的具体行政行为不服的，向国家税务总局申请行政复议。

第十七条　对税务所（分局）、各级税务局的稽查局的具体行政行为不服的，向其所属税务局申请行政复议。

第十八条　对国家税务总局的具体行政行为不服的，向国家税务总局申请行政复议。对行政复议决定不服，申请人可以向人民法院提起行政诉讼，也可以向国务院申请裁决。国务院的裁决为最终裁决。

第十九条　对下列税务机关的具体行政行为不服的，按照下列规定申请行政复议：

（一）对两个以上税务机关以共同的名义作出的具体行政行为不服的，向共同上一级税务机关申请行政复议；对税务机关与其他行政机关以共同的名义作出的具体行政行为不服的，向其共同上一级行政机关申请行政复议。

（二）对被撤销的税务机关在撤销以前所作出的具体行政行为不服的，向继续行使其职权的税务机关的上一级税务机关申请行政复议。

（三）对税务机关作出逾期不缴纳罚款加处罚款的决定不服的，向作出行政处罚决定的税务机关申请行政复议。但是对已处罚款和加处罚款都不服的，一并向作出行政处罚决定的税务机关的上一级税务机关申请行政复议。

申请人向具体行政行为发生地的县级地方人民政府提交行政复议申请的，由接受申请的县级地方人民政府依照行政复议法第十五条、第十八条的规定予以转送。

第五章　税务行政复议申请人和被申请人

第二十条　合伙企业申请行政复议的，应当以核准登记的企业为申请人，由执行合伙事务的合伙人代表该企业参加行政复议；其他合伙组织申请行政复议的，由合伙人共同申请行政复议。

前款规定以外的不具备法人资格的其他组织申请行政复议的，由该组织的主要负责人代表该组织参加行政复议；没有主要负责人的，由共同推选的其他成员代表该组织参加行政复议。

第二十一条　股份制企业的股东大会、股东代表大会、董事会认为税务具体行政行为侵犯企业合法权益的，可以以企业的名义申请行政复议。

第二十二条　有权申请行政复议的公民死亡的，其近亲属可以申请行政复议；有权申请行政复议的公民为无行为能力人或者限制行为能力人，其法定代理人可以代理申请行政复议。

有权申请行政复议的法人或者其他组织发生合并、分立或终止的，承受其权利义务的法人或者其他组织可以申请行政复议。

第二十三条　行政复议期间，行政复议机关认为申请人以外的公民、法人或者其他组织与被审查的具体行政行为有利害关系的，可以通知其作为第三人参加行政复议。

行政复议期间，申请人以外的公民、法人或者其他组织与被审查的税务具体行政行为有利害关系的，可以向行政复议机关申请作为第三人参加行政复议。

第三人不参加行政复议，不影响行政复议案件的审理。

第二十四条 非具体行政行为的行政管理相对人，但其权利直接被该具体行政行为所剥夺、限制或者被赋予义务的公民、法人或其他组织，在行政管理相对人没有申请行政复议时，可以单独申请行政复议。

第二十五条 同一行政复议案件申请人超过5人的，应当推选1至5名代表参加行政复议。

第二十六条 申请人对具体行政行为不服申请行政复议的，作出该具体行政行为的税务机关为被申请人。

第二十七条 申请人对扣缴义务人的扣缴税款行为不服的，主管该扣缴义务人的税务机关为被申请人；对税务机关委托的单位和个人的代征行为不服的，委托税务机关为被申请人。

第二十八条 税务机关与法律、法规授权的组织以共同的名义作出具体行政行为的，税务机关和法律、法规授权的组织为共同被申请人。

税务机关与其他组织以共同名义作出具体行政行为的，税务机关为被申请人。

第二十九条 税务机关依照法律、法规和规章规定，经上级税务机关批准作出具体行政行为的，批准机关为被申请人。

申请人对经重大税务案件审理程序作出的决定不服的，审理委员会所在税务机关为被申请人。

第三十条 税务机关设立的派出机构、内设机构或者其他组织，未经法律、法规授权，以自己名义对外作出具体行政行为的，税务机关为被申请人。

第三十一条 申请人、第三人可以委托1至2名代理人参加行政复议。申请人、第三人委托代理人的，应当向行政复议机构提交授权委托书。授权委托书应当载明委托事项、权限和期限。公民在特殊情况下无法书面委托的，可以口头委托。口头委托的，行政复议机构应当核实并记录在卷。申请人、第三人解除或者变更委托的，应当书面告知行政复议机构。

被申请人不得委托本机关以外人员参加行政复议。

第六章　税务行政复议申请

第三十二条　申请人可以在知道税务机关作出具体行政行为之日起60日内提出行政复议申请。

因不可抗力或者被申请人设置障碍等原因耽误法定申请期限的，申请期限的计算应当扣除被耽误时间。

第三十三条　申请人对本规则第十四条第（一）项规定的行为不服的，应当先向行政复议机关申请行政复议；对行政复议决定不服的，可以向人民法院提起行政诉讼。

申请人按照前款规定申请行政复议的，必须依照税务机关根据法律、法规确定的税额、期限，先行缴纳或者解缴税款和滞纳金，或者提供相应的担保，才可以在缴清税款和滞纳金以后或者所提供的担保得到作出具体行政行为的税务机关确认之日起60日内提出行政复议申请。

申请人提供担保的方式包括保证、抵押和质押。作出具体行政行为的税务机关应当对保证人的资格、资信进行审查，对不具备法律规定资格或者没有能力保证的，有权拒绝。作出具体行政行为的税务机关应当对抵押人、出质人提供的抵押担保、质押担保进行审查，对不符合法律规定的抵押担保、质押担保，不予确认。

第三十四条　申请人对本规则第十四条第（一）项规定以外的其他具体行政行为不服的，可以申请行政复议，也可以直接向人民法院提起行政诉讼。

申请人对税务机关作出逾期不缴纳罚款加处罚款的决定不服的，

应当先缴纳罚款和加处罚款,再申请行政复议。

第三十五条 本规则第三十二条第一款规定的行政复议申请期限的计算,依照下列规定办理:

(一)当场作出具体行政行为的,自具体行政行为作出之日起计算。

(二)载明具体行政行为的法律文书直接送达的,自受送达人签收之日起计算。

(三)载明具体行政行为的法律文书邮寄送达的,自受送达人在邮件签收单上签收之日起计算;没有邮件签收单的,自受送达人在送达回执上签名之日起计算。

(四)具体行政行为依法通过公告形式告知受送达人的,自公告规定的期限届满之日起计算。

(五)税务机关作出具体行政行为时未告知申请人,事后补充告知的,自该申请人收到税务机关补充告知的通知之日起计算。

(六)被申请人能够证明申请人知道具体行政行为的,自证据材料证明其知道具体行政行为之日起计算。

税务机关作出具体行政行为,依法应当向申请人送达法律文书而未送达的,视为该申请人不知道该具体行政行为。

第三十六条 申请人依照行政复议法第六条第(八)项、第(九)项、第(十)项的规定申请税务机关履行法定职责,税务机关未履行的,行政复议申请期限依照下列规定计算:

(一)有履行期限规定的,自履行期限届满之日起计算。

(二)没有履行期限规定的,自税务机关收到申请满60日起计算。

第三十七条 税务机关作出的具体行政行为对申请人的权利、义务可能产生不利影响的,应当告知其申请行政复议的权利、行政复议机关和行政复议申请期限。

第三十八条 申请人书面申请行政复议的,可以采取当面递交、邮寄或者传真等方式提出行政复议申请。

有条件的行政复议机关可以接受以电子邮件形式提出的行政复

议申请。

对以传真、电子邮件形式提出行政复议申请的，行政复议机关应当审核确认申请人的身份、复议事项。

第三十九条 申请人书面申请行政复议的，应当在行政复议申请书中载明下列事项：

（一）申请人的基本情况，包括公民的姓名、性别、出生年月、身份证件号码、工作单位、住所、邮政编码、联系电话；法人或者其他组织的名称、住所、邮政编码、联系电话和法定代表人或者主要负责人的姓名、职务。

（二）被申请人的名称。

（三）行政复议请求、申请行政复议的主要事实和理由。

（四）申请人的签名或者盖章。

（五）申请行政复议的日期。

第四十条 申请人口头申请行政复议的，行政复议机构应当依照本规则第三十九条规定的事项，当场制作行政复议申请笔录，交申请人核对或者向申请人宣读，并由申请人确认。

第四十一条 有下列情形之一的，申请人应当提供证明材料：

（一）认为被申请人不履行法定职责的，提供要求被申请人履行法定职责而被申请人未履行的证明材料。

（二）申请行政复议时一并提出行政赔偿请求的，提供受具体行政行为侵害而造成损害的证明材料。

（三）法律、法规规定需要申请人提供证据材料的其他情形。

第四十二条 申请人提出行政复议申请时错列被申请人的，行政复议机关应当告知申请人变更被申请人。申请人不变更被申请人的，行政复议机关不予受理，或者驳回行政复议申请。

第四十三条 申请人向行政复议机关申请行政复议，行政复议机关已经受理的，在法定行政复议期限内申请人不得向人民法院提起行政诉讼；申请人向人民法院提起行政诉讼，人民法院已经依法受理的，不得申请行政复议。

第七章　税务行政复议受理

第四十四条　行政复议申请符合下列规定的,行政复议机关应当受理:

（一）属于本规则规定的行政复议范围。

（二）在法定申请期限内提出。

（三）有明确的申请人和符合规定的被申请人。

（四）申请人与具体行政行为有利害关系。

（五）有具体的行政复议请求和理由。

（六）符合本规则第三十三条和第三十四条规定的条件。

（七）属于收到行政复议申请的行政复议机关的职责范围。

（八）其他行政复议机关尚未受理同一行政复议申请,人民法院尚未受理同一主体就同一事实提起的行政诉讼。

第四十五条　行政复议机关收到行政复议申请以后,应当在5日内审查,决定是否受理。对不符合本规则规定的行政复议申请,决定不予受理,并书面告知申请人。

对不属于本机关受理的行政复议申请,应当告知申请人向有关行政复议机关提出。

行政复议机关收到行政复议申请以后未按照前款规定期限审查并作出不予受理决定的,视为受理。

第四十六条　对符合规定的行政复议申请,自行政复议机构收到之日起即为受理;受理行政复议申请,应当书面告知申请人。

第四十七条　行政复议申请材料不齐全、表述不清楚的,行政复议机构可以自收到该行政复议申请之日起5日内书面通知申请人补正。补正通知应当载明需要补正的事项和合理的补正期限。无正当理由逾期不补正的,视为申请人放弃行政复议申请。

补正申请材料所用时间不计入行政复议审理期限。

第四十八条 上级税务机关认为行政复议机关不予受理行政复议申请的理由不成立的，可以督促其受理；经督促仍然不受理的，责令其限期受理。

上级税务机关认为行政复议申请不符合法定受理条件的，应当告知申请人。

第四十九条 上级税务机关认为有必要的，可以直接受理或者提审由下级税务机关管辖的行政复议案件。

第五十条 对应当先向行政复议机关申请行政复议，对行政复议决定不服再向人民法院提起行政诉讼的具体行政行为，行政复议机关决定不予受理或者受理以后超过行政复议期限不作答复的，申请人可以自收到不予受理决定书之日起或者行政复议期满之日起15日内，依法向人民法院提起行政诉讼。

依照本规则第八十三条规定延长行政复议期限的，以延长以后的时间为行政复议期满时间。

第五十一条 行政复议期间具体行政行为不停止执行；但是有下列情形之一的，可以停止执行：

（一）被申请人认为需要停止执行的。

（二）行政复议机关认为需要停止执行的。

（三）申请人申请停止执行，行政复议机关认为其要求合理，决定停止执行的。

（四）法律规定停止执行的。

第八章 税务行政复议证据

第五十二条 行政复议证据包括以下类别：

（一）书证；

（二）物证；

（三）视听资料；

（四）电子数据；

（五）证人证言；

（六）当事人的陈述；

（七）鉴定意见；

（八）勘验笔录、现场笔录。

第五十三条 在行政复议中，被申请人对其作出的具体行政行为负有举证责任。

第五十四条 行政复议机关应当依法全面审查相关证据。行政复议机关审查行政复议案件，应当以证据证明的案件事实为依据。定案证据应当具有合法性、真实性和关联性。

第五十五条 行政复议机关应当根据案件的具体情况，从以下方面审查证据的合法性：

（一）证据是否符合法定形式。

（二）证据的取得是否符合法律、法规、规章和司法解释的规定。

（三）是否有影响证据效力的其他违法情形。

第五十六条 行政复议机关应当根据案件的具体情况，从以下方面审查证据的真实性：

（一）证据形成的原因。

（二）发现证据时的环境。

（三）证据是否为原件、原物，复制件、复制品与原件、原物是否相符。

（四）提供证据的人或者证人与行政复议参加人是否具有利害关系。

（五）影响证据真实性的其他因素。

第五十七条 行政复议机关应当根据案件的具体情况，从以下方面审查证据的关联性：

（一）证据与待证事实是否具有证明关系。

（二）证据与待证事实的关联程度。

（三）影响证据关联性的其他因素。

第五十八条 下列证据材料不得作为定案依据：

（一）违反法定程序收集的证据材料。

（二）以偷拍、偷录和窃听等手段获取侵害他人合法权益的证据材料。

（三）以利诱、欺诈、胁迫和暴力等不正当手段获取的证据材料。

（四）无正当事由超出举证期限提供的证据材料。

（五）无正当理由拒不提供原件、原物，又无其他证据印证，且对方不予认可的证据的复制件、复制品。

（六）无法辨明真伪的证据材料。

（七）不能正确表达意志的证人提供的证言。

（八）不具备合法性、真实性的其他证据材料。

行政复议机构依据本规则第十一条第（二）项规定的职责所取得的有关材料，不得作为支持被申请人具体行政行为的证据。

第五十九条 在行政复议过程中，被申请人不得自行向申请人和其他有关组织或者个人收集证据。

第六十条 行政复议机构认为必要时，可以调查取证。

行政复议工作人员向有关组织和人员调查取证时，可以查阅、复制和调取有关文件和资料，向有关人员询问。调查取证时，行政复议工作人员不得少于2人，并应当向当事人和有关人员出示证件。被调查单位和人员应当配合行政复议工作人员的工作，不得拒绝、阻挠。

需要现场勘验的，现场勘验所用时间不计入行政复议审理期限。

第六十一条 申请人和第三人可以查阅被申请人提出的书面答复、作出具体行政行为的证据、依据和其他有关材料，除涉及国家秘密、商业秘密或者个人隐私外，行政复议机关不得拒绝。

第九章 税务行政复议审查和决定

第六十二条 行政复议机构应当自受理行政复议申请之日起7

日内,将行政复议申请书副本或者行政复议申请笔录复印件发送被申请人。被申请人应当自收到申请书副本或者申请笔录复印件之日起10日内提出书面答复,并提交当初作出具体行政行为的证据、依据和其他有关材料。

对国家税务总局的具体行政行为不服申请行政复议的案件,由原承办具体行政行为的相关机构向行政复议机构提出书面答复,并提交当初作出具体行政行为的证据、依据和其他有关材料。

第六十三条　行政复议机构审理行政复议案件,应当由2名以上行政复议工作人员参加。

第六十四条　行政复议原则上采用书面审查的办法,但是申请人提出要求或者行政复议机构认为有必要时,应当听取申请人、被申请人和第三人的意见,并可以向有关组织和人员调查了解情况。

第六十五条　对重大、复杂的案件,申请人提出要求或者行政复议机构认为必要时,可以采取听证的方式审理。

第六十六条　行政复议机构决定举行听证的,应当将举行听证的时间、地点和具体要求等事项通知申请人、被申请人和第三人。

第三人不参加听证的,不影响听证的举行。

第六十七条　听证应当公开举行,但是涉及国家秘密、商业秘密或者个人隐私的除外。

第六十八条　行政复议听证人员不得少于2人,听证主持人由行政复议机构指定。

第六十九条　听证应当制作笔录。申请人、被申请人和第三人应当确认听证笔录内容。

行政复议听证笔录应当附卷,作为行政复议机构审理案件的依据之一。

第七十条　行政复议机关应当全面审查被申请人的具体行政行为所依据的事实证据、法律程序、法律依据和设定的权利义务内容的合法性、适当性。

第七十一条　申请人在行政复议决定作出以前撤回行政复议申

请的，经行政复议机构同意，可以撤回。

申请人撤回行政复议申请的，不得再以同一事实和理由提出行政复议申请。但是，申请人能够证明撤回行政复议申请违背其真实意思表示的除外。

第七十二条 行政复议期间被申请人改变原具体行政行为的，不影响行政复议案件的审理。但是，申请人依法撤回行政复议申请的除外。

第七十三条 申请人在申请行政复议时，依据本规则第十五条规定一并提出对有关规定的审查申请的，行政复议机关对该规定有权处理的，应当在30日内依法处理；无权处理的，应当在7日内按照法定程序逐级转送有权处理的行政机关依法处理，有权处理的行政机关应当在60日内依法处理。处理期间，中止对具体行政行为的审查。

第七十四条 行政复议机关审查被申请人的具体行政行为时，认为其依据不合法，本机关有权处理的，应当在30日内依法处理；无权处理的，应当在7日内按照法定程序逐级转送有权处理的国家机关依法处理。处理期间，中止对具体行政行为的审查。

第七十五条 行政复议机构应当对被申请人的具体行政行为提出审查意见，经行政复议机关负责人批准，按照下列规定作出行政复议决定：

（一）具体行政行为认定事实清楚，证据确凿，适用依据正确，程序合法，内容适当的，决定维持。

（二）被申请人不履行法定职责的，决定其在一定期限内履行。

（三）具体行政行为有下列情形之一的，决定撤销、变更或者确认该具体行政行为违法；决定撤销或者确认该具体行政行为违法的，可以责令被申请人在一定期限内重新作出具体行政行为：

1. 主要事实不清、证据不足的；
2. 适用依据错误的；
3. 违反法定程序的；

4. 超越职权或者滥用职权的；

5. 具体行政行为明显不当的。

（四）被申请人不按照本规则第六十二条的规定提出书面答复，提交当初作出具体行政行为的证据、依据和其他有关材料的，视为该具体行政行为没有证据、依据，决定撤销该具体行政行为。

第七十六条　行政复议机关责令被申请人重新作出具体行政行为的，被申请人不得以同一事实和理由作出与原具体行政行为相同或者基本相同的具体行政行为；但是行政复议机关以原具体行政行为违反法定程序决定撤销的，被申请人重新作出具体行政行为的除外。

行政复议机关责令被申请人重新作出具体行政行为的，被申请人不得作出对申请人更为不利的决定；但是行政复议机关以原具体行政行为主要事实不清、证据不足或适用依据错误决定撤销的，被申请人重新作出具体行政行为的除外。

第七十七条　有下列情形之一的，行政复议机关可以决定变更：

（一）认定事实清楚，证据确凿，程序合法，但是明显不当或者适用依据错误的。

（二）认定事实不清，证据不足，但是经行政复议机关审理查明事实清楚，证据确凿的。

第七十八条　有下列情形之一的，行政复议机关应当决定驳回行政复议申请：

（一）申请人认为税务机关不履行法定职责申请行政复议，行政复议机关受理以后发现该税务机关没有相应法定职责或者在受理以前已经履行法定职责的。

（二）受理行政复议申请后，发现该行政复议申请不符合行政复议法及其实施条例和本规则规定的受理条件的。

上级税务机关认为行政复议机关驳回行政复议申请的理由不成立的，应当责令限期恢复受理。行政复议机关审理行政复议申请期限的计算应当扣除因驳回耽误的时间。

第七十九条 行政复议期间，有下列情形之一的，行政复议中止：

（一）作为申请人的公民死亡，其近亲属尚未确定是否参加行政复议的。

（二）作为申请人的公民丧失参加行政复议的能力，尚未确定法定代理人参加行政复议的。

（三）作为申请人的法人或者其他组织终止，尚未确定权利义务承受人的。

（四）作为申请人的公民下落不明或者被宣告失踪的。

（五）申请人、被申请人因不可抗力，不能参加行政复议的。

（六）行政复议机关因不可抗力原因暂时不能履行工作职责的。

（七）案件涉及法律适用问题，需要有权机关作出解释或者确认的。

（八）案件审理需要以其他案件的审理结果为依据，而其他案件尚未审结的。

（九）其他需要中止行政复议的情形。

行政复议中止的原因消除以后，应当及时恢复行政复议案件的审理。

行政复议机构中止、恢复行政复议案件的审理，应当告知申请人、被申请人、第三人。

第八十条 行政复议期间，有下列情形之一的，行政复议终止：

（一）申请人要求撤回行政复议申请，行政复议机构准予撤回的。

（二）作为申请人的公民死亡，没有近亲属，或者其近亲属放弃行政复议权利的。

（三）作为申请人的法人或者其他组织终止，其权利义务的承受人放弃行政复议权利的。

（四）申请人与被申请人依照本规则第八十七条的规定，经行政复议机构准许达成和解的。

（五）行政复议申请受理以后，发现其他行政复议机关已经先于本机关受理，或者人民法院已经受理的。

依照本规则第七十九条第一款第（一）项、第（二）项、第（三）项规定中止行政复议，满60日行政复议中止的原因未消除的，行政复议终止。

第八十一条　行政复议机关责令被申请人重新作出具体行政行为的，被申请人应当在60日内重新作出具体行政行为；情况复杂，不能在规定期限内重新作出具体行政行为的，经行政复议机关批准，可以适当延期，但是延期不得超过30日。

公民、法人或者其他组织对被申请人重新作出的具体行政行为不服，可以依法申请行政复议，或者提起行政诉讼。

第八十二条　申请人在申请行政复议时可以一并提出行政赔偿请求，行政复议机关对符合国家赔偿法的规定应当赔偿的，在决定撤销、变更具体行政行为或者确认具体行政行为违法时，应当同时决定被申请人依法赔偿。

申请人在申请行政复议时没有提出行政赔偿请求的，行政复议机关在依法决定撤销、变更原具体行政行为确定的税款、滞纳金、罚款和对财产的扣押、查封等强制措施时，应当同时责令被申请人退还税款、滞纳金和罚款，解除对财产的扣押、查封等强制措施，或者赔偿相应的价款。

第八十三条　行政复议机关应当自受理申请之日起60日内作出行政复议决定。情况复杂，不能在规定期限内作出行政复议决定的，经行政复议机关负责人批准，可以适当延期，并告知申请人和被申请人；但是延期不得超过30日。

行政复议机关作出行政复议决定，应当制作行政复议决定书，并加盖行政复议机关印章。

行政复议决定书一经送达，即发生法律效力。

第八十四条　被申请人应当履行行政复议决定。

被申请人不履行、无正当理由拖延履行行政复议决定的，行政复议机关或者有关上级税务机关应当责令其限期履行。

第八十五条 申请人、第三人逾期不起诉又不履行行政复议决定的,或者不履行最终裁决的行政复议决定的,按照下列规定分别处理:

(一)维持具体行政行为的行政复议决定,由作出具体行政行为的税务机关依法强制执行,或者申请人民法院强制执行。

(二)变更具体行政行为的行政复议决定,由行政复议机关依法强制执行,或者申请人民法院强制执行。

第十章 税务行政复议和解与调解

第八十六条 对下列行政复议事项,按照自愿、合法的原则,申请人和被申请人在行政复议机关作出行政复议决定以前可以达成和解,行政复议机关也可以调解:

(一)行使自由裁量权作出的具体行政行为,如行政处罚、核定税额、确定应税所得率等。

(二)行政赔偿。

(三)行政奖励。

(四)存在其他合理性问题的具体行政行为。

行政复议审理期限在和解、调解期间中止计算。

第八十七条 申请人和被申请人达成和解的,应当向行政复议机构提交书面和解协议。和解内容不损害社会公共利益和他人合法权益的,行政复议机构应当准许。

第八十八条 经行政复议机构准许和解终止行政复议的,申请人不得以同一事实和理由再次申请行政复议。

第八十九条 调解应当符合下列要求:

(一)尊重申请人和被申请人的意愿。

(二)在查明案件事实的基础上进行。

(三)遵循客观、公正和合理原则。

（四）不得损害社会公共利益和他人合法权益。

第九十条 行政复议机关按照下列程序调解：

（一）征得申请人和被申请人同意。

（二）听取申请人和被申请人的意见。

（三）提出调解方案。

（四）达成调解协议。

（五）制作行政复议调解书。

第九十一条 行政复议调解书应当载明行政复议请求、事实、理由和调解结果，并加盖行政复议机关印章。行政复议调解书经双方当事人签字，即具有法律效力。

调解未达成协议，或者行政复议调解书不生效的，行政复议机关应当及时作出行政复议决定。

第九十二条 申请人不履行行政复议调解书的，由被申请人依法强制执行，或者申请人民法院强制执行。

第十一章 税务行政复议指导和监督

第九十三条 各级税务复议机关应当加强对履行行政复议职责的监督。行政复议机构负责对行政复议工作进行系统督促、指导。

第九十四条 各级税务机关应当建立健全行政复议工作责任制，将行政复议工作纳入本单位目标责任制。

第九十五条 各级税务机关应当按照职责权限，通过定期组织检查、抽查等方式，检查下级税务机关的行政复议工作，并及时向有关方面反馈检查结果。

第九十六条 行政复议期间行政复议机关发现被申请人和其他下级税务机关的相关行政行为违法或者需要做好善后工作的，可以制作行政复议意见书。有关机关应当自收到行政复议意见书之日起60日内将纠正相关行政违法行为或者做好善后工作的情况报告行政复议机关。

行政复议期间行政复议机构发现法律、法规和规章实施中带有普遍性的问题，可以制作行政复议建议书，向有关机关提出完善制度和改进行政执法的建议。

第九十七条 省以下各级税务机关应当定期向上一级税务机关提交行政复议、应诉、赔偿统计表和分析报告，及时将重大行政复议决定报上一级行政复议机关备案。

第九十八条 行政复议机构应当按照规定将行政复议案件资料立卷归档。

行政复议案卷应当按照行政复议申请分别装订立卷，一案一卷，统一编号，做到目录清晰、资料齐全、分类规范、装订整齐。

第九十九条 行政复议机构应当定期组织行政复议工作人员业务培训和工作交流，提高行政复议工作人员的专业素质。

第一百条 行政复议机关应当定期总结行政复议工作。对行政复议工作中做出显著成绩的单位和个人，依照有关规定表彰和奖励。

第十二章 附 则

第一百零一条 行政复议机关、行政复议机关工作人员和被申请人在税务行政复议活动中，违反行政复议法及其实施条例和本规则规定的，应当依法处理。

第一百零二条 外国人、无国籍人、外国组织在中华人民共和国境内向税务机关申请行政复议，适用本规则。

第一百零三条 行政复议机关在行政复议工作中可以使用行政复议专用章。行政复议专用章与行政复议机关印章在行政复议中具有同等效力。

第一百零四条 行政复议期间的计算和行政复议文书的送达，依照民事诉讼法关于期间、送达的规定执行。

本规则关于行政复议期间有关"5日"、"7日"的规定指工作日,不包括法定节假日。

第一百零五条 本规则自2010年4月1日起施行,2004年2月24日国家税务总局公布的《税务行政复议规则(暂行)》(国家税务总局令第8号)同时废止。

自然资源行政复议规定

(2019年7月19日自然资源部令第3号公布 自2019年9月1日起施行)

第一条 为规范自然资源行政复议工作,及时高效化解自然资源行政争议,保护公民、法人和其他组织的合法权益,推进自然资源法治建设,根据《中华人民共和国行政复议法》和《中华人民共和国行政复议法实施条例》,制定本规定。

第二条 县级以上自然资源主管部门依法办理行政复议案件,履行行政复议决定,指导和监督行政复议工作,适用本规定。

第三条 自然资源部对全国自然资源行政复议工作进行指导和监督。

上级自然资源主管部门对下级自然资源主管部门的行政复议工作进行指导和监督。

第四条 本规定所称行政复议机关,是指依据法律法规规定履行行政复议职责的自然资源主管部门。

本规定所称行政复议机构,是指自然资源主管部门的法治工作机构。

行政复议机关可以委托所属事业单位承担有关行政复议的事务性工作。

第五条 行政复议机关可以根据工作需要设立行政复议委员会,

审议重大、复杂、疑难的行政复议案件，研究行政复议工作中的重大问题。

第六条　行政复议工作人员应当具备与履行职责相适应的政治素质、法治素养和业务能力，忠于宪法和法律，清正廉洁，恪尽职守。

初次从事行政复议的人员，应当通过国家统一法律职业资格考试取得法律职业资格。

第七条　行政复议机关应当依照有关规定配备专职行政复议人员，并定期组织培训，保障其每年参加专业培训的时间不少于三十六个学时。

行政复议机关应当保障行政复议工作经费、装备和其他必要的工作条件。

第八条　行政复议机关应当定期对行政复议工作情况、行政复议决定履行情况以及典型案例等进行统计、分析、通报，并将有关情况向上一级自然资源主管部门报告。

行政复议机关应当建立行政复议信息管理系统，提高案件办理、卷宗管理、统计分析、便民服务的信息化水平。

第九条　县级以上自然资源主管部门应当将行政复议工作情况纳入本部门考核内容，考核结果作为评价领导班子、评先表彰、干部使用的重要依据。

第十条　行政复议机构统一受理行政复议申请。

行政复议机关的其他机构收到行政复议申请的，应当自收到之日起1个工作日内将申请材料转送行政复议机构。

行政复议机构应当对收到的行政复议申请进行登记。

第十一条　行政复议机构收到申请人提出的批评、意见、建议、控告、检举、投诉等信访请求的，应当将相关材料转交信访纪检等工作机构处理，告知申请人并做好记录。

第十二条　行政复议机构认为行政复议申请材料不齐全、表述不清楚或者不符合法定形式的，应当自收到该行政复议申请书之日起5个工作日内,一次性书面通知申请人补正。

补正通知书应当载明下列事项:

(一)需要更改、补充的具体内容;

(二)需要补正的材料、证据;

(三)合理的补正期限;

(四)无正当理由逾期未补正的法律后果。

无正当理由逾期未提交补正材料的,视为申请人放弃行政复议申请。补正申请材料所用时间不计入复议审理期限。

第十三条 有下列情形之一的,行政复议机关不予受理:

(一)未按照本规定第十二条规定的补正通知要求提供补正材料的;

(二)对下级自然资源主管部门作出的行政复议决定或者行政复议告知不服,申请行政复议的;

(三)其他不符合法定受理条件的。

对同一申请人以基本相同的事实和理由重复提出同一行政复议申请的,行政复议机关不再重复受理。

第十四条 对政府信息公开答复不服申请行政复议,有下列情形之一,被申请人已经履行法定告知义务或者说明理由的,行政复议机关可以驳回行政复议申请:

(一)要求提供已经主动公开的政府信息,或者要求公开申请人已经知晓的政府信息,自然资源主管部门依法作出处理、答复的;

(二)要求自然资源主管部门制作、搜集政府信息和对已有政府信息进行汇总、分析、加工等,自然资源主管部门依法作出处理、答复的;

(三)申请人以政府信息公开申请的形式进行信访、投诉、举报等活动,自然资源主管部门告知申请人不作为政府信息公开申请处理的;

(四)申请人的政府信息公开申请符合《中华人民共和国政府信息公开条例》第三十六条第三、五、六、七项规定,自然资源主管部门依法作出处理、答复的；

（五）法律法规规定的其他情形。

符合前款规定情形的，行政复议机关可以不要求被申请人提供书面答复及证据、依据。

第十五条　对投诉、举报、检举和反映问题等事项的处理不服申请行政复议的，属于下列情形之一，自然资源主管部门已经将处理情况予以告知，且告知行为未对申请人的实体权利义务产生不利影响的，行政复议机关可以不予受理或者受理审查后驳回行政复议申请：

（一）信访处理意见、复查意见、复核意见，或者未履行信访法定职责的行为；

（二）履行内部层级监督职责作出的处理、答复，或者未履行该职责的行为；

（三）对明显不具有事务、地域或者级别管辖权的投诉举报事项作出的处理、答复，或者未作处理、答复的行为；

（四）未设定申请人权利义务的重复处理行为、说明性告知行为及过程性行为。

第十六条　行政复议机构应当自受理行政复议申请之日起7个工作日内，向被申请人发出答复通知书，并将行政复议申请书副本或者申请笔录复印件一并发送被申请人。

第十七条　行政复议机构认为申请人以外的公民、法人或者其他组织与被复议的行政行为有利害关系的，可以通知其作为第三人参加行政复议。

申请人以外的公民、法人或者其他组织也可以向行政复议机构提出申请，并提交有利害关系的证明材料，经审查同意后作为第三人参加行政复议。

第十八条　自然资源部为被申请人的，由行政行为的承办机构提出书面答复，报分管部领导审定。

地方自然资源主管部门为被申请人的，由行政行为的承办机构提出书面答复，报本部门负责人签发，并加盖本部门印章。

难以确定行政复议答复承办机构的，由本部门行政复议机构确定。承办机构有异议的，由行政复议机构报本部门负责人确定。

行政行为的承办机构应当指定1至2名代理人参加行政复议。

第十九条　被申请人应当提交行政复议答复书及作出原行政行为的证据、依据和其他有关材料，并对其提交的证据材料分类编号，对证据材料的来源、证明对象和内容作简要说明。涉及国家秘密的，应当作出明确标识。

被申请人未按期提交行政复议答复书及证据材料的，视为原行政行为没有证据、依据，行政复议机关应当作出撤销该行政行为的行政复议决定。

第二十条　被申请人应当自收到答复通知书之日起10日内，提交行政复议答复书。

行政复议答复书应当载明下列事项：

（一）被申请人的名称、地址、法定代表人的姓名、职务；

（二）委托代理人的姓名、单位、职务、联系方式；

（三）作出行政行为的事实和有关证据；

（四）作出行政行为所依据的法律、法规、规章和规范性文件的具体条款和内容；

（五）对申请人复议请求的意见和理由；

（六）作出答复的日期。

第二十一条　行政复议机关应当为申请人、第三人及其代理人查阅行政复议案卷材料提供必要的便利条件。

申请人、第三人申请查阅行政复议案卷材料的，应当出示身份证件；代理人申请查阅行政复议案卷材料的，应当出示身份证件及授权委托书。申请人、第三人及其代理人查阅行政复议案卷材料时，行政复议机构工作人员应当在场。

第二十二条　对受理的行政复议案件，行政复议机构可以根据案件审理的需要，征求本行政复议机关相关机构的意见。

283

相关机构应当按照本机构职责范围，按期对行政复议案件提出明确意见，并说明理由。

第二十三条 行政复议案件以书面审理为主。必要时，行政复议机构可以采取实地调查、审查会、听证会、专家论证等方式审理行政复议案件。

重大、复杂、疑难的行政复议案件，行政复议机构应当提请行政复议委员会审议。

第二十四条 申请人对自然资源主管部门作出的同一行政行为或者内容基本相同的行政行为，提出多个行政复议申请的，行政复议机构可以合并审理。

已经作出过行政复议决定，其他申请人以基本相同的事实和理由，对同一行政行为再次提出行政复议申请的，行政复议机构可以简化审理程序。

第二十五条 行政复议期间有下列情形之一的，行政复议中止：

（一）双方当事人书面提出协商解决申请，行政复议机构认为有利于实质性解决纠纷，维护申请人合法权益的；

（二）申请人不以保护自身合法权益为目的，反复提起行政复议申请，扰乱复议机关行政管理秩序的；

（三）法律法规规定需要中止审理的其他情形。

属于前款第一项规定情形的，双方当事人应当明确协商解决的期限。期限届满未能协商解决的，案件恢复审理。

属于前款第二项规定情形，情节严重的，行政复议机关应当及时向有关国家机关通报。

行政复议机构中止行政复议案件审理的，应当书面通知当事人，并告知中止原因；行政复议中止的原因消除后，应当及时恢复行政复议案件的审理。

第二十六条 行政复议机关作出行政复议决定，应当制作行政复议决定书。

行政复议决定书应当符合法律法规的规定，并加盖行政复议机关的印章或者行政复议专用章。

行政复议决定书应当载明申请人不服行政复议决定的法律救济途径和期限。

第二十七条　被复议行政行为的处理结果正确，且不损害申请人的实体权利，但在事实认定、引用依据、证据提交方面有轻微错误的，行政复议机关可以作出驳回复议申请或者维持原行政行为的决定，但应当在行政复议决定书中对被申请人予以指正。

被申请人应当在收到行政复议决定书之日起60日内，向行政复议机关作出书面说明，并报告改正情况。

第二十八条　行政行为被行政复议机关撤销、变更、确认违法的，或者行政复议机关责令履行法定职责的，行政行为的承办机构应当适时制作行政复议决定分析报告，向本机关负责人报告，并抄送法治工作机构。

第二十九条　行政复议机关在行政复议过程中，发现被申请人相关行政行为的合法性存在问题，或者需要做好善后工作的，应当制发行政复议意见书，向被申请人指出存在的问题，提出整改要求。

被申请人应当责成行政行为的承办机构在收到行政复议意见书之日起60日内完成整改工作，并将整改情况书面报告行政复议机关。

被申请人拒不整改或者整改不符合要求，情节严重的，行政复议机关应当报请有关国家机关依法处理。

行政复议期间，行政复议机构发现法律、法规、规章实施中带有普遍性的问题，可以制作行政复议建议书，向有关机关提出完善制度和改进行政执法的建议。相关机关应当及时向行政复议机构反馈落实情况。

第三十条　有下列情形之一，在整改期限内拒不整改或整改不符合要求的，上级自然资源主管部门可以约谈下级自然资源主管部门负责人，通报有关地方人民政府：

（一）不依法履行行政复议职责，故意将行政复议案件上交的；

（二）反复发生群体性行政复议案件的；

（三）同类行政复议案件反复发生，未采取措施解决的；

（四）逾期不履行行政复议决定、不反馈行政复议意见书和建议书的；

（五）提交虚假证据材料的；

（六）其他事项需要约谈的。

第三十一条 行政复议机关应当将行政复议申请受理情况等信息在本机关门户网站、官方微信等媒体上向社会公开。

推行行政复议决定书网上公开，加强社会对行政复议决定履行情况的监督。

第三十二条 被申请人应当在法定期限内履行生效的行政复议决定，并在履行行政复议决定后30日内将履行情况及相关法律文书送达情况书面报告行政复议机关。

第三十三条 行政复议决定履行期满，被申请人不履行行政复议决定的，申请人可以向行政复议机关提出责令履行申请。

第三十四条 行政复议机关收到责令履行申请书，应当向被申请人进行调查或者核实，依照下列规定办理：

（一）被申请人已经履行行政复议决定，并将履行情况相关法律文书送达申请人的，应当联系申请人予以确认，并做好记录；

（二）被申请人已经履行行政复议决定，但尚未将履行情况相关法律文书送达申请人的，应当督促被申请人将相关法律文书送达申请人；

（三）被申请人逾期未履行行政复议决定的，应当责令被申请人在规定的期限内履行。被申请人拒不履行的，行政复议机关可以将有关材料移送纪检监察机关。

属于本条第一款第二项规定情形的，被申请人应当将相关法律文书送达情况及时报告行政复议机关。

属于本条第一款第三项规定情形的，被申请人应当在收到书面通知之日起30日内履行完毕，并书面报告行政复议机关。被申请人认为没有条件履行的,应当说明理由并提供相关证据、依据。

第三十五条 有下列情形之一,行政复议机关可以决定被申请人中止履行行政复议决定:

(一)有新的事实和证据,足以影响行政复议决定履行的;

(二)行政复议决定履行需要以其他案件的审理结果为依据,而其他案件尚未审结的;

(三)被申请人与申请人达成中止履行协议,双方提出中止履行申请的;

(四)因不可抗力等其他原因需要中止履行的。

本条前款第三项规定的中止履行协议不得损害国家利益、社会公共利益和他人的合法权益。

第三十六条 决定中止履行行政复议决定的,行政复议机关应当向当事人发出行政复议决定中止履行通知书。

行政复议决定中止履行通知书应当载明中止履行的理由和法律依据。中止履行期间,不计算在履行期限内。

中止履行的情形消除后,行政复议机关应当向当事人发出行政复议决定恢复履行通知书。

第三十七条 经审查,被申请人不履行行政复议决定的理由不成立的,行政复议机关应当作出责令履行行政复议决定通知书,并送达被申请人。

第三十八条 被责令重新作出行政行为的,被申请人不得以同一事实和理由作出与原行政行为相同或者基本相同的行为,因违反法定程序被责令重新作出行政行为的除外。

第三十九条 行政复议机关工作人员违反本规定,有下列情形之一,情节严重的,对直接负责的责任人员依法给予处分:

(一)未登记行政复议申请,导致记录不全或者遗漏的;

(二)未按时将行政复议申请转交行政复议机构的;

(三)未保障行政复议当事人、代理人阅卷权的;

(四)未妥善保管案卷材料,或者未按要求将行政复议案卷归档，导致案卷不全或者遗失的；

（五）未对收到的责令履行申请书进行调查核实的；

（六）未履行行政复议职责，导致矛盾上交或者激化的。

第四十条 被申请人及其工作人员违反本规定，有下列情形之一，情节严重的，对直接负责的责任人员依法给予处分：

（一）不提出行政复议答复或者无正当理由逾期答复的；

（二）不提交作出原行政行为的证据、依据和其他有关材料的；

（三）不配合行政复议机关开展行政复议案件审理工作的；

（四）不配合行政复议机关调查核实行政复议决定履行情况的；

（五）不履行或者无正当理由拖延履行行政复议决定的；

（六）不与行政复议机关在共同应诉工作中沟通、配合，导致不良后果的；

（七）对收到的行政复议意见书无正当理由，不予书面答复或者逾期作出答复的。

第四十一条 行政复议案件审结后，案件承办机构应当及时将案件材料立卷归档。

第四十二条 申请人对国家林业和草原局行政行为不服的，应当向国家林业和草原局提起行政复议。

申请人对地方林业和草原主管部门的行政行为不服，选择向其上一级主管部门申请行政复议的，应当向上一级林业和草原主管部门提起行政复议。

自然资源主管部门对不属于本机关受理的行政复议申请，能够明确属于同级林业和草原主管部门职责范围的，应当将该申请转送同级林业和草原主管部门，并告知申请人。

第四十三条 本规定自 2019 年 9 月 1 日起施行。原国土资源部 2017 年 11 月 21 日发布的《国土资源行政复议规定》（国土资源部令第 76 号）同时废止。

附录

行政复议法条文新旧对照表[*]

（左栏**黑体**部分为增加或修改，
右栏~~删除线~~部分为删去，右栏<u>下划线</u>部分为移动）

行政复议法（2023年修订）	行政复议法（2017年修正）
目　录	目　录
第一章　总　则	第一章　总　则
第二章　行政复议申请	第二章　行政复议范围
第一节　行政复议范围	第三章　行政复议申请
第二节　**行政复议参加人**	第四章　行政复议受理
第三节　**申请的提出**	第五章　行政复议决定
第四节　**行政复议管辖**	第六章　法律责任
第三章　行政复议受理	第七章　附　则
第四章　**行政复议审理**	
第一节　**一般规定**	
第二节　**行政复议证据**	
第三节　**普通程序**	
第四节　**简易程序**	
第五节　**行政复议附带审查**	
第五章　行政复议决定	
第六章　法律责任	
第七章　附　则	

---

[*] 以下表格左栏为2023年9月1日第十四届全国人民代表大会常务委员会第五次会议修订公布的新《行政复议法》，右栏为1999年4月29日通过、2009年8月27日第一次修正、2017年9月1日第二次修正的旧《行政复议法》。

289

续表

行政复议法（2023年修订）	行政复议法（2017年修正）
第一章　总　　则	第一章　总　　则
第一条　为了防止和纠正违法的或者不当的行政行为，保护公民、法人和其他组织的合法权益，**监督和保障**行政机关依法行使职权，**发挥行政复议化解行政争议的主渠道作用，推进法治政府**建设，根据宪法，制定本法。	第一条　为了防止和纠正违法的或者不当的~~具体~~行政行为，保护公民、法人和其他组织的合法权益，保障和监督行政机关依法行使职权，根据宪法，制定本法。
第二条　公民、法人或者其他组织认为**行政机关的**行政行为侵犯其合法权益，向行政复议机关提出行政复议申请，行政复议机关**办理**行政复议**案件**，适用本法。 **前款所称行政行为，包括法律、法规、规章授权的组织的行政行为。**	第二条　公民、法人或者其他组织认为~~具体~~行政行为侵犯其合法权益，向行政机关提出行政复议申请，行政机关~~受理~~行政复议~~申请、作出行政复议决~~定，适用本法。
第三条　**行政复议工作坚持中国共产党的领导。** 行政复议机关履行行政复议职责，应当遵循合法、公正、公开、**高效**、便民、**为民**的原则，坚持有错必纠，保障法律、法规的正确实施。	第四条　行政复议机关履行行政复议职责，应当遵循合法、公正、公开、~~及时~~、便民的原则，坚持有错必纠，保障法律、法规的正确实施。
第四条　**县级以上各级人民政府以及其他**依照本法履行行政复议职责的行政机关是行政复议机关。	第三条第一款　依照本法履行行政复议职责的行政机关是行政复议机关。行政复议机关~~负责法制工作的~~机构~~具体~~办理行政复

290

续表

行政复议法（2023年修订）	行政复议法（2017年修正）
行政复议机关办理行政复议事项的机构是行政复议机构。行政复议机构同时组织办理行政复议机关的行政应诉事项。 行政复议机关应当加强行政复议工作，支持和保障行政复议机构依法履行职责。上级行政复议机构对下级行政复议机构的行政复议工作进行指导、监督。 国务院行政复议机构可以发布行政复议指导性案例。	事项，~~履行下列职责：~~ ~~（一）受理行政复议申请；~~ ~~（二）向有关组织和人员调查取证，查阅文件和资料；~~ ~~（三）审查申请行政复议的具体行政行为是否合法与适当，拟订行政复议决定；~~ ~~（四）处理或者转送对本法第七条所列有关规定的审查申请；~~ ~~（五）对行政机关违反本法规定的行为依照规定的权限和程序提出处理建议；~~ ~~（六）办理因不服行政复议决定提起行政诉讼的应诉事项；~~ ~~（七）法律、法规规定的其他职责。~~
第五条　行政复议机关办理行政复议案件，可以进行调解。 调解应当遵循合法、自愿的原则，不得损害国家利益、社会公共利益和他人合法权益，不得违反法律、法规的强制性规定。	新增条文
第六条　国家建立专业化、职业化行政复议人员队伍。 行政复议机构中初次从事行政复议工作的人员，应当通过国家统一法律职业资格考试取得法律职业资格，并参加统一职前培训。	第三条第二款　行政机关中初次从事行政复议的人员，应当通过国家统一法律职业资格考试取得法律职业资格。

291

续表

行政复议法（2023年修订）	行政复议法（2017年修正）
国务院行政复议机构应当会同有关部门制定行政复议人员工作规范，加强对行政复议人员的业务考核和管理。	
第七条　行政复议机关应当确保行政复议机构的人员配备与所承担的工作任务相适应，提高行政复议人员专业素质，根据工作需要保障办案场所、装备等设施。县级以上各级人民政府应当将行政复议工作经费列入本级预算。	第三十九条　行政复议机关受理行政复议申请，不得向申请人收取任何费用。行政复议活动所需经费，应当列入本机关的行政经费，由本级财政予以保障。 （旧第三十九条第一句移至新第八十七条）
第八条　行政复议机关应当加强信息化建设，运用现代信息技术，方便公民、法人或者其他组织申请、参加行政复议，提高工作质量和效率。	新增条文
第九条　对在行政复议工作中做出显著成绩的单位和个人，按照国家有关规定给予表彰和奖励。	新增条文
第十条　公民、法人或者其他组织对行政复议决定不服的，可以依照《中华人民共和国行政诉讼法》的规定向人民法院提起行政诉讼，但是法律规定行政复议决定为最终裁决的除外。	第五条　公民、法人或者其他组织对行政复议决定不服的，可以依照行政诉讼法的规定向人民法院提起行政诉讼，但是法律规定行政复议决定为最终裁决的除外。

续表

行政复议法（2023年修订）	行政复议法（2017年修正）
第二章　行政复议申请 第一节　行政复议范围	第二章　行政复议范围
第十一条　有下列情形之一的，公民、法人或者其他组织可以依照本法申请行政复议： （一）对行政机关作出的行政处罚决定不服； （二）对行政机关作出的行政强制措施、行政强制执行决定不服； （三）申请行政许可，行政机关拒绝或者在法定期限内不予答复，或者对行政机关作出的有关行政许可的其他决定不服； （四）对行政机关作出的确认自然资源的所有权或者使用权的决定不服； （五）对行政机关作出的征收征用决定及其补偿决定不服； （六）对行政机关作出的赔偿决定或者不予赔偿决定不服； （七）对行政机关作出的不予受理工伤认定申请的决定或者工伤认定结论不服； （八）认为行政机关侵犯其经营自主权或者农村土地承包经营权、农村土地经营权； （九）认为行政机关滥用行政权力排除或者限制竞争；	第六条　有下列情形之一的，公民、法人或者其他组织可以依照本法申请行政复议： （一）对行政机关作出的~~警告、罚款、没收违法所得、没收非法财物、责令停产停业、暂扣或者吊销许可证、暂扣或者吊销执照、行政拘留~~等行政处罚决定~~的~~不服； （二）对行政机关作出的~~限制人身自由或者查封、扣押、冻结财产~~等行政强制措施决定~~的~~不服； （三）对行政机关作出的有关许可~~证、执照、资质证、资格证等证书变更、中止、撤销~~的决定~~的~~不服； （四）对行政机关作出的~~关于~~确认~~土地、矿藏、水流、森林、山岭、草原、荒地、滩涂、海域~~等自然资源的所有权或者使用权的决定~~的~~不服； （五）认为行政机关侵犯~~合法~~的经营自主权~~的~~； （六）~~认为行政机关变更或者废止农业承包合同，侵犯其合法权益的~~； （七）认为行政机关违法集资、~~征收财物、~~摊派费用或者违法

293

续表

行政复议法（2023年修订）	行政复议法（2017年修正）
（十）认为行政机关违法集资、摊派费用或者违法要求履行其他义务； （十一）申请行政机关履行保护人身权利、财产权利、受教育权利等合法权益的法定职责，行政机关拒绝履行、未依法履行或者不予答复； （十二）申请行政机关依法给付抚恤金、社会保险待遇或者最低生活保障等社会保障，行政机关没有依法给付； （十三）认为行政机关不依法订立、不依法履行、未按照约定履行或者违法变更、解除政府特许经营协议、土地房屋征收补偿协议等行政协议； （十四）认为行政机关在政府信息公开工作中侵犯其合法权益； （十五）认为行政机关的其他行政行为侵犯其合法权益。	要求履行其他义务的； （八）认为符合法定条件，申请行政机关颁发许可证、执照、资质证、资格证等证书，或者申请行政机关审批、登记有关事项，行政机关没有依法办理的； （九）申请行政机关履行保护人身权利、财产权利、受教育权利的法定职责，行政机关没有依法履行的； （十）申请行政机关依法发放抚恤金、社会保险金或者最低生活保障费，行政机关没有依法发放的； （十一）认为行政机关的其他具体行政行为侵犯其合法权益的。
第十二条 下列事项不属于行政复议范围： （一）国防、外交等国家行为； （二）行政法规、规章或者行政机关制定、发布的具有普遍约束力的决定、命令等规范性文件； （三）行政机关对行政机关工作人员的奖惩、任免等决定； （四）行政机关对民事纠纷作出的调解。	第八条 不服行政机关作出的行政处分或者其他人事处理决定的，依照有关法律、行政法规的规定提出申诉。 不服行政机关对民事纠纷作出的调解或者其他处理，依法申请仲裁或者向人民法院提起诉讼。

续表

行政复议法（2023年修订）	行政复议法（2017年修正）
第十三条　公民、法人或者其他组织认为行政机关的行政行为所依据的下列**规范性文件**不合法，在对行政行为申请行政复议时，可以一并向行政复议机关提出对该规范性文件的**附带**审查申请： （一）国务院部门的**规范性文件**； （二）县级以上地方各级人民政府及其工作部门的**规范性文件**； （三）乡、镇人民政府的规范性文件； （四）**法律、法规、规章授权的组织的规范性文件**。 前款所列**规范性文件**不含规章。规章的审查依照法律、行政法规办理。	第七条　公民、法人或者其他组织认为行政机关的~~具体~~行政行为所依据的下列~~规定~~不合法，在对~~具体~~行政行为申请行政复议时，可以一并向行政复议机关提出对该~~规定~~的审查申请： （一）国务院部门的~~规定~~； （二）县级以上地方各级人民政府及其工作部门的~~规定~~； （三）乡、镇人民政府的~~规定~~。 前款所列~~规定~~不含~~国务院部、委员会规章和地方人民政府~~规章。规章的审查依照法律、行政法规办理。
第二节　行政复议参加人	**第三章　行政复议申请**
第十四条　依照本法申请行政复议的公民、法人或者其他组织是申请人。 有权申请行政复议的公民死亡的，其近亲属可以申请行政复议。有权申请行政复议的法人或者其他组织终止的，其权利**义务承受人**可以申请行政复议。 有权申请行政复议的公民为无民事行为能力人或者限制民事行为能力人的，其法定代理人可以代为申请行政复议。	第十条第一款、第二款　依照本法申请行政复议的公民、法人或者其他组织是申请人。 有权申请行政复议的公民死亡的，其近亲属可以申请行政复议。<u>有权申请行政复议的公民为无民事行为能力人或者限制民事行为能力人的，其法定代理人可以代为申请行政复议。</u>有权申请行政复议的法人或者其他组织终止的，~~承受~~其权利~~的法人或者其他组织~~可以申请行政复议。

295

续表

行政复议法（2023年修订）	行政复议法（2017年修正）
第十五条 同一行政复议案件申请人人数众多的，可以由申请人推选代表人参加行政复议。 代表人参加行政复议的行为对其所代表的申请人发生效力，但是代表人变更行政复议请求、撤回行政复议申请、承认第三人请求的，应当经被代表的申请人同意。	新增条文
第十六条 申请人以外的同被申请行政复议的行政行为或者行政复议案件处理结果有利害关系的公民、法人或者其他组织，可以作为第三人申请参加行政复议，或者由行政复议机构通知其作为第三人参加行政复议。 第三人不参加行政复议，不影响行政复议案件的审理。	第十条第三款 同申请行政复议的具体行政行为有利害关系的其他公民、法人或者其他组织，可以作为第三人参加行政复议。
第十七条 申请人、第三人可以委托一至二名律师、基层法律服务工作者或者其他代理人代为参加行政复议。 申请人、第三人委托代理人的，应当向行政复议机构提交授权委托书、委托人及被委托人的身份证明文件。授权委托书应当载明委托事项、权限和期限。申请人、第三人变更或者解除代理人权限的，应当书面告知行政复议机构。	第十条第五款 申请人、第三人可以委托代理人代为参加行政复议。

续表

行政复议法（2023年修订）	行政复议法（2017年修正）
第十八条 符合法律援助条件的行政复议申请人申请法律援助的，法律援助机构应当依法为其提供法律援助。	新增条文
第十九条 公民、法人或者其他组织对行政行为不服申请行政复议的，作出行政行为的行政机关或者法律、法规、规章授权的组织是被申请人。 两个以上行政机关以共同的名义作出同一行政行为的，共同作出行政行为的行政机关是被申请人。 行政机关委托的组织作出行政行为的，委托的行政机关是被申请人。 作出行政行为的行政机关被撤销或者职权变更的，继续行使其职权的行政机关是被申请人。	第十条第四款 公民、法人或者其他组织对~~行政机关的具体~~行政行为不服申请行政复议的，作出~~具体~~行政行为的行政机关是被申请人。 第十五条第一款第四项、第五项 ~~对本法第十三条、第十三条、第十四条规定以外的其他行政机关、组织的具体行政行为不服的，按照下列规定申请行政复议：~~ ~~(四) 对~~两个或者两个以上行政机关以共同的名义作出~~的具体~~行政行为~~不服的，向其共同上一级行政机关申请行政复议；~~ ~~(五) 对被撤销的行政机关在撤销前所作出的具体行政行为不服的，向~~继续行使其职权的行政机关~~的上一级行政机关申请行政复议。~~
第三节 申请的提出	
第二十条 公民、法人或者其他组织认为行政行为侵犯其合法权益的，可以自知道或者应当知道该行政行为之日起六十日内	第九条 公民、法人或者其他组织认为~~具体~~行政行为侵犯其合法权益的，可以自知道该~~具体~~行政行为之日起六十日内提出行政

297

续表

行政复议法（2023年修订）	行政复议法（2017年修正）
提出行政复议申请；但是法律规定的申请期限超过六十日的除外。 因不可抗力或者其他正当理由耽误法定申请期限的，申请期限自障碍消除之日起继续计算。 行政机关作出行政行为时，未告知公民、法人或者其他组织申请行政复议的权利、行政复议机关和申请期限的，申请期限自公民、法人或者其他组织知道或者应当知道申请行政复议的权利、行政复议机关和申请期限之日起计算，但是自知道或者应当知道行政行为内容之日起最长不得超过一年。	复议申请；但是法律规定的申请期限超过六十日的除外。 因不可抗力或者其他正当理由耽误法定申请期限的，申请期限自障碍消除之日起继续计算。
第二十一条　因不动产提出的行政复议申请自行政行为作出之日起超过二十年，其他行政复议申请自行政行为作出之日起超过五年的，行政复议机关不予受理。	新增条文
第二十二条　申请人申请行政复议，可以书面申请；书面申请有困难的，也可以口头申请。 书面申请的，可以通过邮寄或者行政复议机关指定的互联网渠道等方式提交行政复议申请书，也可以当面提交行政复议申请书。行政机关通过互联网渠道送达行政行为决定书的，应当同时提供提交行政复议申请书的互联网渠道。	第十一条　申请人申请行政复议，可以书面申请，也可以口头申请；口头申请的，行政复议机关应当当场记录申请人的基本情况、行政复议请求、申请行政复议的主要事实、理由和时间。

298

续表

行政复议法（2023年修订）	行政复议法（2017年修正）
口头申请的，行政复议机关应当当场记录申请人的基本情况、行政复议请求、申请行政复议的主要事实、理由和时间。 申请人对两个以上行政行为不服的，应当分别申请行政复议。	
第二十三条 有下列情形之一的，申请人应当先向行政复议机关申请行政复议，对行政复议决定不服的，可以再依法向人民法院提起行政诉讼： （一）对当场作出的行政处罚决定不服； （二）对行政机关作出的侵犯其已经依法取得的自然资源的所有权或者使用权的决定不服； （三）认为行政机关存在本法第十一条规定的未履行法定职责情形； （四）申请政府信息公开，行政机关不予公开； （五）法律、行政法规规定应当先向行政复议机关申请行政复议的其他情形。 对前款规定的情形，行政机关在作出行政行为时应当告知公民、法人或者其他组织先向行政复议机关申请行政复议。	第三十条 ~~公民、法人或者其他组织认~~为行政机关的~~具体行政行为~~侵犯其已经依法取得的~~土地、矿藏、水流、森林、山岭、草原、荒地、滩涂、海域等~~自然资源的所有权或者使用权的~~，~~应当先申请行政复议~~；~~对行政复议决定不服的，可以依法向人民法院提起行政诉讼~~。~~ ~~根据国务院或者省、自治区、直辖市人民政府对行政区划的勘定、调整或者征收土地的决定，省、自治区、直辖市人民政府确认土地、矿藏、水流、森林、山岭、草原、荒地、滩涂、海域等自然资源的所有权或者使用权的行政复议决定为最终裁决。~~

299

续表

行政复议法（2023年修订）	行政复议法（2017年修正）
第四节　行政复议管辖	
第二十四条　县级以上地方各级人民政府管辖下列行政复议案件： （一）对本级人民政府工作部门作出的行政行为不服的； （二）对下一级人民政府作出的行政行为不服的； （三）对本级人民政府依法设立的派出机关作出的行政行为不服的； （四）对本级人民政府或者其工作部门管理的法律、法规、规章授权的组织作出的行政行为不服的。 除前款规定外，省、自治区、直辖市人民政府同时管辖对本机关作出的行政行为不服的行政复议案件。 省、自治区人民政府依法设立的派出机关参照设区的市级人民政府的职责权限，管辖相关行政复议案件。 对县级以上地方各级人民政府工作部门依法设立的派出机构依照法律、法规、规章规定，以派出机构的名义作出的行政行为不服的行政复议案件，由本级人民政府管辖；其中，对直辖市、设	第十二条第一款　对~~县级以上地方各级人民政府工作部门~~的~~具体~~行政行为不服的~~，由申请人选择，可以向该部门的~~本级人民政府申请行政复议~~，也可以向上一级主管部门申请行政复议~~。 第十三条　对~~地方~~各级人民政府的~~具体~~行政行为不服的~~，向上一级地方人民政府申请行政复议~~。 对省、自治区人民政府依法设立的派出机关~~所属的县级地方人民政府的具体行政行为不服的，向该派出机关申请行政复议~~。 第十四条　~~对国务院部门或者省、自治区、直辖市人民政府的具体行政行为不服的，向作出该具体行政行为的国务院部门或者省、自治区、直辖市人民政府申请行政复议。对行政复议决定不服的，可以向人民法院提起行政诉讼；也可以向国务院申请裁决，国务院依照本法的规定作出最终裁决。~~ 第十五条第一款第一项、第二项、第三项　~~对本法第十三条、第十四条规定以外的其他行政机关、组织的具体行政行为不服的，按照下列规定申请行政复议：~~

续表

行政复议法（2023年修订）	行政复议法（2017年修正）
区的市人民政府工作部门按照行政区划设立的派出机构作出的行政行为不服的，也可以由其所在地的人民政府管辖。	（一）对县级以上地方人民政府依法设立的派出机关的具体行政行为不服的，向设立该派出机关的人民政府申请行政复议； （二）对政府工作部门依法设立的派出机构依照法律、法规或者规章规定，以自己的名义作出的具体行政行为不服的，向设立该派出机构的部门或者该部门的本级地方人民政府申请行政复议； （三）对法律、法规授权的组织的具体行政行为不服的，分别向直接管理该组织的地方人民政府、地方人民政府工作部门或者国务院部门申请行政复议； 第十五条第二款　有前款所列情形之一的，申请人也可以向具体行政行为发生地的县级地方人民政府提出行政复议申请，由接受申请的县级地方人民政府依照本法第十八条的规定办理。
第二十五条　国务院部门管辖下列行政复议案件： 　　（一）对本部门作出的行政行为不服的； 　　（二）对本部门依法设立的派出机构依照法律、行政法规、部门规章规定，以派出机构的名义作出的行政行为不服的； 　　（三）对本部门管理的法律、	第十四条　对国务院部门或者省、自治区、直辖市人民政府的具体行政行为不服的，向作出该具体行政行为的国务院部门或者省、自治区、直辖市人民政府申请行政复议。对行政复议决定不服的，可以向人民法院提起行政诉讼；也可以向国务院申请裁决，国务院依照本法的规定作出最终裁决。

301

续表

行政复议法（2023年修订）	行政复议法（2017年修正）
行政法规、部门规章授权的组织作出的行政行为不服的。	第十五条第一款第二项、第三项 ~~对本法第十二条、第十三条、第十四条规定以外的其他行政机关、组织的具体行政行为不服的~~，按照下列规定申请行政复议~~：~~ ~~（二）~~ 对**政**~~府工作~~部门依法设立的派出机构依照法律、法规**或者**规章规定，以自己的名义作出的~~具体~~行政行为不服的~~，向设立该派出机构的部门或者该部门的本级地方人民政府申请行政复议~~； ~~（三）~~ 对法律、法规授权的组织的~~具体~~行政行为不服的~~，分别向直接管理该组织的地方人民政府、地方人民政府工作部门或者国务院部门申请行政复议~~；
第二十六条 对省、自治区、直辖市人民政府**依照本法第二十四条第二款的规定**、国务院部门**依照本法第二十五条第一项的规定作出的**行政复议决定不服的，可以向人民法院提起行政诉讼；也可以向国务院申请裁决，国务院依照本法的规定作出最终裁决。	第十四条 对国务院部门或者省、自治区、直辖市人民政府~~的具体行政行为不服的，向作出该具体行政行为的国务院部门或者省、自治区、直辖市人民政府申请行政复议。~~ 对行政复议决定不服的，可以向人民法院提起行政诉讼；也可以向国务院申请裁决，国务院依照本法的规定作出最终裁决。

续表

行政复议法（2023年修订）	行政复议法（2017年修正）
第二十七条　对海关、金融、外汇管理等实行垂直领导的行政机关、**税务**和国家安全机关的行政行为不服的，向上一级主管部门申请行政复议。	第十二条第二款　对海关、金融、~~国税~~、外汇管理等实行垂直领导的行政机关和国家安全机关的~~具体~~行政行为不服的，向上一级主管部门申请行政复议。
第二十八条　对履行行政复议机构职责的地方人民政府司法行政部门的行政行为不服的，可以向本级人民政府申请行政复议，也可以向上一级司法行政部门申请行政复议。	新增条文
第二十九条　公民、法人或者其他组织申请行政复议，行政复议机关已经依法受理的，在行政复议期**间**不得向人民法院提起行政诉讼。 公民、法人或者其他组织向人民法院提起行政诉讼，人民法院已经依法受理的，不得申请行政复议。	第十六条　公民、法人或者其他组织申请行政复议，行政复议机关已经依法受理的，~~或者法律、法规规定应当先向行政复议机关申请行政复议、对行政复议决定不服再向人民法院提起行政诉讼的，~~在~~法~~定行政复议期~~限内~~不得向人民法院提起行政诉讼。 公民、法人或者其他组织向人民法院提起行政诉讼，人民法院已经依法受理的，不得申请行政复议。
第三章　行政复议受理	**第四章　行政复议受理**
第三十条　行政复议机关收到行政复议申请后，应当在五日内进行审查。对符合下列规定的，行政复议机关应当予以受理：	第十七条　行政复议机关收到行政复议申请后，应当在五日内进行审查，对不符合**本法**规定的行政复议申请，决定不予受理~~；~~

303

续表

行政复议法（2023年修订）	行政复议法（2017年修正）
（一）有明确的申请人和符合本法规定的被申请人； （二）申请人与被申请行政议的行政行为有利害关系； （三）有具体的行政复议请求和理由； （四）在法定申请期限内提出； （五）属于本法规定的行政复议范围； （六）属于本机关的管辖范围； （七）行政复议机关未受理过该申请人就同一行政行为提出的行政复议申请，并且人民法院未受理过该申请人就同一行政行为提起的行政诉讼。 对不符合前款规定的行政复议申请，行政复议机关应当在审查期限内决定不予受理并说明理由；不属于本机关管辖的，还应当在不予受理决定中告知申请人有管辖权的行政复议机关。 行政复议申请的审查期限届满，行政复议机关未作出不予受理决定的，审查期限届满之日起视为受理。	并书面告知申请人；对符合本法规定，但是不属于本机关受理的行政复议申请，应当告知申请人向有关行政复议机关提出。 除前款规定外，行政复议申请自行政复议机关负责法制工作的机构收到之日起即为受理。
	第十八条 依照本法第十五条第三款的规定接受行政复议申请的县级地方人民政府，对依照本法第十五条第一款的规定属于其

续表

行政复议法（2023年修订）	行政复议法（2017年修正）
	~~他行政复议机关受理的行政复议申请，应当自接到该行政复议申请之日起七日内，转送有关行政复议机关，并告知申请人。接受转送的行政复议机关应当依照本法第十七条的规定办理。~~
第三十一条 行政复议申请材料不齐全或者表述不清楚，无法判断行政复议申请是否符合本法第三十条第一款规定的，行政复议机关应当自收到申请之日起五日内书面通知申请人补正。补正通知应当一次性载明需要补正的事项。 申请人应当自收到补正通知之日起十日内提交补正材料。有正当理由不能按期补正的，行政复议机关可以延长合理的补正期限。无正当理由逾期不补正的，视为申请人放弃行政复议申请，并记录在案。 行政复议机关收到补正材料后，依照本法第三十条的规定处理。	新增条文
第三十二条 对当场作出或者依据电子技术监控设备记录的违法事实作出的行政处罚决定不服申请行政复议的，可以通过作出行政处罚决定的行政机关提交行政复议申请。	新增条文

305

续表

行政复议法（2023年修订）	行政复议法（2017年修正）
行政机关收到行政复议申请后，应当及时处理；认为需要维持行政处罚决定的，应当自收到行政复议申请之日起五日内转送行政复议机关。	
第三十三条 行政复议机关受理行政复议申请后，发现该行政复议申请不符合本法第三十条第一款规定的，应当决定驳回申请并说明理由。	新增条文
第三十四条 法律、**行政法规**规定应当先向行政复议机关申请行政复议、对行政复议决定不服再向人民法院提起行政诉讼的，行政复议机关决定不予受理、**驳回申请**或者受理后超过行政复议期限不作答复的，公民、法人或者其他组织可以自收到决定书之日起或者行政复议期**限届**满之日起十五日内，依法向人民法院提起行政诉讼。	第十九条 法律、法规规定应当先向行政复议机关申请行政复议、对行政复议决定不服再向人民法院提起行政诉讼的，行政复议机关决定不予受理或者受理后超过行政复议期限不作答复的，公民、法人或者其他组织可以自收到~~不予受理~~决定书之日起或者行政复议期满之日起十五日内，依法向人民法院提起行政诉讼。
第三十五条 公民、法人或者其他组织依法提出行政复议申请，行政复议机关无正当理由不予受理、**驳回申请或者受理后超过行政复议期限不作答复的，申请人有权向上级行政机关反映**，上级行政机关应当责令其**纠正**；必要时，上级行政**复议**机关可以直接受理。	第二十条 公民、法人或者其他组织依法提出行政复议申请，行政复议机关无正当理由不予受理的，上级行政机关应当责令其~~受理~~；必要时，上级行政机关也可以直接受理。

续表

行政复议法（2023年修订）	行政复议法（2017年修正）
第四章　行政复议审理	
第一节　一般规定	
第三十六条　行政复议机关受理行政复议申请后，依照本法适用普通程序或者简易程序进行审理。行政复议机构应当指定行政复议人员负责办理行政复议案件。 　　行政复议人员对办理行政复议案件过程中知悉的国家秘密、商业秘密和个人隐私，应当予以保密。	新增条文
第三十七条　行政复议机关依照法律、法规、规章审理行政复议案件。 　　行政复议机关审理民族自治地方的行政复议案件，同时依照该民族自治地方的自治条例和单行条例。	新增条文
第三十八条　上级行政复议机关根据需要，可以审理下级行政复议机关管辖的行政复议案件。 　　下级行政复议机关对其管辖的行政复议案件，认为需要由上级行政复议机关审理的，可以报请上级行政复议机关决定。	新增条文
第三十九条　行政复议期间有下列情形之一的，行政复议中止：	新增条文

续表

行政复议法（2023年修订）	行政复议法（2017年修正）
（一）作为申请人的公民死亡，其近亲属尚未确定是否参加行政复议； （二）作为申请人的公民丧失参加行政复议的行为能力，尚未确定法定代理人参加行政复议； （三）作为申请人的公民下落不明； （四）作为申请人的法人或者其他组织终止，尚未确定权利义务承受人； （五）申请人、被申请人因不可抗力或者其他正当理由，不能参加行政复议； （六）依照本法规定进行调解、和解，申请人和被申请人同意中止； （七）行政复议案件涉及的法律适用问题需要有权机关作出解释或者确认； （八）行政复议案件审理需要以其他案件的审理结果为依据，而其他案件尚未审结； （九）有本法第五十六条或者第五十七条规定的情形； （十）需要中止行政复议的其他情形。 行政复议中止的原因消除后，应当及时恢复行政复议案件的审理。	

续表

行政复议法（2023年修订）	行政复议法（2017年修正）
行政复议机关中止、恢复行政复议案件的审理，应当书面告知当事人。	
第四十条　行政复议期间，行政复议机关无正当理由中止行政复议的，上级行政机关应当责令其恢复审理。	新增条文
第四十一条　行政复议期间有下列情形之一的，行政复议机关决定终止行政复议： （一）申请人撤回行政复议申请，行政复议机构准予撤回； （二）作为申请人的公民死亡，没有近亲属或者其近亲属放弃行政复议权利； （三）作为申请人的法人或者其他组织终止，没有权利义务承受人或者其权利义务承受人放弃行政复议权利； （四）申请人对行政拘留或者限制人身自由的行政强制措施不服申请行政复议后，因同一违法行为涉嫌犯罪，被采取刑事强制措施； （五）依照本法第三十九条第一款第一项、第二项、第四项的规定中止行政复议满六十日，行政复议中止的原因仍未消除。	第二十五条　~~行政复议决定作出前，~~申请人要~~求~~撤回行政复议申请~~的，经说明理由，可以撤回；撤回行政复议申请的，~~行政复议终止~~。~~

续表

行政复议法（2023年修订）	行政复议法（2017年修正）
第四十二条 行政复议期间行政行为不停止执行；但是有下列情形之一的，应当停止执行： （一）被申请人认为需要停止执行； （二）行政复议机关认为需要停止执行； （三）申请人、第三人申请停止执行，行政复议机关认为其要求合理，决定停止执行； （四）法律、法规、规章规定停止执行的其他情形。	第二十一条 行政复议期间具体行政行为不停止执行；但是，有下列情形之一的，可以停止执行： （一）被申请人认为需要停止执行的； （二）行政复议机关认为需要停止执行的； （三）申请人申请停止执行，行政复议机关认为其要求合理，决定停止执行的； （四）法律规定停止执行的。
第二节 行政复议证据	
第四十三条 行政复议证据包括： （一）书证； （二）物证； （三）视听资料； （四）电子数据； （五）证人证言； （六）当事人的陈述； （七）鉴定意见； （八）勘验笔录、现场笔录。 以上证据经行政复议机构审查属实，才能作为认定行政复议案件事实的根据。	新增条文
第四十四条 被申请人对其作出的行政行为的合法性、适当性负有举证责任。	新增条文

行政复议法（2023年修订）	行政复议法（2017年修正）
有下列情形之一的，申请人应当提供证据： （一）认为被申请人不履行法定职责的，提供曾经要求被申请人履行法定职责的证据，但是被申请人应当依职权主动履行法定职责或者申请人因正当理由不能提供的除外； （二）提出行政赔偿请求的，提供受行政行为侵害而造成损害的证据，但是因被申请人原因导致申请人无法举证的，由被申请人承担举证责任； （三）法律、法规规定需要申请人提供证据的其他情形。	
第四十五条 行政复议机关有权向有关单位和个人调查取证，查阅、复制、调取有关文件和资料，向有关人员进行询问。 调查取证时，行政复议人员不得少于两人，并应当出示行政复议工作证件。 被调查取证的单位和个人应当积极配合行政复议人员的工作，不得拒绝或者阻挠。	新增条文
第四十六条 行政复议**期间**，被申请人不得自行向申请人和其他有关**单位**或者个人收集证据；自行收集的证据不作为认定行政行为合法性、适当性的依据。	第二十四条 ~~在~~行政复议~~过程~~**中**，被申请人不得自行向申请人和其他有关~~组织~~或者个人收集证据。

311

续表

行政复议法（2023年修订）	行政复议法（2017年修正）
行政复议期间，申请人或者第三人提出被申请行政复议的行政行为作出时没有提出的理由或者证据的，经行政复议机构同意，被申请人可以补充证据。	
第四十七条 行政复议期间，申请人、第三人及其委托代理人可以按照规定查阅、复制被申请人提出的书面答复、作出行政行为的证据、依据和其他有关材料，除涉及国家秘密、商业秘密、个人隐私或者可能危及国家安全、公共安全、社会稳定的情形外，行政复议机构应当同意。	第二十三条第二款 申请人、第三人可以查阅被申请人提出的书面答复、作出~~具体~~行政行为的证据、依据和其他有关材料，除涉及国家秘密、商业秘密~~或者~~个人隐私外，行政复议~~机关不得拒绝~~。
第三节 普通程序	
第四十八条 行政复议机构应当自行政复议申请受理之日起七日内，将行政复议申请书副本或者行政复议申请笔录复印件发送被申请人。被申请人应当自收到**行政复议**申请书副本或者**行政复议**申请笔录复印件之日起十日内，提出书面答复，并提交作出行政行为的证据、依据和其他有关材料。	第二十三条第一款 行政复议~~机关负责法制工作的~~机构应当自行政复议申请受理之日起七日内，将行政复议申请书副本或者行政复议申请笔录复印件发送被申请人。被申请人应当自收到申请书副本或者申请笔录复印件之日起十日内，提出书面答复，并提交**当初**作出~~具体~~行政行为的证据、依据和其他有关材料。
第四十九条 适用普通程序审理的行政复议**案件**，行政复议机构应当当面或者通过互联网、电	第二十二条 行政复议~~原则~~~~上采取~~书面~~审查的办法，但是申请人提出要求或者行政复议机关负~~~~

续表

行政复议法（2023年修订）	行政复议法（2017年修正）
话等方式听取当事人的意见，并将听取的意见记录在案。因当事人原因不能听取意见的，可以书面审理。	~~责法制工作的机构认为有必要时，可以向有关组织和人员调查情况，~~听取~~申请人、被申请人和第三人~~的意见。
第五十条 审理重大、疑难、复杂的行政复议案件，行政复议机构应当组织听证。 行政复议机构认为有必要听证，或者申请人请求听证的，行政复议机构可以组织听证。 听证由一名行政复议人员任主持人，两名以上行政复议人员任听证员，一名记录员制作听证笔录。	新增条文
第五十一条 行政复议机构组织听证的，应当于举行听证的五日前将听证的时间、地点和拟听证事项书面通知当事人。 申请人无正当理由拒不参加听证的，视为放弃听证权利。 被申请人的负责人应当参加听证。不能参加的，应当说明理由并委托相应的工作人员参加听证。	新增条文
第五十二条 县级以上各级人民政府应当建立相关政府部门、专家、学者等参与的行政复议委员会，为办理行政复议案件提供咨询意见，并就行政复议工作中的重大事项和共性问题研究提出意	新增条文

313

续表

行政复议法（2023年修订）	行政复议法（2017年修正）
见。行政复议委员会的组成和开展工作的具体办法，由国务院行政复议机构制定。 　　审理行政复议案件涉及下列情形之一的，行政复议机构应当提请行政复议委员会提出咨询意见： 　　（一）案情重大、疑难、复杂； 　　（二）专业性、技术性较强； 　　（三）本法第二十四条第二款规定的行政复议案件； 　　（四）行政复议机构认为有必要。 　　行政复议机构应当记录行政复议委员会的咨询意见。	
第四节　简易程序	
第五十三条　行政复议机关审理下列行政复议案件，认为事实清楚、权利义务关系明确、争议不大的，可以适用简易程序： 　　（一）被申请行政复议的行政行为是当场作出； 　　（二）被申请行政复议的行政行为是警告或者通报批评； 　　（三）案件涉及款额三千元以下； 　　（四）属于政府信息公开案件。 　　除前款规定以外的行政复议案件，当事人各方同意适用简易程序的，可以适用简易程序。	新增条文

续表

行政复议法（2023年修订）	行政复议法（2017年修正）
第五十四条 适用简易程序审理的行政复议案件，行政复议机构应当自受理行政复议申请之日起三日内，将行政复议申请书副本或者行政复议申请笔录复印件发送被申请人。被申请人应当自收到行政复议申请书副本或行政复议申请笔录复印件之日起五日内，提出书面答复，并提交作出行政行为的证据、依据和其他有关材料。 适用简易程序审理的行政复议案件，可以书面审理。	新增条文
第五十五条 适用简易程序审理的行政复议案件，行政复议机构认为不宜适用简易程序的，经行政复议机构的负责人批准，可以转为普通程序审理。	新增条文
第五节 行政复议附带审查	
第五十六条 申请人依照本法第十三条的规定提出对**有关规范性文件的附带**审查申请，行政复议机关有权处理的，应当在三十日内依法处理；无权处理的，应当在七日内转送有权处理的行政机关依法处理。	第二十六条 申请人~~在申请行政复议时，一~~并提出对本法第~~七条所列~~有关规定的审查申请~~的~~，行政复议机关~~对该规定~~有权处理的，应当在三十日内依法处理；无权处理的，应当在七日内~~按照法定程序~~转送有权处理的行政机关依法处理~~，有权处理的行政机关应当在六十日内依法处理。处理期间，中止对具体行政行为的审查~~。

315

续表

行政复议法（2023年修订）	行政复议法（2017年修正）
第五十七条　行政复议机关在对被申请人作出的行政行为进行审查时，认为其依据不合法，本机关有权处理的，应当在三十日内依法处理；无权处理的，应当在七日内转送有权处理的国家机关依法处理。	第二十七条　行政复议机关在对被申请人作出的~~具体~~行政行为进行审查时，认为其依据不合法，本机关有权处理的，应当在三十日内依法处理；无权处理的，应当在七日内~~按照法定程序~~转送有权处理的国家机关依法处理。~~处理期间，中止对具体行政行为的审查。~~
第五十八条　行政复议机关依照本法第五十六条、第五十七条的规定有权处理有关规范性文件或者依据的，行政复议机构应当自行政复议中止之日起三日内，书面通知规范性文件或者依据的制定机关就相关条款的合法性提出书面答复。制定机关应当自收到书面通知之日起十日内提交书面答复及相关材料。 　　行政复议机构认为必要时，可以要求规范性文件或者依据的制定机关当面说明理由，制定机关应当配合。	新增条文
第五十九条　行政复议机关依照本法第五十六条、第五十七条的规定有权处理有关规范性文件或者依据，认为相关条款合法的，在行政复议决定书中一并告知；认为相关条款超越权限或者违	新增条文

续表

行政复议法（2023年修订）	行政复议法（2017年修正）
反上位法的，决定停止该条款的执行，并责令制定机关予以纠正。	
第六十条 依照本法第五十六条、第五十七条的规定接受转送的行政机关、国家机关应当自收到转送之日起六十日内，将处理意见回复转送的行政复议机关。	新增条文
第五章 行政复议决定	
第六十一条 行政复议机关依照本法审理行政复议案件，由行政复议机构对行政行为进行审查，提出意见，经行政复议机关的负责人同意或者集体讨论通过后，以行政复议机关的名义作出行政复议决定。 经过听证的行政复议案件，行政复议机关应当根据听证笔录、审查认定的事实和证据，依照本法作出行政复议决定。 提请行政复议委员会提出咨询意见的行政复议案件，行政复议机关应当将咨询意见作为作出行政复议决定的重要参考依据。	第二十八条第一款 行政复议机关~~负责法制工作的~~机构~~应当~~对~~被申请人作出的具体~~行政行为进行审查，提出意见，经行政复议机关的负责人同意或者集体讨论通过后，~~按照下列规定~~作出行政复议决定~~：~~ ~~（一）具体行政行为认定事实清楚，证据确凿，适用依据正确，程序合法，内容适当的，决定维持；~~ ~~（二）被申请人不履行法定职责的，决定其在一定期限内履行；~~ ~~（三）具体行政行为有下列情形之一的，决定撤销、变更或者确认该具体行政行为违法；决定撤销或者确认该具体行政行为违法的，可以责令被申请人在一定期限内重新作出具体行政行为：~~ ~~1.主要事实不清、证据不足的；~~

317

续表

行政复议法（2023年修订）	行政复议法（2017年修正）
	2.适用依据错误的；3.违反法定程序的；4.超越或者滥用职权的；5.具体行政行为明显不当的。（四）被申请人不按照本法第三十三条的规定提出书面答复、提交当初作出具体行政行为的证据、依据和其他有关材料的，视为该具体行政行为没有证据、依据，决定撤销该具体行政行为。
第六十二条 **适用普通程序审理的行政复议案件，**行政复议机关应当自受理申请之日起六十日内作出行政复议决定；但是法律规定的行政复议期限少于六十日的除外。情况复杂，不能在规定期限内作出行政复议决定的，经行政复议**机构**的负责人批准，可以适当延长，并**书面告知当事人**；但是延长期限最多不得超过三十日。**适用简易程序审理的行政复议案件，行政复议机关应当自受理申请之日起三十日内作出行政复议决定。**	第三十一条第一款 行政复议机关应当自受理申请之日起六十日内作出行政复议决定；但是法律规定的行政复议期限少于六十日的除外。情况复杂，不能在规定期限内作出行政复议决定的，经行政复议~~机关~~的负责人批准，可以适当延长，并告知~~申请人和被申请人~~；但是延长期限最多不超过三十日。
第六十三条 行政行为有下列情形之一的，**行政复议机关决定变更该行政行为：**（一）事实清楚，证据确凿，适	第二十八条第一款第三项 ~~行政复议机关负责法制工作的机构应当对被申请人作出的具体行政行为进行审查，提出意见，经行~~

318

续表

行政复议法（2023年修订）	行政复议法（2017年修正）
用依据正确，程序合法，但是内容不适当； （二）事实清楚，证据确凿，程序合法，但是未正确适用依据； （三）事实不清、证据不足，经行政复议机关查清事实和证据。 行政复议机关不得作出对申请人更为不利的变更决定，但是第三人提出相反请求的除外。	政复议机关的负责人同意或者集体讨论通过后，按照下列规定作出行政复议决定： （三）具体行政行为有下列情形之一的，决定撤销、变更或者确认该具体行政行为违法；决定撤销或者确认该具体行政行为违法的，可以责令被申请人在一定期限内重新作出具体行政行为： 1.主要事实不清、证据不足的； 2.适用依据错误的； 3.违反法定程序的； 4.超越或者滥用职权的； 5.具体行政行为明显不当的。
第六十四条 行政行为有下列情形之一的，**行政复议机关决**定撤销**或者部分**撤销该行政行为，并可以责令被申请人在一定期限内重新作出行政行为： （一）主要事实不清、证据不足； （二）违反法定程序； （三）适用**的**依据**不合法**； （四）超越**职权**或者滥用职权。 行政复议机关责令被申请人重新作出行政行为的，被申请人不得以同一事实和理由作出与**被申**	第二十八条第一款第三项 行政复议机关负责法制工作的机构应当对被申请人作出的具体行政行为进行审查，提出意见，经行政复议机关的负责人同意或者集体讨论通过后，按照下列规定作出行政复议决定： （三）具体行政行为有下列情形之一的，决定撤销、变更或者确认该具体行政行为违法；决定撤销或者确认该具体行政行为违法的，可以责令被申请人在一定期限内重新作出具体行政行为： 1.主要事实不清、证据不足的；

319

续表

行政复议法（2023年修订）	行政复议法（2017年修正）
请行政复议的行政行为相同或者基本相同的行政行为，但是行政复议机关以违反法定程序为由决定撤销或者部分撤销的除外。	2.适用依据错误的； 3.违反法定程序的； 4.超越或者滥用职权的； 5.具体行政行为明显不当的。 第二十八条第二款　行政复议机关责令被申请人重新作出具体行政行为的，被申请人不得以同一的事实和理由作出与原具体行政行为相同或者基本相同的具体行政行为。
第六十五条　行政行为有下列情形之一的，行政复议机关不撤销该行政行为，但是确认该行政行为违法： （一）依法应予撤销，但是撤销会给国家利益、社会公共利益造成重大损害； （二）程序轻微违法，但是对申请人权利不产生实际影响。 行政行为有下列情形之一，不需要撤销或者责令履行的，行政复议机关确认该行政行为违法： （一）行政行为违法，但是不具有可撤销内容； （二）被申请人改变原违法行政行为，申请人仍要求撤销或者确认该行政行为违法； （三）被申请人不履行或者拖延履行法定职责，责令履行没有意义。	第二十八条第一款第三项 行政复议机关负责法制工作的机构应当对被申请人作出的具体行政行为进行审查，提出意见，经行政复议机关的负责人同意或者集体讨论通过后，按照下列规定作出行政复议决定： （三）具体行政行为有下列情形之一的，决定撤销、变更或者确认该具体行政行为违法；决定撤销或者确认该具体行政行为违法的，可以责令被申请人在一定期限内重新作出具体行政行为： 1.主要事实不清、证据不足的； 2.适用依据错误的； 3.违反法定程序的； 4.超越或者滥用职权的； 5.具体行政行为明显不当的。

续表

行政复议法（2023年修订）	行政复议法（2017年修正）
第六十六条 被申请人不履行法定职责的，**行政复议机关决定被申请人**在一定期限内履行。	第二十八条第一款第二项 ~~行政复议机关负责法制工作的机构应当对被申请人作出的具体行政行为进行审查，提出意见，经行政复议机关的负责人同意或者集体讨论通过后，按照下列规定作出行政复议决定：~~ ~~（二）~~ 被申请人不履行法定职责的，决定其在一定期限内履行~~；~~
第六十七条 行政行为有实施主体不具有行政主体资格或者没有依据等重大且明显违法情形，申请人申请确认行政行为无效的，行政复议机关确认该行政行为无效。	新增条文
第六十八条 行政行为认定事实清楚，证据确凿，适用依据正确，程序合法，内容适当的，**行政复议机关**决定维持该行政行为。	第二十八条第一款第一项 ~~行政复议机关负责法制工作的机构应当对被申请人作出的具体行政行为进行审查，提出意见，经行政复议机关的负责人同意或者集体讨论通过后，按照下列规定作出行政复议决定：~~ ~~（一）具体~~ 行政行为认定事实清楚，证据确凿，适用依据正确，程序合法，内容适当的，决定维持~~；~~

321

续表

行政复议法（2023年修订）	行政复议法（2017年修正）
第六十九条 行政复议机关受理申请人认为被申请人不履行法定职责的行政复议申请后，发现被申请人没有相应法定职责或者在受理前已经履行法定职责的，决定驳回申请人的行政复议请求。	新增条文
第七十条 被申请人不按照本法第四十八条、第五十四条的规定提出书面答复、提交作出行政行为的证据、依据和其他有关材料的，视为该行政行为没有证据、依据，行政复议机关决定撤销、部分撤销该行政行为，确认该行政行为违法、无效或者决定被申请人在一定期限内履行，但是行政行为涉及第三人合法权益，第三人提供证据的除外。	第二十八条第一款第四项 ~~行政复议机关负责法制工作的机构~~应当对被申请人作出的~~具体行政行为进行审查，提出意见，经行政复议机关的负责人同意或者集体讨论通过后，按照下列规定作出行政复议决定；~~ ~~（四）~~被申请人不按照本法第~~三十~~条的规定提出书面答复、提交当初作出~~具体~~行政行为的证据、依据和其他有关材料的，视为该~~具体~~行政行为没有证据、依据，决定撤销该~~具体~~行政行为。
第七十一条 被申请人不依法订立、不依法履行、未按照约定履行或者违法变更、解除行政协议的，行政复议机关决定被申请人承担依法订立、继续履行、采取补救措施或者赔偿损失等责任。 被申请人变更、解除行政协议合法，但是未依法给予补偿或者补偿不合理的，行政复议机关决定被申请人依法给予合理补偿。	新增条文

续表

行政复议法（2023年修订）	行政复议法（2017年修正）
第七十二条　申请人在申请行政复议时一并提出行政赔偿请求，行政复议机关**对依照《中华人民共和国国家赔偿法》的有关规定应当不予赔偿的，在作出行政复议决定时，应当同时决定驳回行政赔偿请求；对符合《中华人民共和国国家赔偿法》**的有关规定应当给予赔偿的，在决定撤销**或者部分撤销**、变更行政行为或者确认行政行为违法、**无效**时，应当同时决定被申请人依法给予赔偿；**确认行政行为违法的，还可以同时责令被申请人采取补救措施。** 申请人在申请行政复议时没有提出行政赔偿请求的，行政复议机关在依法决定撤销或者**部分撤销**、变更罚款，撤销**或者部分撤销**违法集资、没收财物、征收**征用**、摊派费用以及对财产的查封、扣押、冻结等行政行为时，应当同时责令被申请人返还财产，解除对财产的查封、扣押、冻结措施，或者赔偿相应的价款。	第二十九条　申请人在申请行政复议时~~可以~~一并提出行政赔偿请求，行政复议机关对符合国家赔偿法的有关规定应当给予赔偿的，在决定撤销、变更~~具体~~行政行为或者确认~~具体~~行政行为违法时，应当同时决定被申请人依法给予赔偿。 申请人在申请行政复议时没有提出行政赔偿请求的，行政复议机关在依法决定撤销或者变更罚款，撤销违法集资、没收财物、征收~~财物~~、摊派费用以及对财产的查封、扣押、冻结等~~具体~~行政行为时，应当同时责令被申请人返还财产，解除对财产的查封、扣押、冻结措施，或者赔偿相应的价款。
第七十三条　当事人经调解达成协议的，行政复议机关应当制作行政复议调解书，经各方当事人签字或者签章，并加盖行政复议机关印章，即具有法律效力。	新增条文

续表

行政复议法（2023年修订）	行政复议法（2017年修正）
调解未达成协议或者调解书生效前一方反悔的，行政复议机关应当依法审查或者及时作出行政复议决定。	
第七十四条 当事人在行政复议决定作出前可以自愿达成和解，和解内容不得损害国家利益、社会公共利益和他人合法权益，不得违反法律、法规的强制性规定。 当事人达成和解后，由申请人向行政复议机构撤回行政复议申请。行政复议机构准予撤回行政复议申请、行政复议机关决定终止行政复议的，申请人不得再以同一事实和理由提出行政复议申请。但是，申请人能够证明撤回行政复议申请违背其真实意愿的除外。	新增条文
第七十五条 行政复议机关作出行政复议决定，应当制作行政复议决定书，并加盖**行政复议机关**印章。 行政复议决定书一经送达，即发生法律效力。	第三十一条第二款、第三款 行政复议机关作出行政复议决定，应当制作行政复议决定书，并加盖印章。 行政复议决定书一经送达，即发生法律效力。
第七十六条 行政复议机关在办理行政复议案件过程中，发现被申请人或者其他下级行政机关的	新增条文

续表

行政复议法（2023年修订）	行政复议法（2017年修正）
有关行政行为违法或者不当的，可以向其制发行政复议意见书。有关机关应当自收到行政复议意见书之日起六十日内，将纠正相关违法或者不当行政行为的情况报送行政复议机关。	
第七十七条　被申请人应当履行行政复议决定书、调解书、意见书。 被申请人不履行或者无正当理由拖延履行行政复议决定书、调解书、意见书的，行政复议机关或者有关上级行政机关应当责令其限期履行，并可以约谈被申请人的有关负责人或者予以通报批评。	第三十二条　被申请人应当履行行政复议决定。 被申请人不履行或者无正当理由拖延履行行政复议决定的，行政复议机关或者有关上级行政机关应当责令其限期履行。
第七十八条　申请人、第三人逾期不起诉又不履行行政复议决定书、调解书的，或者不履行最终裁决的行政复议决定的，按照下列规定分别处理： （一）维持行政行为的行政复议决定书，由作出行政行为的行政机关依法强制执行，或者申请人民法院强制执行； （二）变更行政行为的行政复议决定书，由行政复议机关依法强制执行，或者申请人民法院强制执行；	第三十三条　申请人逾期不起诉又不履行行政复议决定的，或者不履行最终裁决的行政复议决定的，按照下列规定分别处理： （一）维持具体行政行为的行政复议决定，由作出具体行政行为的行政机关依法强制执行，或者申请人民法院强制执行； （二）变更具体行政行为的行政复议决定，由行政复议机关依法强制执行，或者申请人民法院强制执行。

325

续表

行政复议法（2023年修订）	行政复议法（2017年修正）
（三）行政复议调解书，由行政复议机关依法强制执行，或者申请人民法院强制执行。	
第七十九条 行政复议机关根据被申请行政复议的行政行为的公开情况，按照国家有关规定将行政复议决定书向社会公开。 县级以上地方各级人民政府办理以本级人民政府工作部门为被申请人的行政复议案件，应当将发生法律效力的行政复议决定书、意见书同时抄告被申请人的上一级主管部门。	新增条文
第六章 法律责任	第六章 法律责任
第八十条 行政复议机关不依照本法规定履行行政复议职责，对负有责任的领导人员和直接责任人员依法给予警告、记过、记大过的处分；经有权监督的机关督促仍不改正或者造成严重后果的，依法给予降级、撤职、开除的处分。	第三十四条 行政复议机关违反本法规定，无正当理由不予受理依法提出的行政复议申请或者不按照规定转送行政复议申请的，或者在法定期限内不作出行政复议决定的，对直接负责的主管人员和其他直接责任人员依法给予警告、记过、记大过的行政处分；经责令受理仍不受理或者不按照规定转送行政复议申请，造成严重后果的，依法给予降级、撤职、开除的行政处分。

续表

行政复议法（2023年修订）	行政复议法（2017年修正）
第八十一条 行政复议机关工作人员在行政复议活动中，徇私舞弊或者有其他渎职、失职行为的，依法给予警告、记过、记大过的处分；情节严重的，依法给予降级、撤职、开除的处分；构成犯罪的，依法追究刑事责任。	第三十五条 行政复议机关工作人员在行政复议活动中，徇私舞弊或者有其他渎职、失职行为的，依法给予警告、记过、记大过的~~行政~~处分；情节严重的，依法给予降级、撤职、开除的~~行政~~处分；构成犯罪的，依法追究刑事责任。
第八十二条 被申请人违反本法规定，不提出书面答复或者不提交作出行政行为的证据、依据和其他有关材料，或者阻挠、变相阻挠公民、法人或者其他组织依法申请行政复议的，对**负有责任的领导**人员和直接责任人员依法给予警告、记过、记大过的处分；进行报复陷害的，依法给予降级、撤职、开除的处分；构成犯罪的，依法追究刑事责任。	第三十六条 被申请人违反本法规定，不提出书面答复或者不提交作出~~具体~~行政行为的证据、依据和其他有关材料，或者阻挠、变相阻挠公民、法人或者其他组织依法申请行政复议的，对~~直接负责的主管~~人员和~~其他~~直接责任人员依法给予警告、记过、记大过的~~行政~~处分；进行报复陷害的，依法给予降级、撤职、开除的~~行政~~处分；构成犯罪的，依法追究刑事责任。
第八十三条 被申请人不履行或者无正当理由拖延履行行政复议决定**书、调解书、意见书**的，对**负有责任的领导**人员和直接责任人员依法给予警告、记过、记大过的处分；经责令履行仍拒不履行的，依法给予降级、撤职、开除的处分。	第三十七条 被申请人不履行或者无正当理由拖延履行行政复议决定的，对~~直接负责的主管~~人员和~~其他~~直接责任人员依法给予警告、记过、记大过的~~行政~~处分；经责令履行仍拒不履行的，依法给予降级、撤职、开除的~~行政~~处分。

327

续表

行政复议法（2023年修订）	行政复议法（2017年修正）
第八十四条　拒绝、阻挠行政复议人员调查取证，故意扰乱行政复议工作秩序的，依法给予处分、治安管理处罚；构成犯罪的，依法追究刑事责任。	新增条文
第八十五条　行政机关及其工作人员违反本法规定的，行政复议机关可以向监察机关或者公职人员任免机关、单位移送有关人员违法的事实材料，接受移送的监察机关或者公职人员任免机关、单位应当依法处理。	第三十八条　行政复议机关~~负责法制工作的机构发现有无正当理由不予受理行政复议申请、不按照规定期限作出行政复议决定、徇私舞弊、对申请人打击报复或者不履行行政复议决定等情形的，应当向~~有关行政机关~~提出建议，有关行政机关~~应~~依照本~~法和有关法律、行政法规的规定~~作出~~处理。
第八十六条　行政复议机关在办理行政复议案件过程中，发现公职人员涉嫌贪污贿赂、失职渎职等职务违法或者职务犯罪的问题线索，应当依照有关规定移送监察机关，由监察机关依法调查处置。	新增条文
第七章　附　　录	第七章　附　　录
第八十七条　行政复议机关受理行政复议申请，不得向申请人收取任何费用。	第三十九条第一句　行政复议机关受理行政复议申请，不得向申请人收取任何费用。

图书在版编目（CIP）数据

中华人民共和国行政复议法注解与配套／中国法制出版社编．—北京：中国法制出版社，2023.11
（法律注解与配套丛书）
ISBN 978-7-5216-3716-8

Ⅰ.①中… Ⅱ.①中… Ⅲ.①行政复议-行政法-法律解释-中国 Ⅳ.①D922.112.5

中国国家版本馆 CIP 数据核字（2023）第 118885 号

| 策划编辑：袁笋冰 | 责任编辑：刘晓霞 | 封面设计：杨泽江 |

中华人民共和国行政复议法注解与配套
ZHONGHUA RENMIN GONGHEGUO XINGZHENG FUYIFA ZHUJIE YU PEITAO

经销／新华书店
印刷／三河市紫恒印装有限公司
开本／850 毫米×1168 毫米 32 开　　　　　　印张／11 字数／251 千
版次／2023 年 11 月第 1 版　　　　　　　　2023 年 11 月第 1 次印刷

中国法制出版社出版
书号 ISBN 978-7-5216-3716-8　　　　　　　　　　　　　　　定价：30.00 元

北京市西城区西便门西里甲 16 号西便门办公区
邮政编码：100053　　　　　　　　　　　　　　传真：010-63141600
网址：http://www.zgfzs.com　　　　　　　编辑部电话：010-63141675
市场营销部电话：010-63141612　　　　　　印务部电话：010-63141606

（如有印装质量问题，请与本社印务部联系。）

续表

行政复议法（2023年修订）	行政复议法（2017年修正）
第八十八条 行政复议期间的计算和行政复议文书的送达，**本法没有规定的，依照《中华人民共和国民事诉讼法》**关于期间、送达的规定执行。 本法关于行政复议期间有关"三日"、"五日"、"七日"、"十日"的规定是指工作日，不含**法定休假日**。	第四十条 行政复议期间的计算和行政复议文书的送达，依照民事诉讼法关于期间、送达的规定执行。 本法关于行政复议期间有关"五日"、"七日"的规定是指工作日，不含节假日。
第八十九条 外国人、无国籍人、外国组织在中华人民共和国境内申请行政复议，适用本法。	第四十一条 外国人、无国籍人、外国组织在中华人民共和国境内申请行政复议，适用本法。
	~~第四十二条 本法施行前公布的法律有关行政复议的规定与本法的规定不一致的，以本法的规定为准。~~
第九十条 本法自2024年1月1日起施行。	第四十三条 本法自~~1999年10月1日~~起施行。~~1990年12月24日国务院发布、1994年10月9日国务院修订发布的《行政复议条例》同时废止。~~

329